Inhalt

Ein Register für die Bände 1–3 der ›Sozialgeschichte der Arbeit‹ findet sich am Schluß von Band 3.

Das Buch

Obwohl die Arbeit zu den grundlegenden Faktoren des menschlichen Zusammenlebens gehört, die Gesellschaft überhaupt erst begründet und ihre wechselnden Formen bestimmt hat, wandten die Historiker ihr bisher ein vergleichsweise nur geringes Interesse zu.
Dieser erste Band einer dreiteiligen Sozialgeschichte der Arbeit untersucht im Bereich der Antike und des frühen Mittelalters soziale und rechtliche Beziehungen zwischen den arbeitenden Knechten, Handwerkern, Bauern und Sklaven und ihren Arbeitgebern, den Herren; er untersucht auch den sozialen und rechtlichen Status der freien Berufe und der Beamten und das System von Gefolgschaft und Vasallität. Dabei zeigt sich, daß römisch-rechtliche und germanisch-rechtliche Formen des Arbeitsverhältnisses sich nicht einfach ablösen, sondern sich gegenseitig durchdringen und fortleben. In der Verbindung von rechtshistorischer und soziologischer Methode gelingt es dem Verfasser, die Wurzeln bloßzulegen, aus denen die Struktur der neuzeitlichen Arbeitswelt erwuchs.

Der Autor

Prof. Dr. Frans J. H. M. van der Ven, geb. 1907 in Tilburg (Niederlande), studierte an der Wirtschaftshochschule in Rotterdam. 1945 wurde er in Tilburg Dozent für Sozialrecht und Arbeitssoziologie, 1952 Professor für Arbeitsrecht an der Universität Nijmegen.
Veröffentlichungen u. a.: ›Der Arbeitskonflikt‹ (1960); ›Der freie Beruf‹ (1956); ›Theorie der Sozialpolitik‹ (1961); ›Der arbeitende Mensch‹ (1963; sämtlich in holländischer Sprache).

Frans van der Ven:
Sozialgeschichte der Arbeit

Band 1
Antike und Frühmittelalter

Deutscher
Taschenbuch
Verlag

dtv

Aus dem Holländischen übertragen von Marga E. Baumer-Thierfelder

Deutsche Erstausgabe
Februar 1972
Die niederländische Originalausgabe erschien 1965 in der Reihe ›Aula-Boeken‹ der Uitgeverij Het Spectrum N. V., Utrecht-Antwerpen unter dem Titel ›Geschiedenis van de arbeid. I. Oudheid en vroege middeleeuwen‹

Umschlaggestaltung: Celestino Piatti
Gesamtherstellung: C. H. Beck'sche Buchdruckerei, Nördlingen
Printed in Germany · ISBN 3-423-04082-3

Vorwort

Vielleicht hätte der Titel dieses Buches lauten müssen: Historische Soziologie von Typen von Arbeitsverhältnissen im abendländischen Kulturkreis. Aber der geneigte Leser wird mit mir darin übereinstimmen, daß solch ein schwerfälliger Titel wenig einladend ist. Über die thematischen und methodischen Aspekte meines Vorhabens sollte ich wohl am besten in einem Vorwort kurz Rechenschaft ablegen, was hiermit geschehen möge.

In erster Linie sei festgestellt, daß die Betrachtungen in etwa die Mitte halten zwischen Geschichte und Soziologie. Der vermittelnde Begriff »historische Soziologie« kann jedoch nach meiner Meinung nicht befriedigen. Mit diesem Begriff könnte nämlich zu Unrecht die Vorstellung erweckt werden, daß ich bewußt Anschluß bei dem Soziologen Barnes[1] gesucht hätte, der die Geschichtswissenschaft für ungeeignet hält, die soziale Wirklichkeit zu erfassen, weil sie sich mit einmaligen, unwiederholbaren Erscheinungen beschäftige. Diesen Standpunkt kann ich aber keineswegs teilen; ich neige vielmehr zu der Auffassung Baudets, nach der es eher die Aufgabe des Historikers ist – obwohl er weniger als der Soziologe vom Charakteristischen, vom Individuellen, vom Detail absehen kann – als die des vornehmlich analysierenden Soziologen, eine umfassende Sicht des sozialen Lebens zu vermitteln[2].

Gerade die historische Synthese hat mich gereizt; ich bin mir allerdings darüber im klaren, daß sie tatsächlich eine Reihe von Nachteilen aufweist. So gibt es bereits zahlreiche Werke über die Geschichte der Arbeit, die zwar alle möglichen Aspekte des Arbeitsphänomens in einer Synthese beleuchten, in der Analyse jedoch kaum erkennen lassen, was soziologisch als das meist Relevante gelten darf, nämlich die soziale Beziehung, die zwischen Arbeitnehmer und Arbeitgeber besteht. Über diese Beziehung, gewöhnlich das »Arbeitsverhältnis« genannt, existiert noch keine zusammenfassende geschichtliche Studie. Gründliche Untersuchungen zeigen übrigens, daß nicht von einem historisch sich entwickelnden, sondern von mehreren gleichzeitig auftretenden Arbeitsverhältnissen

[1] H. E. Barnes, *Historical sociology, its origins and development*. New York 1948.
[2] H. Baudet, *Historie en menselijke verhoudingen*. Assen 1956, S. 18–19.

gesprochen werden muß. Wollte man diese Varianten auf einen Nenner bringen, so ergäbe das eine falsch verstandene Synthese. Die wissenschaftliche Neugier zielt hier mehr in Richtung auf eine soziologische Analyse.

Diese unterschiedlichen Typen von Arbeitsverhältnissen sind es, die in diesem Buch ins Auge gefaßt werden. Es wurde also eine gewisse Spezialisierung auf das Objekt hin vorgenommen. Das schließt ein, daß längst nicht alle Wünsche, die der Arbeitssoziologe haben könnte, berücksichtigt sind. Als schwerer wiegender Einwand könnte gelten, daß es wenig Sinn habe, die soziologische Durchleuchtung von Phänomenen so weit in die Vergangenheit hinein zu betreiben, wie das hier geschieht. Dem läßt sich nur mit einer Berufung auf die Einheit von Kultur und Geschichte in der abendländischen Welt begegnen. Kurz gesagt: Es wurde der Versuch unternommen, die Arbeitsverhältnisse der Vergangenheit zwar so gut wie möglich in den Rahmen ihrer eigenen Zeit zu stellen, sie aber dennoch vom Standpunkt des heutigen Menschen zu begreifen, der in ihnen sowohl die charakteristischen zeitgebundenen, wie die allgemeinen, im gewissen Sinne überzeitlichen Aspekte zu entdecken wünscht. Es dürfte klar sein, daß sich dabei der Knoten »Soziologie oder Geschichte?« nicht ganz lösen ließ.

Die Begrenzung auf den abendländischen Kulturkreis bedarf wohl keiner besonderen Erklärung. Es sei aber der Hinweis erlaubt, daß trotz dieser Begrenzung das Gebiet noch immer so weit ist, daß durchaus kein Anspruch auf Vollständigkeit erhoben werden kann. Es wurde versucht, das »Abendland« möglichst als eine Einheit zu sehen, und dieses Streben nach Synthese erlaubte nicht, bestimmte nationale Eigenarten besonders zu berücksichtigen.

Die Vorbereitungen für diese Arbeit gehen bereits auf das Jahr 1953 zurück, als ich einen Vortrag an der Universität Löwen über ›Das Recht der Arbeitsverhältnisse in historischer Perspektive‹[3] halten durfte. Im vorliegenden Band werden die Antike – vor allem die römische Zeit – und das frühe Mittelalter behandelt. Die römisch-rechtlichen und die germanischrechtlichen »Wurzeln« unserer Arbeitsverhältnisse werden darin freigelegt. Dem hier vorliegenden Band werden zwei weitere folgen. Der zweite Band wird das Hochmittelalter und die darauf folgende Zeit bis zur Französischen Revolution, der dritte das 19. und 20. Jahrhundert behandeln.

[3] Veröffentlicht in: *Maandschrift Economie* 17 (1953), S. 548ff.

I. Die Antike

1. Die Struktur der Arbeitsverhältnisse in der Antike

Der Arbeitsbegriff ist historisch bestimmt, auch in seiner Ausdehnung. Ältere Kulturen verstanden unter Arbeit etwas anderes als wir und zogen die Grenzen im allgemeinen enger. Man könnte also sagen, daß wir den älteren Kulturen nicht gerecht werden, wenn wir an ihre Einrichtungen mit unserem Arbeitsbegriff herangehen. Wo es darum geht, die ältere Arbeitskultur als historisches Faktum zu begreifen, trifft das auch zu. Wenn es aber unsere Absicht ist, die zeitgenössische Arbeitsordnung durch historische Vergleiche zu verstehen, dann liegt der Fall anders. Vergleiche erfordern Gleichheit der Begriffe. Wir müssen dann von einem Arbeitsbegriff ausgehen, der zumindest im Umfang feststeht, und der kann natürlich nur der zeitgenössische sein, denn sonst besteht die Gefahr – und diese Gefahr ist durchaus nicht imaginär! –, daß wir der zeitgenössischen Arbeitskultur durch Idealisierung des alten Kulturbilds nicht gerecht werden. Was unwiderruflich vergangen ist, wird vom Menschen nämlich gern idealisiert. Wenn zum Beispiel das, was wir »geistige Arbeit« zu nennen pflegen, in einer früheren Epoche nicht als Arbeit galt[1], dann kann die historische Auffassung bestimmt nicht mehr als normativ für die Ordnung der gegenwärtigen Verhältnisse gelten. Es wäre ein unfruchtbares Hirngespinst, unserer durch Totalismus gequälten Arbeitswelt das intellektualistische Ideal als mögliches Korrektiv vorzuhalten.

Dazu kommt noch, daß man kaum von einem homogenen Begriff in jeder Kulturperiode sprechen kann. Die Arbeitsauffassung im alten Griechenland etwa muß eine Entwicklung durchgemacht haben, die derjenigen Westeuropas seit dem Feudalismus nicht ganz unähnlich ist. Ohne eine solche Evolution wäre das Wachstum der griechischen Stadtkultur kaum denkbar. Kann derselbe Einwand nicht gegen den zeitgenössischen Arbeitsbegriff erhoben werden? Zweifellos, denn er ist

[1] Josef Pieper, *Muße und Kult*. München 1948, S. 44.

aus verschiedenen historischen Faktoren entstanden; der Einwand läßt sich jedoch wegen der persönlichen Teilhabe am zeitgenössischen Weltbild leichter überwinden. So sehen wir denn auch, daß allzu subjektiv gefärbte Vorstellungen immer stärker von der Idee verdrängt werden, daß Arbeit als gesellschaftliches Phänomen ein großes Maß von Allgemeinheit besitzt und als ein Sich-Zur-Verfügung-Stellen verstanden werden kann, um etwas zu verrichten oder zu erzeugen, wofür andere einen Bedarf haben[2].

Diese Definition läßt, was die Extensität des Arbeitsbegriffes angeht, wenig Raum für verschiedenartige Interpretation, sie legt sich noch keineswegs auf einen geistigen Hintergrund, auf eine Ortsbestimmung der Arbeit in der Welt fest. Und auch dieses letzte dürfen wir als Vorteil betrachten, angesichts des Umstandes, daß gerade das sich verändernde Weltbild in der Unterschiedlichkeit der historischen Formgebungen widergespiegelt wird. Dennoch wäre es leichtfertig anzunehmen, daß hier nichts anderes als Unterschied wahrgenommen werden kann. So sehr das Tempo der heutigen Entwicklung uns auch erstaunt und verwirrt, bleibt die Geschichte doch als Ganzes ein träger Strom, der überall die Sinkstoffe alter Gedanken, Bräuche und Institutionen zurückläßt. Manchmal will es uns gar scheinen, es gebe eigentlich nichts Neues unter der Sonne. Zu dieser Erkenntnis kann man in der Tat gelangen, wenn man von Einzelheiten absieht und nur die großen Linien der menschlichen Existenz ins Auge faßt. Ich möchte in diesem Zusammenhang damit beginnen, nicht auf Unterschiede, sondern auf eine Analogie zum Altertum hinzuweisen.

Global gesehen, scheint der gegenwärtige Arbeitsbegriff ganz von der wissenschaftlich rationalen Denkvorstellung eines Galilei, eines Newton, eines Descartes inspiriert zu sein. Es ist verwissenschaftlichte Arbeit, die die *potentia humana*, die menschliche Möglichkeit zur Beherrschung der Natur, auf immer perfektioniertere Weise zu aktualisieren weiß. Funktion und Macht stehen über dem Tor zum modernen Arbeitssystem, zwei Begriffe, die beide aus dem Bereich der Vernunft und der Willensfreiheit stammen. Die Arbeit scheint sich endgültig von ihrer Naturgebundenheit abgekehrt zu haben, in der eine frühere Zeit sie immer gesehen hat. Die naturwissenschaftlichen

[2] F. J. H. M. van der Ven, *Typologie en problematiek der arbeidsverhoudingen.* In: Sociale Wetenschappen 1 (1957/58), S. 74-75; *Waardering van hoofd- en handenarbeid in het veranderend cultuurbeeld.* In: Sociale Wetenschappen 2 (1958/59) S. 81.

Errungenschaften haben sie dazu befähigt, die Naturgegebenheiten zu überwinden. Mit der Selbstzufriedenheit eines Triumphators kann der Mensch feststellen, daß sein technisches Können vor nichts haltmacht[3]. Wir müssen uns aber fragen, ob das die ganze Wahrheit ist. Prinzipiell ist das Verhältnis von menschlicher Aktivität und objektiver Natur zweiseitig: Außer der Erfahrung seiner eigenen Macht zu willkürlicher Bearbeitung und Umformung der Natur kennt der Mensch auch die Erfahrung der Macht der Natur über ihn, die sich anschickt, seiner Arbeit die Gestalt der Unterwerfung unter die Natur-Ordnung aufzuprägen.

Die beiden Sichten hat Tellegen gut herausgearbeitet. Die erste, so sagt er, geht davon aus, »daß die Arbeit zur Umformung der Natur zu selbstwirksamen voraussehenden Systemen tendiert. Aber es gibt einen anderen Ausgangspunkt, nämlich daß Arbeit Eingehen des Menschen in die Mutter-Natur oder Mutter-Erde bedeutet, die ihn mit ihrer Fruchtbarkeit belohnt (möglicherweise das natürlich-göttliche System). Die erste Auffassung ist die des Griffes auf die Natur, die zweite die des Sich-Anvertrauens an eine übermenschliche Ordnung, die dem Menschen die so ersehnte Ruhe und Geborgenheit schenkt. Durch die ganze Geschichte – bis auf den heutigen Tag – pendeln die Hoffnung und das Vertrauen des Menschen denn auch hin und her zwischen dem Stehen *in* und dem Stehen *auf* der Natur, zwischen der Verherrlichung des wagenden, unruhigen, schöpferischen Lebens in der Stadt und der Verherrlichung des geborgenen, ruhigen, bedürfnislosen Lebens auf dem Land«.[4]

Die gegenwärtige sozialwissenschaftliche Betrachtungsweise suggeriert, in Übereinstimmung mit bestimmten Kunstexperimenten, daß die moderne Zeit durch eine anaturale Existenzweise, hervorgerufen durch eine auf die Spitze getriebene Vertechnisierung des Arbeitssystems, charakterisiert wird. Unleugbar, daß man sich dabei auf Tatsachen stützt, aber die beschriebene Wirklichkeit zeigt nicht selten die Deformierungen eines Alptraums. Möglicherweise befinden wir uns sogar in einem Traumzustand der Beklemmung, Angst und Feindseligkeit. Doch besteht kein Zweifel, daß die Menschheit nichts

[3] R. C. Kwant, *Het arbeidsbestel. Een studie over de geest van onze samenleving.* Utrecht-Antwerpen 1956; ders., *De ontmoeting van wetenschap en arbeid.* Utrecht-Antwerpen 1958.

[4] F. P. H. A. Tellegen, *Wat is arbeid?* In: Annalen Thijmgenootschap 45 (1957), S. 236.

sehnlicher hofft, als in einer neuen Welt zu erwachen, die mehr Güte und Geborgenheit, Liebe und Freundschaft kennt[5]. Wenn wir nun versuchen, uns von der gängigen feuilletonistischen Übertreibung loszumachen, so zeigt sich bald, daß trotz alles Artifiziellen in der modernen Produktionsweise wesentliche Elemente des natürlich Geordneten in der menschlichen Arbeit noch immer eine Rolle spielen. Die Natur ist zwar keine feste, konstante Größe mehr, aber doch stoßen die Beherrschung und die Umformung der Natur immer wieder auf gewisse, wenn auch sich verschiebende Grenzen. Die menschliche Macht über die Natur ist zwar groß, aber nicht absolut. Arbeit kann auf Schöpfen hinauslaufen, aber es ist kein Schöpfen aus dem Nichts. Beherrschung der Natur stellt nicht eine völlig autonom gewordene menschliche Macht dar, sondern bedeutet noch immer – allerdings verdeckter als früher – eine Unterwerfung unter natürliche Gesetzmäßigkeiten.

Wie dem auch sei, stets hat der Mensch, soweit die geschichtliche Erinnerung zurückreicht, die Arbeit gekannt. Die Arbeit kennen, bedeutet nicht nur, tatsächliche Arbeit verrichten, sondern sich des Arbeitens bewußt sein. Solch ein Bewußtsein ist eine typisch menschliche Erscheinung. Auch Tiere strengen sich an, um sich Nahrung zu verschaffen; sie bauen sich ein Nest, um auszuruhen und Sicherheit zu finden. Sie tun das, wie wir sagen, aus Instinkt, das heißt aus einem situationsgebundenen Trieb, der immer, wenn die Situation es erfordert, auf Aktivität drängt. Erst beim Menschen erhält diese Form der Aktivität eigenen Sinn und wird die Arbeit von anderen Tätigkeiten bewußt unterschieden. Mit einer gewissen wohlüberlegten Absicht aktualisiert der Mensch seine Potenz, um zu arbeiten, und daraus entstehen denn auch bestimmte Arbeitsbeziehungen zu Mitmenschen.

Es gibt eine Hypothese, nach der die menschlichen Bewegungsäußerungen in der Urzeit eine Einheit gebildet haben; Spiel, Tanz, Musik und Arbeit waren darnach in ein und denselben Lebensrhythmus eingebettet[6]. Aber ziemlich früh schon muß sich die Arbeit daraus gelöst haben, als nämlich der Mensch begann, Werkzeuge anzufertigen. Er tat das nicht nur aus Notwendigkeit, sondern er hat auch Gefallen daran gefunden. Er gab damit gleichzeitig einer Neigung zum Schmücken

[5] M. G. Plattel, *De mens in de hedendaagse samenleving*. In: Sociale Wetenschappen 2 (1958/59), S. 213ff.

[6] Karl Bücher, *Arbeit und Rhythmus*. Leipzig [3]1902.

nach, wodurch seine Arbeit mit einem Spielelement – das in jeder Kunst zu finden ist – verbunden blieb. Dennoch zeugte das Werkzeug von Rationalität, die das sichere Kennzeichen für das Vorhandensein eines Arbeitsbewußtseins ist. Von den Kulturen, die zur Vorgeschichte gerechnet werden, ist uns nichts erhalten geblieben, was an die Arbeit erinnert, außer einigem von Menschen bearbeiteten Material und Höhlenmalereien von Jagdszenen, in denen neben Lanzen und Pfeilen auch Fallen abgebildet sind, die einen deutlichen Hinweis darauf geben, daß man außer dem Töten auch das Lebendfangen von Tieren gekannt hat, mit dem offensichtlichen Zweck, sie zu zähmen. Über den kultischen Sinn, den man der Arbeit unter Umständen beigemessen hat, und über die menschlichen Beziehungen, die die Arbeit mit sich brachte, lassen sich nur Vermutungen anstellen. Natürlich ist die Ethnologie – wie lange übrigens noch? – zum Studium primitiver Völker imstande, bei solchen Analogieschlüssen wird man aber vorsichtig sein müssen. Die Kulturen, die der Mensch geschaffen hat, sind von unendlicher Vielfalt, denn die Rassen sind physisch und intellektuell unterschiedlich begabt, wie ja auch die Milieus und die Umstände, in denen sie leben, sehr ungleich sind[7].

Wären unsere Kenntnisse über den prähistorischen Menschen nicht so dürftig, wie sie in Wahrheit sind, so läge in der Unterschiedlichkeit von Art und Lebensbedingungen ein ausreichender Grund, keine allzu sicheren Schlüsse auf die menschlichen Beziehungen zu wagen, die durch die Arbeit veranlaßt worden sein können. Die Annahme ist vielleicht nicht zu spekulativ, daß der Unterschied zwischen selbständiger Arbeit und Arbeit in Unterordnung unter einen anderen dem Menschen bereits in einem frühen Kulturstadium bewußt geworden ist. Dieser andere kann eine Person sein, wie das Stammesoberhaupt, oder ein Kollektiv, wie die Stammesgemeinschaft. Die Abhängigkeit kann in verschiedenen Graden auftreten und zum Beispiel aus dem Anteil der Jagd- oder Fischbeute hervorgehen, den man an Priester oder andere Stammesmitglieder entrichten muß[8]. Ausgeprägter als bei Jägern und Fischern kann sich die Unselbständigkeit bei Viehzüchtern zeigen. Der Hirte kann ohne weiteres im Dienst des Besitzers der Herde stehen. Auch

[7] G. Renard, *Le travail dans la préhistoire*. Paris 1927, S. 243.

[8] Fritz M. Heichelheim, *Wirtschaftsgeschichte des Altertums vom Paläolithikum bis zur Völkerwanderung der Germanen, Slaven und Araber*. Leiden 1938, S. 31.

die Möglichkeit von unfreiwilliger Dienstbarkeit oder Sklaverei ist dabei gegeben[9].

Es scheint offenkundig, daß die Dienstbarkeit den Begriff der Arbeit als klar abgesonderte Lebensfunktion vertieft hat. Man braucht bei diesem frühen Stadium nicht an eine stark zwangsmäßige Arbeitsorganisation zu denken. Es kann noch Spielraum für Freiheit, für Phantasie und Spiel innerhalb der Pflichtmäßigkeit bestehen. Die Abhängigkeit ist jedoch eher als Selbständigkeit imstande, die Arbeit auch als Last erleben zu lassen. Und es ist gerade die Mühsal, die Schwere, die Unlust, welche Fragen aufwirft, Fragen nach dem Warum und Wozu, Fragen auch des rational denkenden Verstandes, wie die Last verringert werden kann, Fragen, die notwendigerweise die Spontaneität des Handelns beeinträchtigen und sie zurücktreten lassen, die die Arbeit als Problem und damit als einen besonderen Umstand der menschlichen Existenz erfahren lassen.

Das Buch Genesis drückt diesen Umstand bildhaft aus. Die Weltschöpfung ist Arbeit, von der Gott ganz offensichtlich müde wird, denn er »ruhte am siebenten Tage von allen seinen Werken, die er machte«[10]. Soweit ist die Darstellung der ursprünglichen Schöpfungstat der menschlichen Erfahrung entnommen. Es ist die natürlichste Sache der Welt, daß man müde wird vom Arbeiten, so gern, so ungezwungen und spontan man es auch tun mag. Und dieses göttliche Schöpfungswerk ist ohne jeden Zweifel aus vollkommener Freiheit und mit Wohlgefallen verrichtet worden. Wir haben es hier mit einer Handlung zu tun, bewunderungswürdig ob ihrer Ursprünglichkeit, einer Schöpfung aus dem Nichts, bei der die Weisheit sich in den Weltkreisen tummelt und vor seinen Augen spielt[11]. Es liegt nichts Schweres in dieser Arbeit, problemlos entsteht alles aus Gottes Händen, und die »Ermüdung« bedeutet denn auch keine Unlust oder Abkehr, sondern ist nichts als ein Bild für das notwendige Komplement der Arbeit, die Ruhe. Ist auch das der menschlichen Erfahrung entnommen? Insofern vielleicht, als der Mensch einen Hang, ein Heimweh spürt nach einem solchen Arbeitserleben. Die Sehnsucht hat hier eine Sublimierung gezeichnet, ein Ideal dessen, was die Arbeit sein sollte.

[9] Heichelheim, S. 48, 56.
[10] *Genesis*, 2, 2.
[11] *Sprüche*, 8, 30–31.

Denn die Erkenntnis von Gut und Böse hat die Arbeit auch als einen Druck sehen lehren, unter dem der Mensch lebenslänglich stöhnen muß. Die Geschichte vom Sündenfall führt auch für die Arbeitsauffassung zu einer Antiklimax: der Fluch des Sich-Abplackens für den Lebensunterhalt. Der Blick hat sich geöffnet für Verfluchung und Strafe, zur Erkenntnis der Nacktheit des Menschen und der Unfruchtbarkeit der Erde[12]. Diese erworbene Einsicht hat man immer mit dem Bewußtsein des Unterworfenseins unter ein Joch und mit dem menschlichen Zustand einer Art Sklaverei in Zusammenhang gebracht. Der Stellenwert der Arbeit im Weltgefüge ist damit in der Form eines extremen Dualismus angegeben, nicht anders übrigens als der des Menschen selbst. Der Mensch und die Arbeit sind zwar göttlichen Ursprungs, und durch seine Arbeit setzt der Mensch das göttliche Schöpfungswerk fort. Gleichzeitig aber ist die ganze menschliche Existenz »irdisch« geworden, und in seiner Arbeit erkennt er häufiger Schmerz und Kummer als den Funken des göttlichen Geistes.

Der Erlösungsgedanke gibt zweifellos einen Fingerzeig zur Auflösung des Dualismus. Aber es ist zu sagen, daß er den Dualismus als solchen nicht ungeschehen gemacht hat. Der Mensch muß selbst um Einsicht ringen, um Anerkennung, um eine geistige Haltung. Seine Arbeit an sich bringt ihn nicht weiter, wenn ihr die Sinngebung fehlt. In unserer Zeit beginnt sich das Bewußtsein dafür zu schärfen, daß die soziale Gestalt der Arbeit – also die in der Arbeit erlebte Beziehung zum Mitmenschen – teilhat an dieser Sinngebung. Dieser Gedanke ist zwar auch in älteren Kulturperioden zum Ausdruck gelangt, aber bestimmt nicht für alle Arten von Arbeit. Man hat immer versucht, dem Dualismus dadurch zu entrinnen, daß man zwischen verschiedenen Arten von Arbeit unterschied, zwischen höherer und niederer. Nur die höhere Leistung befähigte den Menschen dazu, sich von der stofflichen Gebundenheit zu emanzipieren und sich der göttlichen Freiheit wieder zu nähern. Durch diese Konzeption wurde schließlich sogar die höhere Dienstleistung auch in dem Sinne höher eingestuft, daß der Gedanke an Eigennutz soweit wie möglich zurückgedrängt wurde.

Die Frage, ob damit die Auflösung des Dualismus in der Arbeit erreicht werden konnte, muß jedoch nachdrücklich verneint werden. Die Erhebung der höheren Arbeit hat die nied-

[12] *Genesis*, 3, 17–19.

rige Arbeit um so klarer in ihrer Verworfenheit erkennen lassen. Hier konnte keine Rede von geistigem Gehalt, freiem Schöpferdrang, Selbständigkeit und Uneigennützigkeit sein. Die kontrastierende Deutung führt leicht zur unproblematischen Gleichstellung der niedrigen Verrichtungen mit Sklavendienst. Und was noch weiter von der »Lösung« wegführt, ist die Neigung der sich verfeinernden Kultur, den Bruch zwischen hohen und niederen Tätigkeiten dadurch zu vervollkommnen, daß man die ersteren nicht mehr als Arbeit und also als nicht essentiell verwandt mit den anderen betrachtet. Der arbeitende Mensch plackt sich ab und schuftet; die edlen Betätigungen hingegen, denen sich die höheren Stände hingeben, können keineswegs als Arbeit betrachtet werden. Auch die menschlichen Beziehungen, die die Folge der Tätigkeitsformen sind, werden als prinzipiell verschieden betrachtet. Die hohen sind nach dem Prinzip der Freiheit geformt, die niederen nach dem der Gebundenheit, und wer hätte je gehört, daß diese Prinzipien miteinander zu vereinen wären? Dieses Selbstbetrugs, daß Arbeit etwas sei, was ausschließlich zum Leben der niederen Bevölkerungsklassen gehört, haben sich alle höheren Kulturen des Altertums schuldig gemacht. Wie wir schon zu Anfang festgestellt haben, läßt sich mit einem solchen Herangehen an das Phänomen Arbeit heute nichts mehr ausrichten.

Indessen ist es allerdings im frühesten Stadium auf eine Art und Weise, die man als quietistisch bezeichnen könnte, gelungen, den einfachen Mann mit seiner niederen Arbeit auszusöhnen. Diese, eigentlich die einzige als Arbeit bezeichnete Tätigkeit, gilt nicht als frei in dem Sinne, daß sie einen Beitrag zur Schöpfung einer Weltordnung darstellen könnte. Wohl aber ist der Arbeiter imstande, sich in gewissem Sinne zu befreien, indem er sich freiwillig der Gesetzmäßigkeit fügt, die die Weltordnung nun einmal auferlegt. Diese Weltordnung ist eine Naturgegebenheit, ebenso wie das Chaos es ist. Sie wird als Wert den Anstrengungen eines polytheistischen Göttertums zugeschrieben[13]. Mesopotamien und Ägypten, aber auch das Griechenland der theokratisch-monarchistischen Periode erkennen einen kosmischen Rhythmus an, der das menschliche Leben total beherrscht, und neigen dem Ideal einer Geborgenheit innerhalb des natürlich-göttlichen Gefüges zu. Dieses Rezept für die Sinngebung der menschlichen Arbeit ist, wie

[13] G. E. Wright, *Biblische Archäologie*. Göttingen 1958.

wir gleichfalls bereits gesehen haben, günstig für die naturgebundene agrarische Tätigkeit, bringt aber Schwierigkeiten für die artifizielle, handwerkliche Arbeit, die in dieser Auffassung denn auch zu Getriebenheit und Unruhe verdammt bleibt.

Die frühen Hochkulturen haben auch nicht versäumt, das Ordnungsprinzip auf dem Weg über die den Göttern entlehnte irdische Gewalt des Fürsten in eine gesellschaftliche Form zu übertragen. Hammurabi, in etwa der historische Antipode Napoleons in der Zeit vor Christus, hat eine berühmte Kodifizierung des Rechts gegeben, aus der unter anderem hervorgeht, daß sich zwischen der Beamten- und Militärkaste einerseits und der Sklavenkaste andererseits ein frei arbeitender Stand befand, der allerdings nicht so frei war, daß er nicht ausdrücklich Reglementierungen, etwa bezüglich der Entlohnung der Arbeit, unterworfen worden wäre[14]. Von einem babylonischen Fürsten aus dem 3. Jahrtausend, Urukagina, sind übrigens bereits Sozialreformen zugunsten der niederen Bevölkerung bekannt, die ihnen höher bewertete Formen der Tätigkeit nicht vorenthielten. Besonders die Priesterschaft erhält von diesem Fürsten Vorschriften über die zu berechnenden Tarife für ihre Dienste – feste Beträge werden für das Heranziehen des Wahrsagepriesters und des Beschwörers, für Begräbnisse und so fort bestimmt –, und auch die Habsucht der Richter wird von einem Verbot getroffen, Gaben (Bakschisch) anzunehmen[15].

Vor allem die Landwirtschaft wurde in den alten Reichen schon früh mit Hilfe von Sklaven betrieben. Diese waren nicht immer Eigentum des Grundbesitzers, sondern man lieh sie sich auch von anderen. Außer Sklaven konnten auch Minderjährige durch ihre Eltern oder andere Gewalthaber, und Schuldner durch ihre Gläubiger zur Arbeit vermietet werden. Babylonischen Urkunden aus der Zeit König Hammurabis zufolge wurde hier der normale Begriff Miete *(agarum)* verwendet. Man hat eine große Anzahl dieser *agarum*-Formulare gefunden, und aus deren Texten läßt sich erkennen, daß die Übereinkunft stets für einen bestimmten Zeitraum, meistens zwischen einem Monat und einem Jahr, getroffen wurde[16].

[14] H. W. Obbink, *Oude geschiedenis van het Nabije Oosten* (Wereldgeschiedenis I). Utrecht ²o. J., S. 247.

[15] Obbink, S. 239.

[16] Julius Georg Lautner, *Altbabylonische Personenmiete und Erntearbeiterverträge.* Leiden 1936, S. 133.

Schon damals – wie auch später, etwa in der römischen Zeit – war es möglich, dieselbe Rechtsform zu benützen, um einen sogenannten freien Arbeitsvertrag zu schließen. Es ist aber wohl offenkundig, daß der freie Mann, der sich dazu entschloß, seine Arbeit einem anderen zu vermieten, in dieselbe Beziehung zum Herren geriet wie der an diesen vermietete Sklave[17]. Zwar war seine Dienstzeit auf die Höchstdauer eines Jahres begrenzt, aber seine soziale Situation wird ihn wohl dazu gezwungen haben, seine untergeordnete Position immer wieder zu erneuern.

Das altbabylonische Arbeitsrecht[18] kannte auch bereits das System der Kuppelarbeit. Der betreffende Vertrag wird durch einen Kuppler geschlossen, der es übernimmt, zum Beispiel vor der Ernte, eine bestimmte Zahl von Arbeitskräften zu liefern. Die *subanti*-Konstruktion, die dazu benutzt wurde, ging von dem Gedanken aus, daß der Kuppler Geld von dem Landbesitzer geliehen bekam und sich verpflichtete, diesem als Gegenleistung die benötigten Arbeitskräfte zu verschaffen. Zwischen beiden Leistungen bestand aber sichtlich keine Gleichwertigkeit, denn die Geldbeträge, die in den Urkunden genannt werden, sind immer sehr klein, so daß die Leihkonstruktion nur pro forma gewählt scheint. Aber vermutlich ist die »Leihung« überhaupt nicht als die vorausbezahlte Vergütung für die Bemühung des Kupplers zu verstehen, sondern als eine Art Vorschuß oder Handgeld, das, wie unser alter Handpfennig bei Arbeitsverträgen, die Übereinkunft rechtskräftig machte. Die *subanti*-Übereinkunft wurde zwar als Mietübereinkunft bezeichnet, bei der Arbeitskraft als spezifisches Material zur Verfügung gestellt wurde, im Gegensatz zu der Verpflichtung zur persönlichen Dienstverleihung bei der *agarum*-Übereinkunft. Eine solche »Gattungsmiete«[19] erlaubte dem Vermieter, selbst zu kommen oder statt seiner einen anderen zu schicken. In Wirklichkeit war es aber so, daß mehr als ein Arbeiter gleichzeitig vermietet wurde, so daß es darauf hinauslief, daß ein Kuppler mitarbeiten konnte oder auch nicht. Wo sich der Kuppler nur dazu verpflichtete, die benötigte Arbeit zu liefern, läßt sich kaum leugnen, daß es sich um eine Art bezahlter Arbeitsvermittlung handelt. Wenn die Lohnzahlung

[17] M. David, *De Codex Hammurabi en zijn verhouding tot de wetsbepalingen in Exodus.* In: Tijdschrift voor Rechtsgeschiedenis (1939), S. 82ff.

[18] A. N. Molenaar, *Arbeidsrecht I.* Zwolle 1953, S. 3–11.

[19] Lautner, S. 173.

für die Arbeitskräfte ebenfalls über ihn gelaufen ist, ließe sich von einem Dienstbeschaffungsvertrag sprechen.

Es lohnt sich, neben die Arbeitsauffassungen und Arbeitsbeziehungen in den Hochkulturen des Alten Orients die des jüdischen Volkes zu stellen, das Kulturelemente sowohl von Mesopotamien als auch von Ägypten übernommen hat und sich dennoch eine beachtliche geistige Selbständigkeit zu bewahren wußte. Was die faktischen Verhältnisse anlangt, so ist in erster Linie festzustellen, daß die Israeliten ebenso wie andere Völker Sklaven gehalten haben, wenn auch infolge der geringen Kulturverfeinerung in kleinerer Zahl. Diese Sklaven bestanden aber ausschließlich aus Fremden, denn ein Jude durfte keinen Juden als Sklaven halten. »Wenn dein Bruder herabsinkt neben dir und sich dir verkauft, nicht sollst du dich seiner zu Dienstknechts Dienste bedienen, wie Löhner, wie Beisaß sei er neben dir. Bis zum Heimholerjahr diene er neben dir, dann gehe er aus von neben dir, er und seine Kinder neben ihm, und kehre zu seiner Sippe, zur Hufe seiner Väter soll er kehren. Denn meine Dienstknechte sind sie, die ich aus dem Land Ägypten führte, sie sollen nicht verkauft werden in Knechtsverkauf.«[20] Schuldknechtschaft eines Juden war offensichtlich wohl möglich, aber nicht länger als bis zum siebenten Jahr. Daneben gab es auch, wie aus der Bibel und dem Talmud hervorgeht, die normale Lohnarbeit, sowohl von Israeliten wie von Fremden. Dabei wird rechtlich kein Unterschied zwischen körperlicher oder geistiger, niederer oder höherer Arbeit getroffen[21]. Dennoch wird man wohl annehmen dürfen, daß sich die meisten Lohndienstverträge auf einfache Arbeit bezogen.

»In alter Zeit mietete man vor allem Landarbeiter. Sie arbeiteten als Hirten (Am. 3,12), als Schnitter oder Winzer (vielleicht Ruth 2,3ff.; 2. Kön. 4,18; vgl. Matth. 20,1–16). Sie konnten auf einen Tag verpflichtet werden wie unsere »Tagelöhner« (Lev. 19,13; Deut. 24,15; vgl. Matth. 20,8) oder auf ein Jahr (Lev. 25,50 53; Jes. 16,14; 21,16; Sir. 37,11).«[22]

Angesichts der Tatsache, daß Dienstbarkeit immer mit Verarmung in Verbindung gebracht wird, hat man auch in Israel das Verrichten selbständiger Arbeit als das Normale empfun-

[20] *Leviticus*, 25, 39–42.

[21] Samuel Chononowicz, *Das Arbeitsrecht im Talmud*. Berlin 1933, S. 10.

[22] Roland de Vaux, *Das Alte Testament und seine Lebensordnungen*. Band 1. Freiburg i. Br. 1960, S. 127.

den. Handwerker allerlei Art, unter ihnen auch Schreiber, aber kaum Steinmetze[23], waren selbstverständlich in allen Wohngemeinschaften zu finden. Handarbeit galt keineswegs als verächtlich, sie wurde im Gegenteil als heilsam für jedermann geschätzt. Auch die Schriftgelehrten betrieben ein Handwerk. Und es gibt Talmudisten, die die Arbeit über kontemplativen Müßiggang stellen: Glücklich der Mann, der sich krümmt unter dem Joch wie der Ochse, oder unter der Last wie der Esel[24]. Das gesellschaftliche Leben der Israeliten hat die verhängnisvolle Trennung zwischen einer höheren und einer niederen Klasse auf Grund des Kriteriums »Arbeitsverrichtung« nicht gekannt oder jedenfalls nicht anerkannt. Das geht in gewissem Sinne auf das Konto der beträchtlichen Armut dieser Kultur. Aber wird es andererseits nicht auch mit bestimmten religiösen Auffassungen zusammengehangen haben, welche das Judentum von der übrigen es umgebenden Welt unterschieden?

Die jüdische Religion erweist sich durchaus nicht als eine mehr oder minder aristokratische Theorie, die, wie alle pantheistischen Religionen das zu fordern schienen, vor allem den Mächtigen der Erde als Vorbild dienen konnte, wie der Mensch ein würdiges und erhabenes Dasein zu führen habe. Es geht ihr viel mehr um eine konkrete Wirklichkeit als um eine das Alltagsleben überspannende theologische Konstruktion. Die biblischen Bücher bezwecken in erster Linie, die faktische Heilsgeschichte der Israeliten festzulegen. Das ganze Volk ist mit seiner ganzen Existenz in den göttlichen Heilsplan aufgenommen. Die Arbeit, die dem Leben dieses auserwählten Volkes dient, kann aus dem Blickwinkel eines religiösen Bewußtseins denn auch niemals minderwertig sein. Wer arbeitet, sündigt nicht. Und wenn über Dienstknechte gesprochen werden muß, macht man deutlich, daß alle Dienstknechte Jahwes sind, ganz gleich in welche gesellschaftliche Position man auch hineingestellt sein mag. Dieses Bewußtsein der Unterworfenheit unter den einen Gott und dessen Gebot, sich im Schweiß seines Angesichts sein Brot verdienen zu müssen, macht es dem Menschen möglich, die Arbeit zu bejahen, als ein Joch ganz sicher, aber als ein Joch, das froh getragen werden kann bis zu jenem Tag, an dem die Erlösung anbricht.

Es erscheint wichtig, diese Arbeitsauffassung neben die der höheren alten Kulturen zu stellen, weil sie für die Gestaltung

[23] Wright, a. a. O.

[24] Adriano Tilgher, *Homo faber*. Paris 1931, S. 13.

der Arbeit im Abendland große Bedeutung erlangt hat. Denn die europäische Welt ist nicht allein aus der griechisch-römischen Kultur, wie diese auf den Ruinen noch älterer Kulturen gewachsen ist, hervorgegangen. Ihre Bedeutung darf natürlich nicht unterschätzt werden, schon gar nicht – wo es sich hier um die Entwicklung unserer Arbeitsordnung handelt – die organisatorische und rechtsbildende Kraft der Römer. Aber ebensowenig darf der Einfluß vergessen werden, der von der jüdisch-christlichen Auffassung des Menschen, seines Platzes und seiner Aufgabe in der Welt, auf die gesellschaftliche Ordnung des Abendlandes ausgegangen ist. Aus dieser Quelle ist ein Strom sittlicher Kräfte geflossen, die auf vielen Gebieten des menschlichen Daseins und gewiß auch im Bereich des Arbeitslebens Ordnung schufen und die herrschende Ordnung zugleich menschlicher gemacht haben.

2. Arbeitsauffassungen bei den Griechen

Das Bindeglied zwischen den Kulturen des Alten Orients und dem Römischen Reich ist die griechische Kultur. Die Römer haben eine erstaunliche rechtsformende Kraft an den Tag gelegt, aber viele der Ideen und Kräfte, welche das gesellschaftliche Leben beherrschten, übernahmen sie letztlich von den Griechen. Was die gesellschaftliche Arbeit betrifft, sind die Auffassungen in den großen Linien identisch[1]. Es ist aber nicht so einfach, sich ein klares, präzises Bild von diesen Auffassungen zu machen. Eine unmittelbare Schwierigkeit liegt bereits in der Tatsache, daß die Griechen kein Wort besaßen, das sich mit unserem gegenwärtigen – die soziale Funktion wiedergebenden – Arbeitsbegriff völlig deckt[2]. Es gibt zwar ein Wort für mühsame Tätigkeit *(ponos)*, aber es ist klar, daß es den Begriff bereits von vornherein mit einer psychologischen Deutung und Wertbestimmung belasten würde, wenn man davon ausginge.

Wenn wir bereit sind, uns über diese Schwierigkeit hinwegzusetzen, ohne einen Versuch zu ihrer Auflösung unternom-

[1] Adriano Tilgher, *Homo faber*. Paris 1931, S. 5.

[2] J. P. Vernant, *Travail et nature dans la Grèce ancienne*. In: Journal de psychologie normale et pathologique 3 (1955), S. 18.

men zu haben, so kommen wir sofort an einen Kreuzweg in den Gedankengängen. Manche Autoren meinen, daß die Griechen die Arbeit verachtet oder jedenfalls nicht hoch bewertet haben; andere neigen im Hinblick auf die Wertschätzung der landwirtschaftlichen Tätigkeiten dazu, ein anderes und zumindest differenzierteres Urteil auszusprechen. Die ersteren bestehen auf ihrem Urteil, indem sie betonen, daß die Landwirtschaft gerade nicht als Arbeit im strengen Sinn des Wortes aufgefaßt wurde. Aber demgegenüber läßt sich mit ebensoviel Recht behaupten, daß die Arbeit des Bauern gerade die am meisten vorkommende – und in gewisser Hinsicht also normale – Erscheinung war und das abschätzige Urteil deshalb nur bestimmten Ausnahmen gegolten haben kann. Die Sache wird noch komplizierter, wenn man sich über zwei Dinge klar zu werden versucht: Erstens, von wem stammte das Urteil, dem ausschlaggebende Bedeutung zugemessen wird? Und weiter, wird die Wertschätzung, die (sagen wir einmal) verschiedenen Arbeiten zugemessen wurde, nicht von der sozialen und politischen Situation abhängen und also auch verschieden nach Zeit und Ort gewesen sein? Tatsächlich erscheint es wohl am günstigsten, auch hier ein – jeder Geschichtsbetrachtung angemessenes – Bewußtsein für Relativität zu entwickeln.

Die Frage, wer das Urteil ausspricht, ist besonders in unserer Zeit wichtig geworden, in der Meinungs- und Verhaltensforschung zum ersten Mal in der Geschichte den subjektiven Auffassungen von Interessenten Relevanz zuerkannt haben. Man hat begonnen, daran zu zweifeln, ob die gelehrten Autoren über Arbeit, die glaubten, selbst keine Arbeit zu verrichten, auch vorurteilsfrei waren. Und jedenfalls hat man einen Blick dafür bekommen, daß Beurteiler derartiger gesellschaftlicher Erscheinungen, ob sie nun aktiv daran teilnehmen oder nicht, meist dazu neigen, etwas von einer Rechtfertigung der eigenen Lebenssituation in ihre Wertung einfließen zu lassen[3]. Aber wenn man im Fall der griechischen Arbeitsbewertung auch nicht umhin kommt, sich auf die Gefühle einiger weniger Nichtpartizipanten verlassen zu müssen, dann ist es angebracht, diejenigen nicht zu übergehen, von denen man annehmen darf, daß sie dem Volk nahegestanden und das Bedürfnis gehabt haben, vom Volk begriffen zu werden, so daß sich in ihrer Sicht nicht nur die Auffassung einer dünnen Oberschicht

[3] F. J. H. M. van der Ven, *Waardering van hoofd- en handenarbeid in het veranderend cultuurbeeld*. In: Sociale Wetenschappen 2 (1958/59), S. 85.

widerspiegelt. Jaccard[4] hat gesagt, daß man, um die griechische Welt kennenzulernen, lieber Dichter lesen sollte als Platon, Aristoteles oder Xenophon, und auch bei anderen zeitgenössischen Autoren über die Arbeitsidee in der klassischen Zeit läßt sich gegenwärtig eine Abneigung gegenüber einer früher üblichen einseitigen Berufung auf Aussagen von Philosophen feststellen[5].

Was haben die Dichter über die Arbeitsidee – und im besonderen über die »ursprüngliche« Arbeitsidee – der griechischen Kultur gesagt? Bei Homer, bemerkte Aymard, begegnet man weder irgendeiner Verurteilung der Arbeit an sich noch irgendeinem Hinweis, daß sie auch nur die geringste soziale Degradierung zur Folge gehabt hätte. »Im Gegenteil, die größten Persönlichkeiten der homerischen Welt arbeiten mit ihren Händen, Männer und Frauen, Götter und Sterbliche.«[6] Dennoch gibt es eine klare gesellschaftliche Hierarchie, an deren Fuß vielleicht nicht einmal der Sklave, sondern vielmehr der freie Taglöhner zu finden ist[7]. Auch der Handwerker steht nicht hoch auf der gesellschaftlichen Stufenleiter. Aber nicht deshalb, weil er arbeiten muß, und nicht einmal, weil sein Wohlstandsniveau gering ist, denn der Kleinbauer muß häufig noch härter für weniger Ertrag arbeiten. Der Maßstab wird offensichtlich zum guten Teil im Grad der Unabhängigkeit gefunden, den der Arbeiter neben seinen Mitbürgern in der Arbeitssituation zu behaupten weiß[8]. In einer typisch landwirtschaftlichen Gesellschaft ist ein solches Kriterium durchaus begreiflich. Zu allen Zeiten hat sich der freie Bauer einzig von Gott und dem Wetter abhängig gefühlt und sich darum weit über Handwerksleute und ähnliche erhaben gedünkt, die auf einen anderen, ja sogar auf jeden anderen Rücksicht nehmen mußten.

Dennoch darf man im allgemeinen der homerischen Epoche eine positive Wertung der Arbeit zuschreiben. Odysseus war stolz auf sein Arbeitsvermögen, etwa wenn er sich seiner Fähigkeiten als Landwirt rühmte. Wenn gemietete Kräfte zu dieser Zeit in sozialer und politischer Hinsicht als minder galten, so

[4] Pierre Jaccard, *Histoire sociale du travail de l'antiquité à nos jours*. Paris 1960, S. 13.

[5] Arthur T. Geoghegan, *The attitude towards labor in early christianity and ancient culture*. Washington 1945.

[6] A. Aymard, *L'idée de travail dans la Grèce archaïque*. In: Journal de psychologie normale et pathologique 51 (1948), S. 31.

[7] Aymard, S. 33.

[8] Aymard, S. 38–39.

nicht wegen der Art ihrer Arbeit, sondern weil sie kein Land besaßen und infolgedessen gezwungen waren, ihre Dienste zu verkaufen[9]. Als Hesiod sein Lehrgedicht ›Werke und Tage‹ schrieb, begann der Verfall der agrarisch-aristokratischen Epoche bereits sichtbar zu werden. Selbstüberheblichkeit der Machthaber ging mit Korruption und Unterdrückung des einfachen Volkes einher. In einer solchen Zeit liegt eine verminderte offizielle Arbeitsbewertung auf der Hand. Hesiod aber, der für den kleinen Bauern Partei ergreift, läßt darum um so nachdrücklicher erkennen, daß Arbeit – wenigstens im »eisernen« Zeitalter – eine Notwendigkeit ist, nicht nur zur Existenz, sondern auch für die Moral des Menschen.

> Übles kannst du, wahrhaftig, dir haufenweise gewinnen.
> Mühelos, glatt ist der Weg und nahe seine Behausung.
> Vor Verdienst aber setzten den Schweiß die unsterblichen Götter[10].

Arbeit ist die Grundlage des Wohlstands und also gewiß nicht zu verurteilen.

> Arbeit macht ja reich die Männer an Herden und Habe.
> Fleißige Arbeit macht dich auch den Ewigen werter
> Und den Menschen dazu; sie hassen ja müßige Leute.
> Arbeit bringt keine Schande, die Faulheit aber bringt Schande[11].

Warum auch sollte es eine Schande sein zu arbeiten, wo dies dem Menschen durch einen höheren Befehl auferlegt ist?

> Arbeit, wie sie die Götter dem Menschenvolke bestimmten[12].

Zwar sind nicht alle gleich; was dem einen angemessen ist, für das wird sich ein anderer schämen. Der Dichter ruft seinem heruntergekommenen Bruder Persus aber zu:

> Scham ist kein guter Gesell dem armen darbenden Manne[13]

und will damit deutlich machen, daß auch das Umgekehrte wahr ist: Wofür der eine sich schämt, das gerade kann ehrenhaft für den andern sein. Aus dieser Auffassung läßt sich ab-

[9] Geoghegan, S. 2–3.

[10] Hesiod, *Werke und Tage*. Zit. nach: Hesiod, *Sämtliche Werke*. Deutsch von Thassilo von Scheffer. Wien 1936, V. 287–89.

[11] Hesiod, V. 308–11.

[12] Hesiod, V. 398.

[13] Hesiod, V. 317.

leiten, daß Hesiod, auch wenn er sich hauptsächlich mit der landwirtschaftlichen Arbeit beschäftigt und dieser deutlich den Vorrang gibt – ganz ausdrücklich vor der Handelsschiffahrt –, doch auch andere Berufe nicht verächtlich gefunden hat. Er nennt einige, wo er anfangs die Konkurrenz als positive Version des Kampfgedankens, und zwar als Stimulans für das Wirtschaftsleben preist:

Denn sie ermuntert sogar die lässigen Männer zur Arbeit.
Schaut ein solcher auf andere, die reicher, so möchte er stärker
Schaffen, er sputet sich dann, den Acker zu pflügen, zu säen,
Gut zu richten das Haus: so eifert Nachbar mit Nachbar
Um den bessern Ertrag. Die Eris ist Sterblichen nützlich,
Eifert doch Töpfer mit Töpfer, der Zimmermann mit dem Zimmrer,
Und es mißgönnt der Bettler dem Bettler, der Sänger dem Sänger[14].

Auch Knecht und Magd werden in dem Gedicht ohne jeden Anhauch einer Abwertung erwähnt. Zwar weiß Hesiod genau zu sagen, welche Anforderungen an das Dienstvolk gestellt werden müssen:

Erst ein Haus und dann ein Weib und Ochsen zum Ackern,
Nicht ein Weib, eine Kebse, die Rinder zu pflegen. An Stieren
Halte dir zwei...
Niemals wird dann streitend das Paar den Pflug in den Furchen
Brechen, daß die Arbeit dann unvollendet verbliebe.
Hinter ihm schreite immer ein vierzigjähriger Werkmann ...
Ein andrer, der jünger, ist schwerlich besser geeignet,
Samen auszustreuen und Nachsaat wohl zu vermeiden.

Das Säen übernimmt der Bauer offenbar selbst; so ein Bursche ist aber geeignet, hinter dem Sämann herzugehen und die Saat abzudecken. Und wenn die Ernte geborgen ist:

Wähl einen Knecht ohne Haus und eine Magd ohne Kinder[15].

Mag Hesiod als Verherrlicher der Aktion, der Energie und damit als ein früher Vorläufer der Philosophen des *élan vital*,

[14] Hesiod, V. 20–26.
[15] Hesiod, V. 405/06, 436–41, 445/46, 602.

besonders Bergsons[16], bezeichnet werden, bei späteren Dichtern wie Sophokles wird der handelnde Mensch vor allem wegen seines Mutes, seines Verstandes, seiner Geschicklichkeit und Schöpferkraft gepriesen. Er widersteht den Elementen und zwingt die Erde zur Fruchtbarkeit:

Erde, der Götter höchste,
Die Unerschöpfliche, Unermüdliche
Bedrängt sein Pflug.

Er ist Herr über das ganze Tierreich und versteht eine Welt zu erschaffen, eine geistige Welt vor allem:

Und die Sprache
Und luftgewirkten Gedanken
Lehrte er sich
Und den Trieb zum Staat
Und Obdach
Gegen ungastlichen Reif vom Himmel
Und Regengeschosse
Allberaten[17].

Man vernimmt hier einen anderen Ton; das städtische und intellektuelle Element verfeinert die Sicht, aber noch immer bleibt die ungebrochene Linie gewahrt, die alle menschlichen Tätigkeitsformen verbindet: die einzigartige schöpferische Kraft des Menschen. Einzigartig und schöpferisch? Die Philosophen hätten einen Einwand gegen eine solche Formulierung gehabt: Und wie steht es um die Götter oder – was dasselbe ist – um die Natur? Darf überdies nicht nur ein kleiner Teil der menschlichen Tätigkeit solch eine hohe Bewertung beanspruchen?

Tatsächlich waren es die Philosophen, die meistens zu einer viel ungünstigeren Beurteilung verschiedener Tätigkeitsformen gelangten. Wie wir noch sehen werden, wurden sie dabei durch die Wahrnehmung bestimmter gesellschaftlicher Zustände beeinflußt, durch den Wunsch, Reformen in die Wege zu leiten, oder sogar durch persönliche Vorurteile. Auch Philosophen sind Menschen und Kinder ihrer Zeit. Aber möglicherweise ist bei verschiedenen zugleich die Verteidigung einer traditionellen, stark mit dem Naturprozeß verflochtenen Weltanschauung, auch wenn diese nicht mehr so recht ins

[16] Jaccard, S. 64.

[17] Sophokles, *Antigone*. Zit. nach der Übersetzung von Wilhelm Kuchenmüller. Stuttgart o. J., V. 337ff.

Zeitbild paßte, Ursache ihrer Geringschätzung der Arbeit gewesen. Die seelische Haltung des Agrariers ist mit der allmählichen Entwicklung des familiären Landwirtschaftsbetriebes übrigens lange erhalten geblieben[18]. Diese Haltung hat ganz gewiß einen geistigen Hintergrund. Man hat allgemein angenommen, daß die Arbeitsauffassung der Griechen in der pantheistischen Konzeption einer von Göttern bevölkerten natürlichen Ordnung wurzelt: Der Mensch, ihr unterworfen, muß versuchen, sein Streben damit in Einklang zu bringen. Nur dann ist sein Tun den Göttern wohlgefällig. Im tiefsten Sinne beruht diese Auffassung vielleicht auf einem mystischen Lebensgefühl, wie es bereits beim primitiven Menschen vorhanden war, der seine Existenz als solche von den Elementen der Natur mit ihren guten und bösen Mächten umringt wußte. Wie dem auch sei, die griechische Rationalität geht ebenfalls ganz und gar von »der Natur« aus, und innerhalb ihrer Gesetzmäßigkeit vollzieht sich das menschliche Schicksal.

Trotzdem erhebt sich hier die Frage, ob die Arbeitsauffassung in der Klassik ausschließlich von dem Gedanken gespeist wird, daß der Mensch Teil an einer natürlichen Ordnung hat, in sie aufgenommen und in ihr geborgen ist, solange er sich ihr unterwirft. So kann die Theorie zwar lauten, aber ist die Praxis nicht oft stärker als die Lehre? Wir möchten meinen, daß sich auf die Dauer keine abstrakte Lehrmeinung dem Einfluß des Lebens entziehen kann. Die ursprüngliche pantheistische philosophische Denkkonstruktion hatte selbstverständlich ihren Wert. Selbst wenn die jüdische Theologie, die die Dürre der Erde kennt, es dem Menschen aber auch erlaubt, sich diese Erde untertan zu machen, erst später im Christentum weiterentwickelt wird und den Griechen als »Theologie« fremd geblieben ist, so ist es doch nahezu undenkbar, daß die faktische Wirklichkeit, von der sie ausging, einem mit einem solchen Realitätssinn begabten und konkret beobachtenden Geist wie dem griechischen ganz entgangen sein sollte.

Die offensichtliche Wirklichkeit ist, daß der Mensch sich im Leben immer wieder vor die unausweichliche Notwendigkeit gestellt sieht, über den von altersher bekannten Naturprozeß hinauszugreifen. So sehr er sich an natürliche Grenzen gebunden weiß, kann er sich doch nicht damit begnügen, sein Gesetz immer wieder von Naturmächten vorgeschrieben zu bekom-

[18] Vernant, S. 22.

men. Sowohl sein innerer Drang wie die äußeren Umstände veranlassen ihn, sich über die Natur zu stellen und sie selbständig schöpfend zu meistern. Sogar der Mythos hat diesem Faktum Rechnung getragen, wenn auch ihm zufolge Prometheus, der Menschen aus Lehm formte und das Feuer, in dem er sie lebendig machen wollte, vom Olymp stehlen mußte, für diese Tat von Zeus bestraft wurde. Wichtiger war es natürlich, daß das Leben selbst Raum dafür bot, was, wie wir noch näher sehen werden, kritischen und realistischer eingestellten Geistern kaum entgehen konnte.

Die offizielle Meinung, in jedem Zeitalter genau hartnäckig wie das Vorurteil, wurde immer wieder vorgetragen: Der Ort des Menschen ist *in* der Natur, und es ist gottlose Selbstüberheblichkeit, sich *über* sie zu stellen. Und doch werden in der griechischen Vorstellungswelt bereits Züge entwickelt, die eine die Naturkräfte in gewisser Hinsicht übersteigende Fähigkeit des Menschen zum Ausdruck bringen. Man darf wohl im voraus sagen, daß – so sehr sich die Nuancen auch von denen der modernen Zeit unterscheiden – eine vollkommene Einseitigkeit in dieser fernen Vergangenheit ebensowenig als wahrscheinlich gelten kann wie heute. Die beiden Sichten, die bereits im letzten Kapitel zur Diskussion standen, entsprechen in gewisser Weise einem historischen Zeitbild. Viel deutlicher aber entsprechen sie einer soziologischen Strukturform: Die eine erwächst aus der agrarischen, die andere aus der industriellen Arbeitssituation.

Wie immer in einer von agrarischen Formen beherrschten Gesellschaft ist Landarbeit die Arbeit schlechthin im Griechenland der Ilias und der Odyssee, also in der adeligen Periode gewesen. Vernant[19] zufolge ist, in der bündigen Zusammenfassung von Tellegen, diese Landarbeit »nicht das Aktualisieren zielgerichteter Methoden, um zu produzieren; es ist nicht ein Einwirken auf die Natur, um sie zu bearbeiten und menschlichen Zwecken anzupassen; wenn eine solche Bearbeitung auch möglich wäre, wäre sie doch jedenfalls gottlos«. Landarbeit oder Bearbeitung von Land ist Teilhabe an einer übermenschlichen Ordnung, die natürlich und göttlich zugleich ist. Die Mühe und Schwere der Arbeit werden in dieser unmittelbaren Verbindung mit dem Übermenschlichen, dem Göttlichen, zu einem Wert, gerade insofern man sich darin fügt, gemäß dem göttlichen Gebot; sie ist *aretè*, Tugend.

[19] Vernant, S. 25–26.

Sozial gesehen muß man sie aus dem so weit wie möglich sich selbst genügenden und in sich selber kompletten *oikos* betrachten (noch in unserem Begriff Ökonomie, Haushaltungskunde erhalten); es ist also keine Rede von einer Bedarfsdekkung im größeren Rahmen. Arbeit ist eher ein persönliches In-Kontakt-Treten und Tauschen mit der Natur und den Göttern als eine Basis zum Austausch von Gütern zwischen den Menschen[20].

Diese Naturform von Arbeit wird noch in viel späterer Zeit vom Großteil der Philosophen idealisiert, die von einem überlieferten *Weltbild* ausgehen, das aristokratisch und konservativ ist, aber das sich nicht mehr mit der Wirklichkeit deckt und sich praktisch gegen die aufgekommene städtische Ordnung richtet. Demgegenüber stehen aber einzelne wie Sokrates und sein Kreis, die mehr von der faktisch bestehenden *Gesellschaft* ausgehen – so daß sie in dieser Hinsicht eher als Soziologen denn als Philosophen gelten können. Und vorwiegend von einer städtischen und demokratischen Gesellschaft, obwohl sie ihre Auffassung gelegentlich auch mit den gesellschaftlichen Fakten aus der Vergangenheit zu motivieren wissen und gegen die Erscheinungsform der Demokratie gleichfalls ihre Einwände haben. Betrachten wir, ehe wir uns mit dieser Auseinandersetzung beschäftigen, einmal, wie die ursprüngliche Arbeitsorganisation aussah und wie sie sich entwickelt hat.

In der agrarischen Gesellschaftsform ist die Landarbeit das Normale, Allgemeine, die gewerbliche Arbeit das Besondere. Außer dem eigentlichen Handwerk sind auch bestimmte Dienste exzeptionell, etwa die von Magiern, Sehern, Dichter-Sängern, Priestern, Medizinmännern. Im Falle der letztgenannten Kategorien ist es offenkundig, daß ihnen der Besitz einer besonderen persönlichen Begabung zugeschrieben wird, aber auch die Tätigkeit des Handwerkers konnte prinzipiell in diesem Licht gesehen werden. All diese menschliche Kunstfertigkeit »wurde als eine besondere *dynamis* gesehen, die manche Menschen von den Göttern erhielten«[21]. Wenn sie zum Dienste anderer angewandt wurde, handelte es sich also nicht um »Arbeits«-verrichtung im normalen Sinne, sondern

[20] F. Ph. A. Tellegen, *Samen-leven in een technische tijd.* Utrecht-Antwerpen 1957, S. 53.

[21] F. Ph. A. Tellegen, *Wat is arbeid?* In: Annalen Thijmgenootschap 45 (1957), S. 237.

vielmehr um »Dienst«-verleihung, wie spätere Philosophen noch immer annehmen[22]. Man kann sich vorstellen, wie diejenigen, die diese Gaben besaßen, zunächst doch auch gewöhnliche Arbeit verrichteten. Bis zu einem gewissen Grad muß sogar jeder mit einer bestimmten Menge solcher Talente in einer gesellschaftlichen Struktur ausgerüstet sein, die alle Charakteristika einer agrarischen Autarkie aufwies.

Lange Zeit hatte die aristokratische Kultur in Hellas das Übergewicht, die für allerlei Arten von Hausarbeit natürlich so weit wie möglich Sklaven benützte. Nur in Ausnahmefällen, wenn höhere Anforderungen gestellt wurden, machte man von freien Handwerkern Gebrauch, denen das magische Charisma oder ein besonderer Schutz der Götter zugeschrieben wurde: Homer nennt außer Ärzten, Sängern und Sehern auch Schmiede, Zimmerleute, Schiffsbauer, Spinnerinnen, Wagenmacher, Leder-, Gold-, Silber-, Bronze-, Elfenbein-, und Hornbearbeiter[23]. Es hat also eine gewisse Aufgaben verteilende Spezialisierung bestanden, zunächst vielleicht in der Form, daß Spezialisten »Befreite« wurden, die also nicht mehr die »gewöhnliche« Arbeit verrichten mußten, sondern von der Gemeinschaft unterhalten wurden, der sie dafür ihre Kunstfertigkeit zur Verfügung stellten[24]. Aus dem der Gemeinschaft gewidmeten Beruf kann sich dann später ein selbständiger Kleinbetrieb entwickeln.

Ohne daß wir historische Gewißheit über diese Entwicklung der Dinge besitzen, scheint es doch nicht unwahrscheinlich, daß sich der Prozeß in etwa so abgespielt hat, wenn wir sehen, daß auch noch in unserer Zeit Formen von Arbeit auf diese Art und Weise entstehen können. Zur Verdeutlichung wollen wir hier einige Beispiele anführen. Der Amateursportler der Spitzenklasse übt seinen Sport unter den Augen der Öffentlichkeit aus. Das Publikum bewundert sein Leistungsvermögen, wie in der griechischen Zeit die *dynamis* bewundert wurde, die besondere Macht, die ein Geschenk der Götter war und jemanden zu bestimmten geistigen oder materiellschöpferischen Leistungen befähigte. Heutzutage ist die Be-

[22] Vernant, S. 34.

[23] Fritz M. Heichelheim, *Wirtschaftsgeschichte des Altertums vom Paleolithikum bis zur Völkerwanderung der Germanen, Slaven und Araber*, Leiden 1938, S. 265.

[24] Auch bei den Germanen scheint eine solche Figur vorzukommen. Die Handwerksleute gehörten gleichsam der Dorfgemeinschaft, und sie erhalten einen Teil der Ernte für die den gesamten Dorfgenossen erwiesenen Dienste. Vgl. M. W. F. Treub, Hoofdstukken uit de geschiedenis der staatshuiskunde. Haarlem [4]1919, S. 100–01.

wunderung sportlicher Leistungen offensichtlich zu einem konstant auftretenden öffentlichen Bedürfnis geworden. Die Anforderungen werden immer höher geschraubt, so daß der Amateur ihnen nicht mehr genügen kann. Nun kommt das Stadium, in welchem der Amateur seine frühere Arbeit aufgibt und zum Sportprofi wird, das heißt, seine besonderen sportlichen Fähigkeiten berufsmäßig zu nützen beginnt. Was früher für ihn Sport war, ist Arbeit geworden.

Ein zweites Beispiel: Beim Entstehen der Gewerkschaftsorganisationen betreten Gestalten aus der Arbeitswelt die Bühne, die bestimmte Führungseigenschaften, organisatorische und repräsentative Qualitäten besitzen; sie können in der Öffentlichkeit reden, Versammlungen leiten, verhandeln, manchmal auch schreiben. Zunächst wird diese Führerfunktion ausschließlich in der Freizeit ausgeübt. Mit dem Wachsen der Bewegung nimmt der Bedarf an diesen Tätigkeiten zu, so daß die Führer von der normalen Arbeit »befreit« werden. In dem Namen »Befreite« kommt der akzidentelle Charakter der berufsmäßigen Führerschaft zum Ausdruck. Später spricht man von »besoldetem Funktionär«; es ist ein neuer Beruf entstanden, den man auch ausüben kann, ohne zu der Gruppe von Arbeitern gehört zu haben, die man führt. Die idealistische Gewerkschaftsaktivität ist in Arbeit übergegangen.

Es ist weiter nicht erstaunlich, wenn ein Übergang wie der von dem paranormal begabten Bauern in die Randgebiete der medizinischen Praxis oder vom Dorfclown zu den städtischen Regionen des Kabaretts sich mutatis mutandis auch im Altertum vollzogen hat. So hat man in der griechischen Kultur verschiedene Spezialisten gekannt, die als *demiourgoi* bezeichnet wurden. Das Wort bedeutet im ursprünglichen Sinn: diejenigen, die für das Volk – oder besser noch für die Familien – arbeiten. Mit der Aufgabenverteilung, die den *demiourgos* von der normalen landwirtschaftlichen Arbeit befreit, ist also eine neue Form der Arbeit entstanden, die artifizielle Arbeit. Daß sie mit einem anderen Namen als die agrarische Arbeit belegt wird, ändert nichts an der Tatsache, daß es Arbeit war. Und genausowenig daran, daß diese artifizielle Arbeit wegen ihrer Seltenheit zunächst sicher ziemlich hoch bewertet worden ist.

Das Wort *demiourgos* scheint indessen nicht als erstes für Handwerker gebraucht worden zu sein, sondern als Amtstitel für die leitenden Beamten, obwohl es sich in diesem Sinne nicht überall einbürgerte. Im strengen Sinn ist das Wort hier sehr wohl angebracht, da der Beamte »Dinge tut oder Dienste verrichtet im Interesse des Volkes, der Gemeinschaft«. Überdies gab es in der adeligen Epoche viele angesehene *demiourgoi*, »da sie die Funktionen von Seher, Priester oder Arzt ausübten«. Wie gesagt, wird der Begriff erst später auch auf den Vertreter eines Handwerks oder eines Berufs, der damit auf eine Ebene gestellt wird, angewandt. In der eigentlichen »klassischen« Zeit werden erwähnt: Schmiede, Bäcker, Köche, Verkäufer von eingemachtem Fisch, Lederbearbeiter, Holzbearbeiter, Häuserbauer, Schiffsbauer, Maler, Schreiber (im wörtlichen Sinne), Bildhauer, Steuerleute, Gymnastiklehrer, Steinsetzer, Töpfer, Weber, Parfumverkäufer, Friseure, Messermacher, Musiker, Rhapsoden (herumreisende Balladensänger) und darüber hinaus auch (volkstümliche) Wahrsager, Priester und Ärzte. Aus den letztgenannten, mit dem Handwerk gleichgestellten Berufen ergibt sich eine gewisse Abwertung. Die Mitglieder der alten angesehenen Seher-, Priester- und Arztgeschlechter wurden in späterer Zeit nicht mehr zu den *demiourgoi* gerechnet[25]. Es kommen nun immer mehr Kategorien dieser Arbeitenden hinzu, bis zum Markthändler und Söldner.

Es läßt sich denken, daß die Befreiung der Wirtschaft aus der geschlossenen agrarischen Haushaltung für den Handwerker eine ganz andere Lage geschaffen hat. Die Bewertung seiner Arbeit unterscheidet sich dann je nachdem, ob man von der überlieferten agrarisch bestimmten Tradition ausgeht oder mehr die urbane Arbeitsorganisation in den Mittelpunkt stellt. Die agrarische Auffassung schätzt es wenig, daß sich der *demiourgos* wirtschaftlich selbständig an den Tauschverkehr angeschlossen hat. Für sie bedeutet das keine echte Selbständigkeit, denn der Handwerker wird abhängig vom Tausch, von Aufträgen anderer. »Und dies insbesondere, weil der Grieche der Auffassung war, daß der Benützer von etwas Handwerklichem wußte – und nur er –, wie es zu sein hatte. Der Schiffer gibt dem Schiffsbauer den detaillierten Auftrag, und dieser kann das machen, wovon der Schiffer aus Erfahrung weiß, daß es so oder so sein muß. Die *dynamis* des Handwerkers ist damit auf die Verwirklichung der Idee eines anderen reduziert; *technè* ist ja die Idee, ehe sie im Stoff verwirklicht

[25] C. M. A. v. d. Oudenrijn, *Demiourgos*. Assen 1951, S. 104, 138.

ist. Der Handwerker wird zum Instrument. Von diesem Maßstab aus kommt Aristoteles zu seiner Rangordnung der Menschen: Bürger im vollen Sinne ist derjenige, der frei ist; der Sklave gehört seinem Herrn; Handwerker und ›Ungeschulte‹ gehören der Öffentlichkeit.«[26] Die Abhängigkeit des Handwerkers wird darüberhinaus durch die Tatsache unterstrichen, daß er im Hause seines Auftraggebers arbeitet, der ihm den Rohstoff liefert. Er ist formell frei, gehört aber zu den kleinen Leuten[27]. Das erniedrigende Element, das in dem Ausdruck »der Öffentlichkeit gehören« liegt, wird übrigens von den traditionellen Philosophen übernommen. Nicht alle gingen sie so weit wie Aristoteles, der die Möglichkeit einer menschenwürdigen Existenz für den ortsgebunden arbeitenden *banausos* verwarf. Platon hatte diese Möglichkeit zumindest noch als Hypothese geäußert, falls nämlich der Handwerker sich in der Produktion die Freiheit der Götter und im Erwerb von Gütern die Mäßigkeit der Weisen zum Vorbild nahm. In der Realität glaubte er indes, etwas anderes wahrzunehmen: Der Körper wie die Seele bekommen den Stempel des Minderwertigen. In der eher spartanisch als athenisch gefärbten Auffassung Xenophons wird das noch einmal klar wiederholt: »Die oft als banausisch bezeichneten Tätigkeiten stehen in schlechtem Ruf und werden zu Recht in der Welt sehr verachtet. Sie verunstalten ja den Körper derer, die so arbeiten und sich beschäftigen, indem sie sie zum Stillsitzen und Zuhausebleiben, sogar beim Feuer, zwingen. Und wenn der Körper geschwächt wird, erschlafft auch der Geist viel mehr. Obendrein beanspruchen sie den Menschen so sehr, daß er sich nicht seinen Freunden und dem Staat widmen kann; solche Menschen müssen schlechte Freunde sein und schlechte Verteidiger ihres Vaterlandes. Das ist auch der Grund, warum es den Bürgern in manchen Gegenden, vor allem in solchen, in denen Krieg in hohem Ansehen steht, verboten ist, sich mit irgendeiner banausischen Tätigkeit abzugeben ... Die besten Tätigkeiten sind die Ausübung der Landwirtschaft und die Ausübung des Krieges.«[28]

Solche Behauptungen werden nicht nur so in den freien Raum gesprochen. Die Absicht, einen Beitrag zu einer guten

[26] Tellegen, *Wat is arbeid?* S. 237.

[27] G. Glotz, *Le travail dans la Grèce ancienne*. Paris 1920, S. 36.

[28] H. Bolkestein, *Sociale politiek en sociale opstandigheid in de oudheid*. Amsterdam 1934, S. 153–54.

Staatsinstitution zu liefern, ist bei Xenophon unverkennbar. Aber auch originelleren Geistern war die politische Intention nicht fremd. Die Philosophen und ihr Anhang – mit Ausnahme von Sokrates – erfreuten sich nun einmal an dem Gedanken, daß der *banausos* ein gewisses Element der Sklaverei in sich trug und infolgedessen geführt werden mußte. Wer weich gebettet ist, wird gerne bekräftigen, daß man es nicht bis zur verwerflichsten Form von Demokratie kommen lassen darf, in der Handwerker und Arbeiter den Ton angeben[29]. Solch ein Einwand richtet sich gleichwohl in erster Linie gegen die Regierungsform, die politische Demokratie, nicht gegen die soziale Demokratie. Es war ein begreiflicher Einwand, weil die Handwerker aufhörten zu arbeiten, sobald ihnen eine Vergütung für die öffentlichen Dienste ausbezahlt wurde[30]. Die aristokratische und militärische Herabsetzung des *banausos* hat also ihren guten Grund in der faktischen Wirklichkeit. Nur, diese Wirklichkeit konnte auch ganz anders eingeschätzt werden.

Einer solchen anderen Einschätzung begegnen wir, wenn wir vernehmen, daß in der Stadtrepublik von Athen außer der Freiheitsidee auch das demokratische Ideal menschlicher Gleichheit eine Rolle gespielt hat. In diesem Licht betrachtet, besteht die Möglichkeit, daß die Handarbeit positiv eingeschätzt wird. Von altersher gab es ein Gesetz gegen den Müßiggang, das sich gegen jene richtete, die keine regelmäßigen Existenzmittel besaßen. Der Sohn brauchte nicht zum Unterhalt seines Vaters beizutragen, wenn dieser ihn keinen Beruf hatte lernen lassen. Jemandem seinen Beruf vorzuwerfen, war strafbar. Laut Perikles war nicht Armut eine Schande, sondern nichts zu tun, um ihr zu entgehen. Und die Ausübung eines lukrativen Berufs vertrug sich sehr wohl mit der Wahrnehmung der öffentlichen Sache in der Politik. Eine städtisch-bürgerliche Auffassung – im Gegensatz zur agrarisch-theokratischen – kommt in Sokrates' Beweisführung gegenüber Aristarchos zum Ausdruck: »Liegt denn das Glück für den freien Menschen mehr in einem Leben des Müßiggangs als darin, daß er sich einer nützlichen Tätigkeit zuwendet, zu der man imstande ist?...Wer sind die Weisesten, die Faulen oder jene, die sich nützlich beschäftigen? Wer sind die Gerechte-

[29] Glotz, S. 195–96.
[30] Geoghegan, S. 11–12.

sten, jene die arbeiten oder jene, die mit verschränkten Armen über die Mittel des Daseins träumen?«[31]

Dieser Diskurs richtet sich ganz offensichtlich nicht gegen die Agrarier, sondern gegen die Literaten, die in ihrem sozialen Konservativismus die bürgerliche Arbeit ablehnten. Die Antithese konnte natürlich erst entstehen, nachdem eine Kluft in die Ränge der *demiourgoi* getreten war. Die ursprüngliche Zusammenfassung all derer unter diesen Begriff, die artifiziell – außerhalb des direkten Naturzusammenhanges – tätig waren, ist nämlich bald zerbrochen. Tellegen sagt, »daß die anfängliche Erfüllung der ehrenhaften Existenz – Land bebauen und Kriegführen – nach und nach ersetzt wurde durch die Kultivierung des denkenden Verstandes (neben dem Lenken des Staates), wodurch die Fertigkeit des Handwerkers als eine Tätigkeit erschien, die vom eigentlich Geistigen wegführt und zum gebundenen Dienst an der Idee wird.«[32] Der Intellektuelle – oft Sohn eines *banausos*[33] – beginnt, sich von der Handarbeit zu distanzieren, und zählt seine Tätigkeiten geistiger und politischer Art denn auch nicht mehr unter den Begriff Arbeit.

Bereits zuvor hatte sich eine differenziertere Wertung verschiedener Arten von Arbeit entwickelt. Während in einem agrarischen System die Standesunterschiede auf Erblichkeit, auf Grundbesitz und Unabhängigkeit beruhen, trifft das städtische Gewerbe darüber hinaus einen Unterschied zwischen den Berufen nach Gewinn, Ausbildung und Annehmlichkeit der Arbeit. Das ist auch in der griechischen Gesellschaft der Fall. So entwickelt sich in der Stadtkultur allmählich eine ganze Wertskala. Auch moralische Faktoren spielen eine gewisse Rolle. Das Gesetz von Solon hatte honorigen, gutgestellten Bürgern die Herstellung von Parfum untersagt, aber wenn der Fabrikant groß genug wird, sieht die Sache anders aus. Der Lohn für die Arbeiter betrug bis zum 5. Jahrhundert vor Christus gleichmäßig eine Drachme pro Tag, sowohl für die Sklaven wie für den Bürger, für den Baumeister und Bildhauer ebenso wie für den Wasserträger. Erst im 4. Jahrhundert entsteht Lohndifferenzierung, natürlich verbunden mit Differenzierung der Bewertung.

Die Intellektuellen werden eine neue Klasse, die sich stark

[31] Glotz, S. 197–98.

[32] Tellegen, *Wat is arbeid?* S. 237.

[33] Der Vater von Sophokles war Schmied, der von Sokrates Steinmetz, von Lysias und von Demosthenes Waffenmacher, von Appollodorus Bankier (Glotz, S. 201).

von den Handel treibenden und industriellen Gruppen unterscheidet. Sklaven werden vermietet, manchmal sogar eine Mine oder ein Arbeitsplatz mitsamt dem ganzen Personal. Man wird Rentier und beschäftigt sich dann mit Wissenschaft und Politik, vor allem mit Politik. Parteiführer, zunächst Grundbesitzer, später Händler und Industrielle, sind schließlich Redner ohne anderen Beruf. Eine solche Distanzierung von den Handwerkern und Geringschätzung des Handwerks als Beruf – was nichts anderes bedeutet als eine Kulturkrise – hatte sich bereits früher bei den ägyptischen Intellektuellen gezeigt. »Es ist die permanente Verführung der kultivierten Völker.«[34] Diese Abkehr von ökonomischer Betriebsamkeit hat zu Unrecht die als typisch klassisch geltenden Vorstellungen über Arbeit – worunter man fortan ausschließlich artifizielle Arbeit versteht – entscheidend beeinflußt. Diese Vorstellungen sind intellektualistisch und individualistisch. Weder die wirkliche Bedeutung der Arbeit für die Allgemeinheit, noch der gemeinschaftsbildende Charakter kommen darin zum Ausdruck. Als Charakteristikum für die wirkliche Welt, in der die Masse lebte, haben sie keine Bedeutung, aber als Versatzstück der sozialen Philosophie einer entwickelten und reifen Oberschicht sind sie vor allem auch dadurch lebendig geblieben, daß sie in die römische Kultur eingegangen sind.

3. Wirtschaftsleben und Arbeit bei den Römern

Das Römische Reich im weitesten Sinne bestand über einen Zeitraum von mindestens zwölf Jahrhunderten. Es ist klar, daß die Organisation und die Wertung der Arbeit in diesem Zeitraum Veränderungen durchgemacht haben, und es scheint, jedenfalls zunächst, etwas zu verallgemeinernd, von »der« Arbeitsauffassung der Römer zu sprechen. Nun gilt das größte Augenmerk der Historiker im allgemeinen der zweiten Hälfte der Republik und der darauf folgenden Kaiserzeit; mit Recht, denn die Bedeutung dieser Epoche für die spätere westeuropäische Kultur ist natürlich viel größer gewesen als die der Vorzeit. Aber auch dann hat man eine Geschichtsspanne vor

[34] Pierre Jaccard, *Histoire sociale du travail de l'antiquité à nos jours*. Paris 1960, S. 34.

sich, die so weit ist wie die Zeit vom Hochmittelalter zur Gegenwart, und darf also wohl mit Juvenal daran erinnern, daß an zwei so verschiedene Epochen wie die Republik und die Kaiserzeit unmöglich der gleiche Maßstab angelegt werden kann, weder »hinsichtlich Nahrung, noch Wohnung oder Hausrat.«[1] Bezüglich der Arbeit dann aber wohl? Es wäre eine schier unmögliche Aufgabe, die historischen Veränderungen genau zu registrieren. Doch versuchen wir wenigstens, die historischen Relationen einigermaßen im Auge zu behalten.

Der Ursprung des Reiches liegt bei den etruskischen Königen, die Rom und ein begrenztes Gebiet um Rom beherrschten. Das Königreich (753–510) war ein Agrarstaat, in dem es zwar Großgrundbesitz gegeben haben wird, wo aber der Kleinbetrieb des selbständigen Bauern zunächst die Regel war. Auch der Großgrundbesitz nahm die Nutzung übrigens im Kleinen, also verteilt über kleinere Betriebseinheiten, vor. Man kannte ganz gewiß die Verwendung von Sklaven, aber noch nicht wie später in riesigem Ausmaß. Auch der kleine selbständige Bauer wird häufig mit einem Sklaven als Knecht gearbeitet haben. Die oberflächliche Meinung, daß alle Handarbeit im Römischen Reich von Sklaven verrichtet wurde, finden wir in diesen frühesten Zeiten widerlegt.

Schon früh scheint sich eine gewisse Konzentration von Kapital – das heißt von Grundbesitz – entwickelt zu haben. Wie immer und überall entstand auf dieser Grundlage Macht in der Hand von Familien. Diese alten patrizischen Geschlechter gerieten in Gegensatz zum Königtum und gründeten um 510 v. Chr. die Republik *(res publica liberia)*, die bis 30 v. Chr. existierte. Trotz vieler interner Kämpfe zwischen den ältesten patrizischen und den später aufgekommenen plebejischen Geschlechtern hat sich das Reich über Italien und darüber hinaus kräftig ausgedehnt. Während der Republik begann der Handel aufzublühen. Der schwerste Konkurrent im Überseehandel war Karthago. In den drei Punischen Kriegen, die mit der Verwüstung Karthagos (176 v. Chr.) endeten, wurde die Hegemonie Roms im Mittelmeerraum begründet. Trotzdem blieb die Landwirtschaft auch jetzt noch der wichtigste Grundpfeiler der Wirtschaft. Die agrarische Tätigkeit verlagerte sich aber immer mehr in die Provinz, während das Regierungszentrum Rom wirtschaftlich gesehen auf die Dauer passiv und konsumptiv

[1] Jérôme Carcopino, *Het dagelijks leven in het oude Rome.* Utrecht 1958, I., S. 7.

wurde. Passiv vor allem, soweit es die Oberschicht der Bevölkerung angeht; und vielleicht ist dieses Urteil auch nicht ganz richtig, denn das große Geschäftsleben ist wie in jeder anderen Zeit aktiv genug. Erst wenn man sein Schäfchen im Trocknen hat, beginnt sich das persönliche Tempo zu verzögern. Die reich gewordenen Geschäftsleute Roms, wie später übrigens auch in Provinzzentren wie Trier und Arles, pflegten ihr ganzes Geld zum Teil in Grund, zum Teil in Bankwerten und Krediten anzulegen[2].

Das Ende der Republik kündigte sich mit erbitterten Bürgerkriegen (133–30 v. Chr.) an. Mitten in diesen Wirren, auch inmitten einer wirtschaftlichen und sozialen Evolution, entstand das Kaiserreich (30 v. Chr.–76 n. Chr.). Zunächst teilte der Fürst seine Macht mit dem Senat. Später entstand der Absolutismus, der verwandte Züge zu einer orientalischen Despotie aufweist. Diese Entwicklung lief denn auch mit einer Verlagerung des Mittelpunkts des Römischen Reiches von Rom nach Byzanz parallel. Im Jahr 395 n. Chr. vollzog sich der Bruch zwischen Ost und West, wonach das Weströmische Reich noch bis zum Jahr 476 dahinvegetierte. Das Ende des ersten und der Beginn des zweiten Jahrhunderts sahen das Reich auf dem Gipfelpunkt seiner Macht und seines Reichtums. Große Eroberungen im Mittleren Osten stießen die Tore zum Orient auf. Der Handel trug alle Schätze der Welt in Rom zusammen. Sie wurden dort verwaltet und gehandelt, gebraucht und verbraucht. Hat es eigentlich Sinn, in diesem üppigen Milieu noch von Arbeit zu reden? Man hat das Bild der wirtschaftlichen Passivität auch schon so interpretiert, daß das Rom jener Zeit eine Stadt von Rentnern geworden sei.

Ein solcher Ausspruch darf aber nicht allzu wörtlich genommen werden. Vor allem wird dabei die gesamte Magistratur mit ihrem Stab von Verwaltungspersonal zu den freiwillig Arbeitslosen gerechnet; darüber hinaus auch die richterliche Gewalt und alle, die »freie Dienste« verrichten, aber obendrein die Händler selbst, deren Rührigkeit diesen Strom von Gütern in die Stadt gelenkt hat. Sie alle unter die Rentner einzuordnen, mag im Geist der Zeit gedacht sein; es mag sogar in gewisser Beziehung mit der Wirklichkeit übereinstimmen, insofern als der Mittelstand ebenso wie die höheren Stände ihre Existenz durch den Besitz eines bestimmten Vermögens gestützt wuß-

[2] Michael Rostovtzeff, *The social and economic history of the Roman Empire*. Oxford 1926, S. 36, 155.

ten, trotzdem verrichteten sie – zumindest nach heutigen Begriffen – Arbeit, durchaus auch in dem Bewußtsein, daß daraus Einkünfte erzielt werden konnten. Und wie stand es um den Einzelhandel, um die dienstleistenden Berufe, deren das Wirtschaftsleben bedarf, und vor allen Dingen um die bearbeitenden und verarbeitenden handwerklichen Tätigkeiten? Die plastische Beschreibung des Alltagslebens, die Carcopino gegeben hat, erweckt zwar nicht den Eindruck von großer Hingabe an die Arbeit, aber doch von faktischer Arbeitsamkeit[3]. Was das handwerkliche Gewerbe betrifft, so wird dieses wohl in begrenztem Ausmaß schon während des Königtums in Rom durch Freie ausgeübt worden sein. Zugleich mit einer Differenzierung der Berufe breitet es sich während der Republik aus. Es ist aber fraglich, ob die Klasse selbständiger Handwerksleute und Einzelhändler kräftig und zahlenmäßig stark gewesen ist. Ältere Historiker haben deren Existenz oft ignoriert, was gewiß eine Übertreibung ist. Zwar ist ein Gutteil des Kleingewerbes zunächst von Sklaven im Haus des Herrn ausgeübt worden wie etwa das Webehandwerk, später auch an besonderen Arbeitsplätzen, wobei denn auch mehr und mehr Sklaven im Handel beschäftigt werden. Während der letzten Jahrhunderte der Republik verstärkte sich der Brauch, diese Handwerks- und Handelssklaven freizulassen und diese Freigelassenen *(libertini)* sodann in einer gewissen Abhängigkeit vom Herrn arbeiten zu lassen. Aber gleichzeitig und auch noch später unter der Kaiserherrschaft müssen die Ränge freigeborener kleiner Leute durch Zufluß von außerhalb wieder verstärkt worden sein. Es handelt sich hier um eine quantitative Verstärkung; ob die wirtschaftliche Position bei gesteigerter Konkurrenz aufrechterhalten werden konnte, ist eine andere Frage.

Der Großhandel und der Geld- und Kredithandel lassen sich so gut wie gar nicht vom Grundbesitz trennen[4]. So ist es auch erklärlich, daß man bezüglich dieser Tätigkeiten nicht so unmittelbar an persönliche Arbeitsverrichtungen denkt. Der Großgrundbesitzer-Kapitalist benützt auch für seine Handelstransaktionen Sklaven, die mit der Zeit fast automatisch eine selbständigere Stellung bekommen. Auf die Dauer, mit dem Wachsen der kommerziellen und industriellen Betätigung, nimmt die Ungleichheit in finanzieller Beziehung erschreckend zu. Das beeinflußt die Arbeitsauffassungen, die die Arbeit als

[3] Carcopino, II, S. 42ff.

[4] Theodor Mommsen, *Römische Geschichte*. Wien 1934, S. 169–71.

etwas Minderwertiges ansahen, nachhaltig. Schon anderthalb Jahrhunderte vor dem Fall der Republik begannen sich die sozialen Gegensätze und Spannungen zuzuspitzen. »Was vom arbeitsfähigen Stand der Freien etwa notdürftig vorhanden war, sank immer mehr zum Proletariat herab«, bemerkt Endemann kurz und treffend[5].

Während der letzten Jahrhunderte vor unserer Zeitrechnung muß infolge der Konzentration des Grundbesitzes und sich ausbreitender Sklavenausbeutung in der Landwirtschaft der selbständige Bauernstand fast ganz zugrunde gegangen sein. Die proletarisierten Freien vom Land strömten in die Stadt, wo sie eine neue Existenz zu finden hofften. Damit wurde der Druck im handwerklichen Gewerbe und im Einzelhandel, der auch bereits von Sklaven und *libertini* ausgeübt wurde, wieder verstärkt. In der Landwirtschaft mußte der Wegzug der freien Arbeitsbevölkerung durch einen Zufluß von Sklaven wettgemacht werden. Unter der Kaiserherrschaft begannen sich aber gerade auch im agrarischen System wichtige sozialrechtliche Veränderungen zu vollziehen. Zu Beginn unserer Zeitrechnung war die landwirtschaftliche Produktion fast ganz auf die Bewirtschaftung großer Ländereien mit Hilfe von Sklaven aufgebaut. Jetzt aber begann die Auffüllung des Sklavenreservoirs zu stocken. Man mußte sich nach anderen Bewirtschaftungsmethoden umsehen. Die Bewirtschaftung geteilter kleinerer Parzellen wurde wieder häufiger, aber nicht so wie früher durch selbständige Bauern, sondern durch *coloni*, die rechtlich in der Mitte zwischen Sklaven und Freien stehen.

Bereits am Ende der Republik war der Gegensatz zwischen Arm und Reich erschreckend groß[6]. Nicht nur die Sklaven und die Freigelassenen gehörten zum Proletariat, sondern auch zahlreiche Freigeborene sanken dazu ab. Das Kaisertum hat zwar versucht, Reformen einzuführen; vor allem die Freigelassenen waren ein Objekt ihrer Sorge. Man konnte sich aber auf keine klare Handlungslinie bezüglich dieser sozial gefährlichen Gruppe festlegen. Einmal versuchte man ihre Zahl einzuschränken, indem man den Brauch der Freilassung stärker begrenzte, dann wieder war man der Freilassung von Sklaven günstiger gesonnen. Einmal ergriff man Maßregeln gegen die *libertini*, dann wieder ließ man die Zügel schleifen[7]. Im allge-

[5] W. Endemann, *Die Behandlung der Arbeit im Privatrecht*. Jena 1896, S. 5.
[6] Theodor Mommsen, *Das Weltreich der Caesaren*. Wien 1933, S. 46–47.
[7] Endemann, S. 6.

meinen muß sich aber die Arbeitssituation der Freigelassenen, verglichen mit der des freien Handwerkers, dauernd verbessert haben.

In der Kaiserzeit läßt sich auch eine Neigung zu besserer Behandlung der Sklaven wahrnehmen. Der Sklave war zwar kein Rechtssubjekt, nur Objekt, aber man entwickelte doch mehr Verständnis – auch schon durch veränderte ökonomische Umstände – für seine vom Tierischen unterschiedenen menschlichen Qualitäten. Ebenso wie sich Mitte des 19. Jahrhunderts ein gewisser Schutz der menschlichen Persönlichkeit für den Fabrikarbeiter anbahnte, war das in den ersten Jahrhunderten unserer Zeitrechnung auch für den Sklaven der Fall. Man begriff allmählich, daß das Rechtsobjekt »Arbeit« eine charakteristische Eigenschaft besitzt; ebenso wie in unserem industriellen Zeitalter beginnt es, sich einem ethischen Bewußtsein zwar noch als ein Objekt, eine Ware darzustellen, aber doch als eine Ware »besonderer Art«.

So scheint die spätrömische Entwicklung zu einer Nivellierung in den niederen sozialen Gruppierungen zu führen; während der Sklave etwas steigt, verproletarisiert der freie kleine Mann; es entstehen Zwischenformen zwischen Freiheit und Gebundenheit, in die sowohl Freie wie Sklaven geraten. Andererseits dürfen wir das nicht als einen Uniformierungsprozeß verstehen. Im Gegenteil, es entwickelt sich eine neue Abstufung, ein hierarchischer Aufbau der Gesellschaft, der vielleicht typisch für diktatorische Systeme ist. Wir erkennen hier Vorläufer der mittelalterlichen Standesgesellschaft. Stand ist nicht mehr nur einfach Ausdruck des juristischen Status »Freier« oder »Gebundener«; die wirtschaftliche Funktion bekommt Einfluß auf den Standesbegriff, so daß auch juristisch feinere Differenzierungen in der Position entstehen können. Dazu kommt dann noch die Bedeutung der Unterschiede von Besitz und Wohlstand.

Das Eigentum hat übrigens immer eine große Rolle für die Einteilung in gesellschaftliche Kategorien gespielt. Carcopino spricht von unüberwindlichen Trennwänden, welche durch diese Kriterien bestimmt werden. In erster Linie gibt es den grundsätzlichen Unterschied zwischen dem Freigeborenen, »unabhängig davon, ob sie römische Bürger sind oder anderswoher stammen«, und der Sklavenmasse. »Weiterhin kann man unter den Freigeborenen einen großen Unterschied feststellen zwischen den römischen Bürgern, die durch das Gesetz geschützt werden, und den übrigen, die dem Gesetz unterworfen sind. Schließlich nehmen die römischen Bürger selbst jeder einen eigenen Platz auf der gesellschaftlichen Leiter ein, dessen Höhe durch die Größe ihres Besitzes ganz genau definiert ist.«[8] Um nun die Auffassungen über Arbeit gut zu begreifen, muß man sich bewußt sein, daß nicht nur die Frage, ob man irgendeine bezahlte Tätigkeit ausüben wird, sondern auch die, welche es sein wird, in hohem Grad von der Vermögenslage abhängt. Die Arbeitsbewertung hängt unlöslich mit der Bewertung des Besitzes zusammen.

Die Römer hatten eine besonders hohe Wertschätzung für Grundbesitz und natürlich eine noch höhere Wertschätzung für viel Grundbesitz. Große Ländereien stellten die geachtetste Einkommensquelle dar. Die Meinung, daß der freie Bauer nur deswegen niedriger in der gesellschaftlichen Achtung als der Großgrundbesitzer rangierte, weil er Handarbeit verrichtete, wäre allzu naiv; die Ursache lag natürlich in dem Umstand, daß er weniger wohlhabend war als der Großgrundbesitzer. Die griechische theokratische Auffassung der Vorrangigkeit des Naturprozesses kann die römische Vorstellungswelt beeinflußt haben. Die Verherrlichung des ländlichen Daseins, der man hier in späterer Zeit begegnet, begnügt sich aber mit einer viel einfacheren Philosophie, der Lebensphilosophie des Bürgerrentners. In der Literatur wird sie nicht durch die offiziellen Philosophen vertreten, sondern durch die journalistisch-aktuellen Literaten, die der Alltagswirklichkeit näherstehen. So etwa durch den bürgerlichen Dichter Juvenal, einen ehemaligen Offizier, der sein Schäfchen ins Trockne gebracht hatte und sich »nach der glückseligen Existenz« sehnt, »die seine bescheidenen Mittel ihm auf dem Lande erlauben könnten, die ihm in Rom aber versagt ist.«[9]

Das Lob des Landlebens hat wenig mit einer prinzipiellen Vorliebe für die landwirtschaftliche gegenüber der industriellen Arbeit zu tun, sondern nur mit einer Sehnsucht nach Geborgenheit in einem arbeitsfreien Dasein, wie sie sich zu allen Zeiten bei jenen einstellt, die müde von der Hetze oder, von der Klasse der »nouveaux riches« verdrängt, geneigt sind, der Stadt den Rücken zu kehren. Das berühmte Epigramm Martials ist ein beredtes Beispiel für diese Gemütslage: »Die Dinge, die das Leben glücklich machen, Martial, sind folgende: Ein

[8] Carcopino, I, S. 79.
[9] Carcopino, I, S. 94.

Vermögen, das man nicht durch Arbeit erworben, sondern geerbt hat; Ländereien, die nicht unfruchtbar sind; ein Herd, der nicht verlöscht; keine Prozesse, wenig Besuch; ein ruhiges Gemüt; ein kräftiger Körper, gute Gesundheit, taktvolle Freimut, gleichgesinnte Freunde, gutgelaunte Gäste, ein Tisch ohne Überfluß; Abende, zwar nicht trunken, aber doch sorgenfrei; eine Frau, die zwar keusch, aber nicht prüde ist; ein Schlaf, der die Dunkelheit kurz erscheinen läßt; die Genugtuung, zu wissen, daß man kein anderer sein wollte; keine Angst vor dem letzten Tag, aber ebensowenig Sehnsucht danach.«[10]

Diese arbeitsfeindliche, ruhig genießende Mentalität wurde in späteren Zeiten vor allem von jenen begriffen und geschätzt, die sich in ihrer Lebensauffassung von einem klassischen oder klassizistischen Ideal inspirieren ließen.

Doch nicht nur in ruhigen Zeiten treten derartige Einsichten und Wünsche zutage. Sie können vielmehr als eine Äußerung der Reaktion auf das, was man um sich her wahrnimmt, gelten oder als eine Aufwallung von Sehnsucht nach der »guten alten Zeit«, in der Freiheit, Vertrauen und Sicherheit herrschten. Aber der dominierende Ton ist jedenfalls der statischer Genügsamkeit, die vor allem im Kontrast zu der Dynamik eines von Arbeit und Gewinnsucht bestimmten Gesellschaftssystems gesehen wird. Nun muß man aber bedenken, daß ein solcher Ton durchaus nicht für die allgemeine Lebenssphäre Roms in der letzten Hälfte der Epoche der Republik und während des Kaiserreichs charakteristisch war. In seinem ›Weltreich der Caesaren‹ hat Mommsen eine treffliche Schilderung einer Art »kapitalistischer« Organisation gegeben, die sich im Wirtschaftsleben entwickelte[11]. Man gewinnt daraus den Eindruck, daß die Unternehmerarbeit nicht unwesentlich war, genausowenig wie das Streben nach Gewinn und Vermögensmehrung.

Eine kapitalistische Mentalität ist dem Römer nicht fremd geblieben. Die philosophische Verachtung oder das literarische dégoût der Arbeit um des Einkommens willen scheint nur äußerst relativ zu sein. Sie beziehen sich nur auf niedere und weniger lukrative Arbeit. Man war sich wohl nicht oder nur ungenügend bewußt, daß die Anstrengung der Unternehmer und auch der Großgrundbesitzer in der Verwaltung ihrer Geschäfte und ihrer Vermögen, bei der Vermehrung ihrer Kapi-

[10] Carcopino, I, S. 96.
[11] Mommsen, *Weltreich*, S. 577–79.

talien, genausogut Arbeit wie jede andere war. (Das vergessen übrigens auch hin und wieder manche zeitgenössische Autoren.) Jedenfalls verbirgt sich hinter der Wertschätzung für diese größere Betriebsamkeit vor allem eine Wertschätzung des Besitzes. Und auf dieser Wertschätzung beruht wiederum eine Mentalität der besitzenden Klasse, die einen jeden frei (oder adelig) geborenen Mann in jeder Epoche die Arbeit verachten ließ.

Mommsen hat bemerkt, daß sich der »kaufmännische Geist«, das »Kapitalistentum« in den letzten Jahrhunderten der Republik bereits überall in den Vordergrund schob und daß sowohl die Landwirtschaft als die Staatsführung sich zu »Kapitalistenentreprisen« entwickelten. Und zur Stützung seiner These, daß die Erhaltung und Vermehrung des Vermögens einen Teil der öffentlichen und privaten Moral bildete, zitiert er die Lektionen, die Cato für seinen Sohn niederschrieb: »Einer Witwe Habe mag sich mindern, der Mann muß sein Vermögen mehren, und derjenige ist ruhmwürdig und göttlichen Geistes voll, dessen Rechnungsbücher bei seinem Tode nachweisen, daß er mehr hinzuerworben als ererbt hat.«[12] Eine solche Haltung deutet nicht im geringsten auf Ablehnung nützlicher Betätigung, sondern vielmehr auf Ablehnung von Tätigkeiten, die quantitativ einen zu geringen Nutzen abwerfen.

Die Simplifizierung, als ob »die« Römer »die« Arbeit verachtet hätten, scheint auf einer zweifachen Verallgemeinerung zu beruhen. Erstens übersieht sie, daß es nur die sprachbildende (und schreibende) Gemeinschaft ist, die über die Arbeit gerade von anderen urteilt; weiterhin sind es nur gewisse Arten von Arbeit, welche die Verachtung derer, die sich darüber erheben, hervorrufen. Wenn man das Urteil der Übertreibung entkleidet, bleibt ein ganz gewöhnliches Klassenvorurteil übrig, das uns aber keineswegs schockieren darf angesichts des Umstandes, daß wir in unserer Zeit davon auch nicht frei sind. Mit dieser Verallgemeinerung hängt eine einseitige Wertung der Fakten zusammen, wie sie bei Loening anzutreffen ist, der an den Anfang seiner Betrachtungen die Behauptung stellt, daß das wirtschaftliche Leben im Altertum nicht wie in der Neuzeit auf der freien Arbeit beruhte, sondern auf der Arbeit von Sklaven[13]. Solche Aussagen sucht man, wie wir bereits sahen, auf

[12] Mommsen, *Weltreich*, S. 579–80.

[13] Edg. Loening, *Arbeitsvertrag*. In: Handwörterbuch der Staatswissenschaft. Jena ²1898, I, S. 980.

griechische Philosophen zu stützen und für die römische Zeit auf Cicero. Dieser hat geschrieben, daß der Ertrag jeder Lohnarbeit unrein und der Lohn für die Arbeit der Preis für Sklaverei ist (*merces auctoramentum servitutis*). Es dürfte klar sein, daß es sich hier um Arbeit handelt, die in bestimmten Verhältnissen verrichtet wird, oder auch um bestimmte Arten von Arbeit.

Cicero[14] hat in seiner Lehre von den Pflichten eine Anzahl von Berufen aufgezählt, und dort zeigt sich, daß er eine stark gegliederte Wertskala anlegt. Die betreffende Passage sei in der Übertragung von Bolkestein[15] zitiert: »Was nun die Berufe und Existenzmittel betrifft, welche für einen Mann guten Standes als erlaubt gelten dürfen und welche dagegen plebejisch sind, darüber herrscht bei uns die folgende Auffassung: Zunächst verachtet man im allgemeinen die Tätigkeiten, die leicht Haßgefühle bei der Öffentlichkeit hervorrufen, etwa die der Steuereinzieher und der Geldverleiher. Eines Mannes guter Herkunft unwürdig ist die Tätigkeit von Menschen, die sich vermieten, zumindest soweit es nur ihre Arbeitskraft, nicht ihre Fähigkeiten betrifft: Schon die Tatsache als solche, daß er im Lohndienst ist, besiegelt die Abhängigkeit eines Menschen. Minderwertig ist auch der ganze Beruf von Wiederverkäufern im Kleinen. Diese können schließlich nichts verdienen, wenn sie nicht unbändig lügen: Und nichts ist schändlicher als Betrug und Irreführung. Minderwertig ist der Beruf aller Handwerksleute: Denn an einem Arbeitsplatz kann nichts Geistiges gedeihen. Besonders verabscheuungswürdig sind die Berufe, die im Dienst des sinnlichen Genusses stehen: Fischverkäufer, Brater, Köche, Geflügelhändler, Fischer, wie Terentius aufzählt; man darf hinzufügen: Parfumhersteller, Ballettänzer und Varietékünstler.

Berufe aber, die ein größeres Maß an Verstand voraussetzen oder einen überdurchschnittlichen Nutzen abwerfen wie die Heilkunst, die Baukunst, das höhere Lehrfach – sind denjenigen gestattet, zu deren Stand sie passen (Anmerkung von Bolkestein: Nicht zum Beispiel für einen Mann aus dem Senatoren- oder Ritterstand). Weiter ist der Handel, sofern er im Kleinen betrieben wird, als minderwertig zu betrachten; der Großhandel hingegen, der seine Güter aus allen Teilen der Welt heranholt und im Großen ohne Betrug absetzt, ist nicht allzu min-

[14] Cicero, *De officiis*, I, 42.

[15] H. Bolkestein, *Sociale politiek en sociale opstandigheid in de oudheid*. Amsterdam 1934, S. 234–35.

derwertig, und wenn jemand, zufrieden mit seinem Gewinn, sich nach und nach häufig vom Meer zum Hafen und schließlich vom Hafen aufs Land als Grundbesitzer zurückzieht, ist er sogar ohne jede Einschränkung als verdienter Mann zu preisen. Aber von allen Berufszweigen besteht kein besserer, kein vorteilhafterer, kein angenehmerer als die Landwirtschaft; keiner, der eines Mannes von gutem Stand würdiger wäre.«

Die deutsche Übersetzung bei Mommsen[16] weicht in einigen Punkten von dieser niederländischen ab. So spricht er von »unanständig« und auch von »gemein«, wo wir bei Bolkestein finden: für einen Mann guten Standes unerlaubt und unwürdig. Diese zweite Übersetzung weist also nachdrücklich auf das Standesbewußtsein hin. Im Originaltext steht: »qui liberales habendi, qui sordidi sunt«. Außerdem übersetzt Mommsen die Passage »opificesque omnes in sordida arte versantur, nec vero quidquam ingenuum podest habere officina« mit: »Auch die Handwerker treiben sämtlich gemeine Geschäfte; denn man kann nicht Gentleman sein in der Werkstatt«, während bei Bolkestein steht: »Minderwertig ist der Beruf aller Handwerksleute: Denn an einem Arbeitsplatz kann nichts Geistiges gedeihen.« Das letztere scheint im wörtlichen Sinn richtiger, aber etwas farblos. Das Geistige aus »ingenuus« – der Gentleman von Mommsen – muß auch Erinnerungen an die freie Geburt, an saubere Hände und eine Haltung geistiger Überlegenheit hervorrufen.

Bolkestein hat auf den relativen Wert solcher Beurteilungen für die Kenntnis der allgemeinen Auffassungen hingewiesen. Sie sind schließlich stark vom Standesbewußtsein diktiert. Aus dem Ausspruch Ciceros geht deutlich hervor, daß die Art der Arbeit oder das Gewinnstreben nicht allein entscheidend sind, aber daß hinsichtlich von Groß und Klein mit verschiedenen Maßstäben gemessen wird; er verachtet die Tätigkeit derer, die im Dienst der Steuerpächter das Geld der Tributpflichtigen einziehen; mit keinem Wort erwähnt er den Betrieb der Pächter selbst, den er natürlich als absolut ehrenwert betrachtet hat: Wie oft ist er als Publizist als ihr Anwalt aufgetreten! Auch im Geldhandel macht es für Cicero einen Unterschied aus, ob man ihn im Großen oder im Kleinen betreibt. Mit Geringschätzung spricht er hier von »Geldleihern«; aber dabei meint er den Mann, der kleine Beträge verleiht. Betrieb man es im Großen,

[16] Mommsen, *Weltreich*, S. 46, Anm.

wie sein Freund Atticus – der sein Geld auch in Schwertkämpfern, deren Beruf als ehrlos galt, angelegt hatte –, Cicero hätte nicht den geringsten Makel darin erblickt[17].

Die Bewertung der Arbeit kann nicht ohne Einfluß auf die Rechtsstruktur geblieben sein. Darin drückt sich ja nicht nur das wirtschaftlich-gesellschaftliche Sosein juristisch aus, sondern auch der ethische Standpunkt, den man zu diesem faktischen Sosein bezieht. Das ethische Bewußtsein wird bei den Römern – aber auch in unserer Zeit – in nicht geringem Maße von Standesvorurteilen getrübt. Mit einem Hinweis darauf kann die Wertungsfrage aber nicht als erledigt gelten; im Gegenteil. Das primitive Standesbewußtsein, das sich in einer unterschiedlichen Beurteilung zwischen mehr oder weniger Vermögenden (und also auch größerem oder geringerem Einkommen aus der Arbeit) auflöst, kann für das formale Recht doch nicht von unmittelbarer Bedeutung gewesen sein. Zwar ist der Standesunterschied und im Zusammenhang damit der Unterschied im juristischen Status zwischen Freien und Unfreien in hohem Maß für das römische Arbeitsrecht relevant. Und bei einer Analyse der Auffassungen findet man auch andere Kriterien, nach denen die moralische Einschätzung der Arbeit und der Berufe abgemessen wird, die von dem Freiheitsgedanken hergeleitet sind oder jedenfalls damit in Verbindung stehen.

Die ursprüngliche Manifestation des Freiheitsgedankens bleibt aber die des persönlichen Statusbegriffs. Das Arbeitsverhältnis ist frei, weil der Bürger frei ist. Das Arbeitsverhältnis ist unfrei, weil der Sklave unfrei ist. Im ersten Fall handelt es sich um ein Verhältnis von Personen hinsichtlich der zu verrichtenden Tätigkeiten, im zweiten Fall um ein Subjekt-Objekt-Verhältnis. Das macht einen wesentlichen Unterschied aus, und obgleich in jeder persönlichen Beziehung die Freiheit der Person beschränkt wird, bleibt man darauf bedacht, die Vorstellungen persönlicher Selbständigkeit und freier Willensentscheidung in den Arbeitsverhältnissen, in die freie Bürger treten, soweit wie möglich aufrechtzuerhalten. Die Arbeitsverhältnisse lassen sich auf verschiedene Art und Weise realisieren, und eine bestimmte Rechtsstruktur wird um so höher geschätzt, je klarer in ihr die Idee von Freiheit zum Ausdruck kommt. Am niedrigsten steht wohl die Form, bei der der freie Mann dadurch

[17] Bolkestein, S. 236–37.

seine Selbständigkeit aufgibt, daß er bei einem anderen in Dienst tritt. Das ist gleichbedeutend mit Selbstversklavung, und das Recht interessiert sich dafür nur wenig. Wir wollen über die verschiedenen Konstruktionen des Arbeitsverhältnisses, in das Freie eintreten können, sprechen, nachdem wir zunächst die unfreie Arbeit behandelt haben.

4. Die unfreie Arbeit

Die Sklaverei im Altertum ist ein dankbares Thema für allerlei wissenschaftliche Spekulationen. Man hat oft angenommen, daß die Produktion, vor allem im Land- und Bergbau, anfänglich zum überwiegenden Teil auf Sklavenausbeutung beruhte. So hat schon Auguste Comte die wohl dem Leben der Ameisen abgesehene These aufgestellt, daß die antiken Gesellschaften einerseits aus einer Klasse von Kriegern bestanden, die zugleich freie Männer waren, andererseits aus einer Klasse unfreier Arbeiter. Wie es auch um diese Behauptung stehen mag, sie bietet jedenfalls eine Hypothese über das Entstehen der Sklaverei; diese wäre dann nämlich ein Ergebnis des Kriegsrechts. Das ist keine wertlose Hypothese, denn wenn sie uns auch hart erscheint, weiß sie sich in unserer humanitären Zeit doch wiederholt zu verwirklichen. Beim Urteil über die Härte eines solchen Kriegsrechts in der primitiven Gesellschaft dürfen wir übrigens nicht vergessen, daß es bereits eine spätere, gemäßigtere Auffassung darstellt und daß das Kriegsrecht noch härter sein kann. Zunächst hat man die besiegte Partei einfach ausgerottet, und auch diese Praktik gehört nicht ausschließlich in eine Zeit, die sich in den Nebeln der Vergangenheit verloren hätte.

Man kann die Entwicklung aber auch von einem anderen als dem ethischen Standpunkt betrachten. »Als die Sklaverei begann, entsprach sie vielleicht einer ersten Humanisierung der Sitten, aber auf jeden Fall einer wirtschaftlichen Entwicklung«, schreibt Paul-Louis[1]. Wenn die siegende Partei im Krieg Gefangene macht, um sie für sich arbeiten zu lassen, dann ist das an sich zweifellos eine Milderung der Sitten. Ob diese Milderung aus der Tatsache erwachsen ist, daß die ursprünglichen

[1] PAUL-LOUIS, *Le travail dans le monde romain*. Paris 1912, S. 51–52.

Nomadenvölker seßhaft wurden, Ackerbau trieben und infolgedessen mehr Arbeitskräfte benötigten, läßt sich schwer beurteilen. Auch das Umgekehrte, daß eine Humanisierung der Sitten Einfluß auf die Lebensweise der Völker ausgeübt hat, wäre möglich. Im Lauf der Geschichte gibt es nun einmal so etwas wie eine »zirkuläre Kausalität«[2]. Daß das Halten von Sklaven erst entsteht, wenn man sie arbeiten lassen kann, scheint auf der Hand zu liegen.

Über die Zahl der Sklaven bei den Römern gehen die Schätzungen ziemlich auseinander. Sicher dürfte sein, daß die Römer in ihren Kriegen häufig eine vorsichtige Politik getrieben und längst nicht immer die besiegten Völker im Ganzen in die Sklaverei gebracht haben. Daneben hat sich das Reich auch oft Sklaven durch Ankauf auf den großen Sklavenmärkten beschafft, die vor allem im Osten bestanden. Jedenfalls ist das Ausmaß der Sklavenwirtschaft bei den Römern bestimmt geringer gewesen als bei den Griechen. Die Zahl der Sklaven, über die natürlich keine Sicherheit besteht, liegt nach Schätzungen für das Römische Reich im Jahr 476 v. Chr. bei 17000. Ein oder eineinhalb Jahrhunderte später soll die Zahl auf über 40000 angestiegen sein; aber in dieser Zeit hat sich die Gesamtfläche des Landes ja auch verzwanzigfacht. Die Verhältniszahl soll Mitte des 4. Jahrhunderts v. Chr. noch bei einem Sklaven gegenüber 12 Freien gelegen haben. Wenn diese letzte Berechnung auch nur annähernd stimmt, dann ergibt sich daraus mit Sicherheit, daß ein großer Teil der Arbeit durch Freie verrichtet worden sein muß.

Das Aufkommen der riesigen Sklavenausbeutung liegt hier im 4. und 3. Jahrhundert v. Chr. Der selbständige Bauernstand geriet damals in Schwierigkeiten. Danach, vor allem zwischen 202 und 30 v. Chr., findet eine wichtige wirtschaftliche Evolution statt, wodurch die Sklavenbevölkerung schnell ansteigt. Der wachsende Großgrundbesitz benötigt viele Arbeitskräfte. Gleichzeitig wird Arbeitsteilung immer stärker eingeführt, was ohne Vermehrung der verfügbaren Arbeitskräfte nicht möglich gewesen wäre. In der Landwirtschaft wurde der Bauer, der mit seinem Sklavenknecht arbeitete, eine seltene Erscheinung. Man lese dazu die klassische Beschreibung der Sklavenwirtschaft bei Mommsen nach[3]. Außer der agrari-

[2] M. G. Plattel, *De mens in de hedendaagse samenleving*. In: Sociale Wetenschappen 2 (1958/59), S. 214.

[3] Theodor Mommsen, *Römische Geschichte*. Wien 1934, S. 449–51.

schen wurde damals bereits auch ein Teil der industriellen Produktion im Großen abgewickelt. Alten Autoren zufolge soll es gegen Ende der Republik an die 4,5 Millionen Sklaven gegeben haben. Moderne Schriftsteller reduzieren diese Zahlen aber. Die Rekrutierung von Sklaven erfolgte zu dieser Zeit noch immer vorwiegend durch den Krieg. Die Heerführer sammelten die Gefangenen in Lagern und ließen sie durch Vermittlung von Sklavenhändlern, die den Heeren folgten, auf die Sklavenmärkte transportieren. Diese Märkte wurden vor allem im Osten abgehalten. Dort wurden auch intellektuelle Sklaven, Redner und Poeten, zum Kauf angeboten.

Während des Kaiserreichs wich die Sklaverei in der Landwirtschaft durch eine allmähliche äußerst langsame Entwicklung dem Kolonat. Auch im Gewerbe ist eine Verschiebung dahingehend zu beobachten, daß die Arbeit von Freien im 3. und 4. Jahrhundert unserer Zeitrechnung wieder zunimmt. Gleichwohl waren daneben die Sklaven bereits zu Tausenden an den großen imperialen Arbeitsplätzen konzentriert, die sich noch in allen Teilen des römischen Territoriums befanden. Die Situation ist also nun komplexer geworden. Doch dürfte feststehen, daß die Gesamtzahl der Sklaven während des Kaiserreichs stark abgenommen hat. Die Neuzufuhr stockte, während man seitens der Obrigkeit vergeblich versucht hat, die Anzahl der Freilassungen zu beschränken. Die Einwohnerzahl Roms zur Zeit Trajans, die 1 200 000 betrug, soll zu einem Drittel aus Sklaven bestanden haben.

Die Sklaven unterschieden sich in *servi publici* und *servi privati*. Die ersteren wurden in den Bergwerken, bei staatlichen Arbeiten beschäftigt, traten später aber auch in städtische Dienste. Die *servi privati* arbeiteten auf dem Land und fanden in der Hausindustrie, etwa beim Weben, Verwendung; zunächst nur zum Eigenbedarf der Familie, später auch für den Verkauf. Aus diesem Gewerbe hat sich der Industriearbeitsplatz mit Sklavenarbeitskraft entwickelt. Der Sklave nur für Haushalt und zur persönlichen Bedienung des Herrn – sowie für dessen Prestige! –, also ausschließlich zu konsumptiven Zwecken, ist im allgemeinen späteren Datums. Als das Stadium der primitiven Eigenhaushaltung vorüber war und eine größere Differenzierung in den Berufen eintrat, gab es Haussklaven verschiedener Art, sogar Sklaven als Hauslehrer. Im ersten Jahrhundert unserer Zeitrechnung wird der Besitz von Haushaltssklaven in der Stadt Rom für den Reichen als Statussymbol bedeutsam gewesen sein. Dem sarkastischen Juvenal zufolge soll derjenige seinen Prozeß schon von vornherein verloren haben, dessen Advokat nicht mit einer Sklaveneskorte von acht Mann vor Gericht auftrat. Der Emporkömmling Trimalchio, selbst ein Freigelassener, muß über mindestens vierhundert Haussklaven verfügt haben. Während des nächsten Jahrhunderts sollen noch erstaunlichere Zahlen an der Tagesordnung gewesen sein; man spricht von tausend *familiae serviles* im Dienst der großen Kapitalisten, als ob es die normalste Sache der Welt wäre, und der Kaiser, der der Reichste von allen war, soll von einer zwanzigtausendköpfigen Garde umringt gewesen sein[4].

Während der letzten Jahrhunderte der Republik ist die Ausbeutung von Sklaven in verschiedenen Berufen allgemein gebräuchlicher geworden. Reiche, die sich nicht selbst mit bestimmten Unternehmungen, in denen Sklaven arbeiten konnten, abgeben wollten, vermieteten manchmal ihre Sklaven. Das ist die erste Form, in der Lohndienstvertrag auftritt; der Lohn wird von demjenigen eingestrichen, der die Arbeitskraft im wörtlichen Sinne besitzt, d. h. vom Herren. Es ist übrigens nicht ausgeschlossen, daß eine Situation entsteht, in der der Sklave auch allmählich Vorteil aus seiner Lohnarbeit zieht. Man hat sogar Sklaven zu bestimmten Fertigkeiten herangebildet, um ihren Mietwert zu steigern. So soll der alte Cato Literatoren – Professoren *in grammatica* und *poesis* – ausgebeutet haben. Ein ganz anderer Beruf, für den man Mietsklaven verwendete, war der des Gladiators, des Kämpfers im Zirkus.

Nach dem Fall Karthagos haben die Römer Sklaven vor allem auch in Handelsunternehmungen eingesetzt. Für gutsituierte Bürger galt es als nicht ehrenhaft, sich persönlich kaufmännisch zu betätigen. Für ein Mitglied des Senatorenstandes kam es überhaupt nicht in Frage, sich damit abzugeben. Die Gelegenheit bot sich also, für diesen lukrativen Erwerb Sklaven einsetzen zu können; man schlug dabei zwei Fliegen mit einer Klappe, weil man obendrein von ihrer Klugheit oder Erfahrung profitieren konnte, zumindest wenn man sich einen Karthager als Handelssklaven zugelegt hatte. Es ist klar, daß ein solcher Sklave allmählich in eine bessere wirtschaftliche und gesellschaftliche Lage kommt. Durch diesbezügliche Veränderungen konnte auf die Dauer ebensowenig

[4] Jérôme Carcopino, *Het dagelijks leven in het oude Rome*. Utrecht-Antwerpen 1958, I, S. 99–100.

eine Änderung im Rechtszustand ausbleiben[5]. Dieser Prozeß hatte in der Landwirtschaft übrigens schon früher eingesetzt. Es scheint bereits früh vorgekommen zu sein, daß ein Bauer, der Land dazubekam, so daß er nicht mehr alles gut selbst anbauen konnte, einen Sklaven als Arbeitsbauern oder sogar als eine Art Pächter mit der Bestellung eines Teiles betraute. Vielfach werden Sklaven in einem handwerklichen Beruf eingesetzt gewesen sein. In der Digesta heißt es, daß, wenn ein auf einem Bauernhof arbeitender Sklave ein Handwerk ausübte und er dafür dem Besitzer ein Jahreseinkommen einbrachte, dieser Lohn nicht in die eventuelle Pacht des Bauernhofes einbezogen werden dürfe[6].

Sklaven konnten freigelassen werden. Seit dem 4. Jahrhundert v. Chr. gab es schon ziemlich oft Freilassungen. Gleichzeitig war die Obrigkeit immer – mit wechselnder Intensität – bestrebt, die Anzahl der Freilassungen zu beschränken. Schätzungsweise wurden zwischen 375 und 209 v. Chr. 160000 Sklaven freigelassen. Das wäre also in einer Periode gewesen, die zu Beginn die geschätzte Gesamtzahl von 40000 Sklaven aufwies. Trotz der zahlreichen Freilassungen ist die unfreie Bevölkerung im 3. und 2. Jahrhundert vor Chr. wieder schnell angewachsen. Erst nach Chr. wird eine fallende Tendenz spürbar. Freilassung, *manumissio*, ist eine Rechtshandlung, die nicht nur von ethischen, sondern auch von wirtschaftlichen Motiven diktiert wird. Der Herr erhält dadurch eine *clientela*, eine aktive Gruppe von Getreuen, die im Tausch für ihre Befreiung eine Rente erbringen und die Neigung haben, besser zu arbeiten als in der Sklaverei. Die neue Freiheit ist natürlich nur relativ; man wird an den Boden und an seine Arbeit gebunden.

Der Sklave besaß keine Rechtspersönlichkeit, d. h. er konnte kein Träger von Rechten sein. Er hatte nicht nur keine politischen, sondern auch keine bürgerlichen Rechte. Für das Recht war er nur Objekt, Sache, nicht Subjekt. Das schließt indes nicht notwendig ein, daß er schlechter behandelt wurde. Man muß bedenken, daß der private Sklave einen Teil des Kapitals seines Herrn darstellte, einen Vermögensbestandteil, mit dem der nicht allzu reiche Herr ökonomisch umzugehen pflegte. Überdies hatte der Sklave kraft Gewohnheit Anspruch auf das, was wir gegenwärtig als soziale Rechte bezeichnen würden. Er konnte am Kultus teilnehmen und erhielt ein ehrenvolles Be-

[5] Paul-Louis, S. 179.
[6] *Digesta*, Buch 33, tit. 7, 1.9, 54.

gräbnis, zwei Dinge, auf die der Römer großen Wert legte. Molenaar erinnert daran, daß er sogar in gewissem Sinne Verträge schließen und Besitz erwerben konnte. »Aber seine Verbindlichkeit war eine *naturalis obligatio*, sein Besitz *possessio naturalis*. Außerdem bestand die Möglichkeit, daß ein Sklave die Verfügung über ein sogenanntes *peculium* erhielt. Der Herr gab dem Sklaven dann ein bestimmtes Vermögen zur Verwaltung. Dieses blieb zwar weiterhin Vermögen des Herrn, aber für den Sklaven fungierte das *peculium* als Betriebskapital.«[7]

Daß ein auf diese Weise geschaffener Kleinbetrieb doch in gewisser Beziehung als ein selbständiger Vermögensbestandteil aufgefaßt wurde, zeigt sich darin, daß der Herr für Schulden des Sklaven nur im Gleichgewicht zu den Forderungen der anderen Kreditgeber des Sklaven haftbar gemacht werden konnte. Ließ der Herr aber einen Betrieb durch einen Sklaven oder Freigelassenen auf eigene Rechnung betreiben und erhielt dieser dafür eine Provision, dann blieb der Herr für den Gesamtbetrag der Forderung der Gläubiger haftbar. »Auch war es dank des *peculium* möglich, daß zwischen Herren und Sklaven eine Übereinkunft hinsichtlich seiner Freilassung abgeschlossen wurde, natürlich keine rechtlich bindende Vereinbarung, nur eine, die zur *naturalis obligatio* führte, aber immerhin eine Handlung, die es dem Sklaven, dadurch daß er mit seinem *peculium* arbeitete, ermöglichte, dieses auf eine solche Höhe zu bringen, daß er seinem Herren die ausbedungene Freikaufsumme daraus bezahlen konnte.«[8]

In der Frühzeit wird in kleineren landwirtschaftlichen Verhältnissen gewiß auch eine persönliche Beziehung als Folge der gemeinsam verrichteten Arbeit und der engeren Lebensgemeinschaft bestanden haben. »Allgemein nimmt man an, daß ihre Lebensumstände in der alten Zeit, in der sie als Hausgenossen mit am Tisch saßen, ziemlich gut zu sein pflegten, aber daß sich durch den zunehmenden Wohlstand und die Industrialisierung des Lebens ihr Zustand verschlechterte, so daß Maßnahmen gegen Grausamkeiten des Herren nötig wurden.«[9] Die schützende Gesetzgebung, die Carcopino als Ausfluß einer humanitären Evolution erwähnt, ließe sich dann genausogut als Symptom für das Gegenteil deuten. Und wenn auch die Tatsache, daß Juvenal sich in seinen Satiren für die Sklaven einsetzt, die

[7] A. N. Molenaar, *Arbeidsrecht*. Zwolle 1953, I, S. 14–15.
[8] J. C. van Oven, *Leerboek van Romeinsch privaatrecht*. Leiden 1945, S. 445.
[9] J. C. van Oven, S. 439.

von ihren Herren grausam behandelt werden, schon ein Widerhall der öffentlichen Meinung sein mag – der Meinung einer Öffentlichkeit vor allem, die selbst nicht über Sklaven in nennenswerter Zahl verfügen konnte –, so darf man doch gleichzeitig vermuten, daß eine Haltung wie bei Plinius und seinen Freunden, die ihre Sklaven beinahe als »Mitglieder der Familie« betrachteten, im Kaiserreich bei den Herren doch nicht allgemein der Brauch gewesen ist[10]. Paul-Louis zieht einen Vergleich zum Arbeiter des 19. Jahrhunderts. Als sich der Übergang von der patronalen Produktionsweise zum großen Fabrikationsprozeß vollzog, ging etwas von den menschlichen Verhältnissen verloren, die dem Arbeiter noch einen gewissen Schutz verliehen hatten. Ein solcher Entpersönlichungsprozeß in den gesellschaftlichen Verhältnissen könnte sich auch gezeigt haben, als sich die Ausbeutung von Sklaven im Großen durchsetzte. Bei dem erwähnten Autor findet sich auch eine lebendige Darstellung der Art und Weise, in welcher der alte Cato noch mit seinen Arbeitssklaven umsprang[11].

In den Häusern der Mächtigen, am Hof des Kaisers vor allem, konnten Sklaven tatsächlich in hohe Stellungen aufsteigen. Von Claudius bis zu Trajanus »herrschten die Sklaven und Freigelassenen des Kaisers zusammen mit den Sklaven und Freigelassenen der Höflinge über die Stadt und die Welt«[12]. In solchen Fällen schien sich die gesellschaftliche Ordnung verkehrt zu haben. »In Juvenals Tagen und später scheint man tatsächlich als Sklave eines Reichen ein glücklicheres Los zu haben als ein freigeborener, aber armer Bürger.«[13] Das Los der *servi publici* war dagegen um vieles härter. Sie lebten ja in sehr großen Gruppen unter Aufsicht staatlicher Sklaventreiber beisammen. Sie waren nur Staatseigentum, mit dem schließlich niemand sehr sparsam umgeht. In diesen Sklavenlagern konnten zuerst und am explosivsten revolutionäre Ideen und Bewegungen entstehen, die während der ganzen Zeit der Republik zu Aufständen geführt haben.

Wir haben bereits den Brauch der Freilassung von Sklaven erwähnt. Ein Freigelassener wurde als *libertinus*, im Unterschied zum Freigeborenen, *ingenuus*, bezeichnet. Wenn vom Verhältnis zwischen dem Freigelassenen und seinem früheren Herren die

[10] Carcopino, I. S. 84–86.
[11] Paul-Louis, S. 182.
[12] Carcopino, I, S. 83.
[13] Carcopino, I, S. 85.

Rede ist, dann bezeichnet man den ersten als einen *libertus* des zweiten, des *patronus*. Der Freigelassene blieb in enger sozialer und rechtlicher Beziehung zu seinem Freilasser. Er besaß die Verpflichtung der Ehrerbietung und des Gehorsams, des sogenannten *obsequium* gegenüber dem *patronus*, was unter anderem einschloß, daß er gegen seinen Patron nicht rechtlich vorgehen durfte. In seiner Beschreibung Roms zur Zeit Trajans berichtet Carcopino, daß solch eine Schutzherrschaft sich übrigens nicht nur auf die Freigelassenen erstreckte, sondern daß sich praktisch jeder freie Mann an eine bestimmte Person, die mächtiger war als er selbst, gebunden fühlte, der er das *obsequium* schuldete. »Der Patron seinerseits war gehalten, seine Schützlinge bei sich im Hause zu empfangen, sie manchmal an seine Tafel zu laden, ihnen nötigenfalls zu helfen und ihnen Geschenke zu machen. Wenn sie Mangel litten, teilte er Lebensmittel aus, die sie in einem Korb, der sogenannten *sportula*, mit nach Hause nahmen, oder lieber gab er ihnen, um sich den ganzen Aufwand zu ersparen, bei ihrem Besuch eine Geldsumme... Für manchen Advokaten ohne Praxis, Lehrer ohne Schüler und Künstler ohne Aufträge stellte diese kümmerliche Zulage die wesentlichste Einnahmequelle dar!«[14]

Was den Freigelassenen angeht, so bestand eine seiner wichtigsten Verpflichtungen in der Verrichtung von Arbeit für seinen Patron, »wozu der Freigelassene sich bei *iusiurandum liberti*... zu verpflichten pflegte, und das führte zu einem *iudicium operarum*«[15]. Dieses *sequel* der Freilassung ruft gewisse Assoziationen zu unserem freien Lohnvertrag hervor. Es steht natürlich noch nicht auf demselben Niveau, aber diese Dienstleistung von *liberti* für ihre *patroni* wird doch dazu beigetragen haben, das freie Dienstverhältnis auf die Dauer annehmlicher zu machen, vor allem dann, wenn die soziale Position zahlreicher Freigeborener sich nicht mehr allzu stark von der der Halbfreien unterscheidet. Halbfreiheit ist wohl der richtige Ausdruck für den Status des *libertinus*. Das geht um so mehr aus dem Umstand hervor, daß »der Patron Erbe seines *libertus* war, falls dieser ohne Nachkommen starb, und sein *tutor legitimus*, wenn der Freigelassene ein *impubes* oder eine Frau war«[16].

Eine spezifische Form von Halbfreiheit hatte sich während des Kaiserreichs in der Organisation der Agrararbeit entwik-

[14] Carcopino, II, S. 203f.
[15] van Oven, S. 443.
[16] van Oven, S. 444.

kelt, das sogenannte Kolonat. Diese Institution, die die gemäßigtere Dienstbarkeit des Mittelalters vorbereitete, kann man als eine historische Zwischenform zwischen Sklaverei und Freiheit bezeichnen. Der Kolone arbeitete nämlich genauso wie der Sklave auf dem Grund eines anderen, aber anders als der Sklave arbeitete er – abgesehen von den Hand- und Spanndiensten, die er unmittelbar für den Herrn zu verrichten hat – für sich selbst, während er dem Grundbesitzer eine Bezahlung in Geld oder in Naturalien für die Nutzung schuldete. Man könnte also an Pacht denken, mit dem Unterschied allerdings, daß der Kolone keinen freien Vertrag einging, den er auch wieder aufsagen konnte, sondern vom Grundbesitzer als mehr oder minder Selbständiger auf dessen Grund angestellt war, während ihm die Freiheit fehlte, sich davon zu entfernen. Kurz gesagt, der Kolone war an den Grund gebunden, so daß er im Fall einer Eigentumsübertragung zusammen mit dem Grund an einen neuen Besitzer überging.

Der spätere Hörige ist mit dem Kolonen zu vergleichen. Eine solche Organisationsform ist eine logische Notwendigkeit in einer Zeit, in der man das Verantwortungsbewußtsein des Arbeiters beschwor – so daß ein Sklave weniger brauchbar erschien – und gleichzeitig das Arbeitsangebot zu gering und zu wenig mobil war, als daß man sich ohne starke persönliche Bindung Arbeitskräfte hätte verschaffen können. Andere Ursachen für Bindung an den Grund können staatspolitischer Art gewesen sein, etwa im Zusammenhang mit Steuer- und Dienstpflicht; diesbezüglich wurden die Betroffenen denn auch unter die Verantwortung ihres Herren gestellt. Eine Verordnung Kaiser Konstantins bestimmt, daß ein Grundbesitzer, bei dem sich ein fremder Kolone aufhält, nicht nur zur Auslieferung verpflichtet ist, sondern auch zur Steuerzahlung für die Zeit, in der der Kolone sich bei ihm aufgehalten hat[17].

Einige Autoren nehmen an, die Römer hätten die Institution des Kolonats von den Barbaren übernommen. Fest steht jedenfalls, daß die Römer es zu Beginn unserer Zeitrechnung kannten und anwandten. Man glaubt auch zu wissen, daß bei der Ansiedlung fremder Stämme auf dem Kerngebiet des Imperiums das Kolonatsverhältnis mehrfach angewandt wurde. Aus der Tatsache, daß diese das ohne weiteres akzeptiert haben, ließe sich vielleicht ableiten, daß sie in ihren eigenen Verhält-

[17] Josef Kulischer, *Allgemeine Wirtschaftsgeschichte*. München-Berlin 1928, I, S. 36.

nissen bereits daran gewöhnt waren und es ihnen nicht als aufgezwungenes Recht erschien. Die Römer werden wohl zugleich den politischen Vorteil darin erkannt haben, daß die andrängenden Barbarenstämme auf diese Weise besser seßhaft gemacht wurden.

Man darf sich aber nicht vorstellen, daß der Stand der Kolonen ausschließlich aus einer Sklavenbevölkerung entstanden wäre. In späterer Zeit sind bestimmt auch freie Männer zu Kolonen geworden. Durch wirtschaftliche oder andere Umstände gezwungen, übertrugen sie ihren Grundbesitz dem Herrn, der sie im Tausch dafür in seinen Schutzverband aufnahm. Im Frühmittelalter hat sich derselbe Prozeß, daß ein kleiner Freier sich mit seinem ganzen Hab und Gut »in die Münze« des Herrn begab, in noch viel größerem Ausmaß vollzogen. Das römische Kaiserreich hat die Entwicklung des Kolonats stark gefördert, und es wandte dieses System auch auf seinen eigenen Domänen an. Die Rechte der Kolonen wurden im 4. Jahrhundert festgelegt. Sie konnten heiraten, sie konnten Besitz haben, ihren Besitz vermehren und vererben, aber beim Fehlen eines legitimen Erben galt der Grundbesitzer als Erbe. Allgemein wurden sie als Freie betrachtet, aber ihre Freiheit war relativ. Sie konnten nicht ohne den Grund, den sie bearbeiteten, verkauft werden, aber, wie gesagt, der Grund konnte seinen Besitzer auch nicht ohne sie wechseln. Ihre Leistung bestand neben Abgaben auch aus Schwerarbeit. Die Bindung an den Grund ist eigentlich eine Bindung an die Arbeit. Wie sich noch zeigen wird, stellte die Bindung im handwerklichen Gewerbe, die infolge der offiziellen Korporation im späteren Kaiserreich gegeben war, in gewissem Sinne eine Parallele dazu dar. Und darüber hinaus verweist das Kolonat schon deutlich auf die Grundhörigkeit des Mittelalters, wenn man auch nicht sagen kann, daß der Unterschied zwischen freien und Sklavenkolonen ganz verwischt wurde[18].

Die Veränderungen, die sich hinsichtlich der alten Sklaverei in unserer Zeitrechnung vollzogen haben – kaiserliche Schutzgesetze, eine Milderung der Sitten und das schließliche Verschwinden der Institution selbst –, wurden häufig mit dem Entstehen des Christentums in Zusammenhang gebracht. Bei christlich orientierten Autoren bestand sogar die Neigung, den Zusammenhang einfach und geradlinig darzustellen. Auf die-

[18] E. GLASSON, *Histoire du droit et des institutions de la France.* Paris 1887–1903, I, S. 458–59.

sen romantischen Idealismus mußte allerdings eine Reaktion erfolgen. Das 19. Jahrhundert mit seiner Entdeckung des wirtschaftlichen Motivs im Verlauf der Geschichte glaubte auf den geistigen Erklärungsfaktor überhaupt verzichten zu können. Eine ziemlich unfruchtbare Diskussion war die Folge. Sie läßt sich unendlich fortsetzen, wenn man nicht in der Lage ist, jeweils die Voraussetzung des anderen zu sehen, die Erkenntnis einerseits, daß Veränderungen immer von Ideen inspiriert werden, und andererseits die Tatsache, daß verwirklichbare Ideen immer auch unter dem Einfluß der gegebenen Faktoren entstehen. Um der Diskussion wenigstens eine überflüssige Schärfe zu nehmen, sollte man sich klarmachen, daß es sich um weltanschauliche Fragen handelt, die niemals mit historischen Argumenten gelöst werden können, und zugleich um historische Kausalitäten, die nicht im Bereich des Glaubens gesucht werden dürfen.

Niemand kann leugnen, daß sich unter dem Einfluß des Christentums – und vorher unter dem des Stoizismus – noch keine allgemeine geistige Strömung der Humanität durchsetzen konnte; aber daraus die Schlußfolgerung zu ziehen – oder es hinterrücks a priori zu unterstellen –, daß die Freilassung von Sklaven nicht ethisch, sondern ökonomisch inspiriert war[19], erscheint unbegründet. Es ist absolut richtig, daß die Sklaverei bis zum Ende der Römerzeit eine der Grundlagen der wirtschaftlichen Ordnung geblieben ist. Doch infolge des Fehlens einer radikalen Änderung in den Auffassungen von einem gewissen Kompromiß zu sprechen[20], führt zu einem Verwischen der Pointe. Wenn sich auch aktenkundig belegen läßt, daß die Kirche die weltlichen Rechtsinstitutionen nicht bekämpft hat[21] und daß die Päpste, die Kirchenväter, sogar die Kanoniker und die Moralisten bis zum Ende des 16. Jahrhunderts sich nicht prinzipiell gegen das Recht gekehrt haben, Sklaven zu halten[22], so berechtigt das alles nicht zu der Auffassung, daß auf das Konto der christlichen Lehre höchstens eine gewisse Milderung geht.

Jede historische Entwicklung verläuft allmählich; selbst der

[19] Paul-Louis, S. 180f. Der Standpunkt eines wirtschaftlichen Automatismus findet sich, wenn auch weniger ausgeprägt, auch bei M. W. F. Treub, *Hoofdstukken uit de geschiedenis der staathuishoudkunde*. Haarlem [4]1919, S. 94.

[20] Paul-Louis, S. 308.

[21] Paul-Louis, S. 317ff.

[22] W. Endemann, *Die Behandlung der Arbeit im Privatrecht*. Jena 1896, S. 27ff.

revolutionärste Gedanke braucht eine gewisse Zeit, um die Bräuche und Institutionen des gesellschaftlichen Lebens zu beeinflussen. Gerade in den faktischen Gegebenheiten verbirgt sich ein Verzögerungsmoment. Aber auch das allgemeine Durchdringen einer Idee ins Bewußtsein erfordert Zeit. Deckt sich ihre Tendenz mit einer faktischen wirtschaftlichen Evolution, so kann davon natürlich ein wichtiges Stimulans ausgehen. Auch dann wehrt die Praxis sich aber gegen jeden Integralismus. Fragt man sich, wodurch die Sklaverei in einem allmählichen Prozeß von Jahrhunderten verschwunden ist, dann muß man das Zusammenspiel ideologischer und realer Faktoren sehen. In welcher »Dosierung« sie gewirkt haben, läßt sich historisch niemals genau klären. Es hängt von der Lebens»anschauung« ab, welchem Faktor man primäre Bedeutung zuerkennen zu müssen glaubt. Und es ist eine Frage der persönlichen Vorliebe, ob man die Einwirkung christlicher Prinzipien auf das römische Privatrecht[23] oder den ebensowenig planmäßig auftretenden Einfluß wirtschaftlicher Veränderungen auf die Anschauungen und Sitten zu studieren wünscht.

Beide Standpunkte können einander ergänzen, falls sie einander nicht ausschließen. Es wäre falsch, der ökonomischen Theorie Bedeutung beizumessen, nicht aber der ökonomischen Realität; auf letzteres kommt es weit mehr als auf das erste an. Genauso falsch ist es, die christliche Lehre auszuklammern und ausschließlich die gängige christliche Praxis zu beachten. Ebensowenig wie eine ökonomische Theorie hat die christliche Praxis die Sklaverei »abgeschafft«. Die Institution ist in Verbindung mit faktischen wirtschaftlichen Umständen unpraktisch geworden, und gleichzeitig schien es unmöglich, sie mit der christlichen Lehre in Einklang zu bringen. Die Lehre Christi läßt die weltlichen Rechtsinstitutionen formal unangetastet, denn sie erstrebt keine Verkündigung eines irdischen Ideals. Selbstverständlich beinhaltet die Forderung der Demut auch, daß die Sklaven ihren Herren voller Eifer dienen sollen[24]. Viel erstaunlicher wäre es, wenn die Apostel und Kirchenväter sie zur Rebellion aufgerufen hätten. In der Nachfolge Christi predigten sie die gegenseitige Liebe, die nichts fordert, sondern alles gibt. Die Liebe soll den Sklaven zu treuem

[23] V. H. Rutgers, *De invloed van het christendom op het Romeinse Recht*. Amsterdam 1940, S. 25–26.

[24] *Petrus*, Erster Brief, 18–19.

Dienst bewegen, sie muß den Herren dazu bringen, den Sklaven als seinen Bruder zu behandeln. Dieses letzte bedeutet mehr als ein bißchen Humanität; es legt dem Herren die Gewissenspflicht auf zu beurteilen, inwieweit die juristische Ordnung ein Maßstab für seine Handlungen sein kann. Vor diese außerordentlich schwierige Prüfung stellt der Apostel Paulus einen seiner »geliebten Mitarbeiter« in einem in diesem Zusammenhang zu selten zitierten Brief.

Philemon, ein Christ, besaß einen Sklaven namens Onesimus, der ihn vielleicht bestohlen hatte und jedenfalls von ihm fortgelaufen war. Der flüchtige Sklave kommt zu Paulus, und dieser bekehrt ihn zum Christentum. Was tut der Apostel nun? Er schickt Onesimus seinem rechtmäßigen Herren zurück, aber gibt ihm einen Brief mit, der eine Bitte und einen Appell an dessen Liebe enthält, das zu tun, was Paulus für die geistige Pflicht Philemons im fraglichen Falle hält. Er schreibt nämlich: »Darum, wiewohl ich habe große Freudigkeit in Christo, dir zu gebieten, was dir ziemt, so will ich dich um der Liebe willen nur vermahnen.«[25] Und was er ihm vorhält, ist nichts Geringeres, als daß er die Tatsache erkennen soll – es ist in der Tat wie ein unumstößliches Faktum formuliert –, daß er Onesimus jetzt »für ewig« zurückerhält, »nun nicht mehr als einen Knecht, sondern mehr denn einen Knecht, als einen lieben Bruder«[26].

Wir wissen nicht, ob Philemon seine Prüfung bestanden hat oder nicht. Wohl aber ist klar, daß Bestehen nichts anderes bedeuten kann, als daß die existierende juristische Ordnung sinnlos und unmöglich wird. Ist es wirklich so erstaunlich, daß diese Konsequenz in der Praxis nicht sofort gezogen wurde, nicht einmal als die Kirche offiziell zur führenden gesellschaftlichen Macht geworden war? Die christliche Lehre erweckt eine geistige Spannung, aus der heraus die menschlichen Verhältnisse beeinflußt werden, aber sie stößt dabei auf innere wie auf äußere Widerstände. Und doch hat sie die Geister reif gemacht für eine bewußtseinsmäßige Ablehnung der Sklaverei, was zugleich weniger und mehr ist als die Abschaffung der Sklaverei.

[25] *Paulus*, Brief an Philemon, 8–9.
[26] *Paulus*, ebd., 16.

Mag auch die unfreie Arbeit eine wesentliche Grundlage der Arbeitsordnung im Römischen Reich gewesen sein – eine Grundlage übrigens, deren Rechtscharakter sich in den späteren Jahrhunderten allmählich wandelte –, so darf die Arbeit Freier trotzdem nicht einfach ignoriert werden. Es hat wenig Sinn, sich über das quantitative Verhältnis zwischen freier und unfreier Arbeit auszulassen, weil dieses sich im Lauf von Jahrhunderten wiederholt geändert haben kann und wird. Qualitativ ist die Arbeit freier Männer jedenfalls sehr bedeutsam für uns, weil sich auf diesem Gebiet unterschiedliche gesellschaftlich-rechtliche Formen entwickeln konnten. Diese Formen stehen nicht nur nebeneinander, sondern entsprechen in gewisser Beziehung einer gesellschaftlichen Rangordnung. Wir wissen, daß die Freiheit der Bürger durchaus keine wechselseitige Gleichheit garantiert hat. In der Organisation der freien Arbeit manifestiert sich die gesellschaftliche Ungleichheit sogar recht scharf. Die juristischen Formen, in denen die Arbeit organisiert ist, bieten sich uns als Symbole einer ziemlich starren Klassenordnung dar; die eine Form ist ausgesprochen die der Höhergestellten, eine andere scheint den Niederen angemessen. Es besteht also nicht nur Unterschied, sondern auch Abstufung. Was uns in den einschlägigen offiziellen Auffassungen besonders auffällt, ist der Umstand, daß neben der gewöhnlichen Freiheit des Bürgers auch eine andere Art von Freiheit zu existieren scheint, die »wahre« Freiheit des wohlgeborenen vermögenden Mannes.

Sucht man nun nach Kriterien, nach denen sich die verschiedenen Formen von Arbeitsverhältnissen einteilen lassen, dann können uns die Darlegungen des zweiten Kapitels über die Arbeitsbewertungen verschiedene Anknüpfungspunkte bieten. In erster Linie geht daraus hervor, daß der Freiheitssinn des römischen Bürgers die bindende Konvention einschloß, Arbeit nicht anders als in Selbständigkeit zu verrichten. Das Dienstverhältnis eines freien Mannes bei einem anderen, der – obwohl von höherem gesellschaftlichen Stand – von Rechts wegen nicht sein Vorgesetzter sein konnte, da die Freiheit prinzipiell einen gleichen rechtlichen Status verlieh, mußte ihm als eine *contradictio in terminis* erscheinen. Träte er in eine derartige Dienstbeziehung, so geriete seine Arbeit auf eine

Ebene mit Sklavenarbeit. Der Freie, der sich zu einer solchen Selbstknechtung erniedrigte, wurde denn auch allgemein verachtet. Trotzdem schließt dieses Urteil nicht ein, daß die Form freiwillig angenommener unselbständiger Arbeit rechtlich gesehen unmöglich gewesen wäre. Man mag zugeben, daß die Alternative »Arbeit als Selbständiger oder im Dienste eines anderen« für den Römer ungefähr ebenso geklungen haben muß wie »Arbeit in Freiheit oder in Unfreiheit«: Zur Abgrenzung möglicher Arbeitsverhältnisse bildet sie dennoch ein erstes brauchbares Kriterium.

Wie hat man sich die Situation des freien Mannes vorzustellen, der notgedrungen in den Dienst eines anderen tritt? Man wird einen Unterschied treffen müssen zwischen Dienstverhältnissen, die als bleibend oder langfristig gedacht sind, und kurzfristigen Dienstverhältnissen. Was das erste angeht, haben wir bereits auf den Umstand verwiesen, daß in späterer Zeit freie Männer in das Kolonat getreten sind, womit sie eigentlich eine Form der Halbfreiheit anerkannt haben. Es war auch möglich, daß sich ein Freier infolge von Schulden in die Macht eines anderen begab und sich diesem gegenüber zu Dienstleistungen verpflichtete. Eine solche Schuldknechtschaft ist ebenso in die Zwischenformen zwischen Freiheit und Unfreiheit einzuordnen[1]. Das Element von Unfreiheit wird in hohem Maße durch die Dauerhaftigkeit des Verhältnisses bestimmt. Ganz anders muß man deshalb auch das Dienstverhältnis beurteilen, das für kurze Zeit eingegangen wird und jedenfalls im Prinzip sofort wieder beendet werden kann. Formal gesehen wird hier die Freiheit nicht aufgegeben. Wenn der Römer guter Herkunft davon auch nicht viel wissen wollte, so nicht nur wegen der oberflächlichen Ähnlichkeit mit dem Sklavenverhältnis, sondern auch weil das gesellschaftliche Niveau einer auf diese Art geleisteten Arbeit so niedrig war, daß er sich nicht vorstellen konnte, darin sei noch irgend etwas von der Würde des freien Menschen enthalten.

Sollte der Lohndienstvertrag von Freien in größerem Umfang, vor allem während des Kaisertums, aufgetreten sein, dann neigen wir dazu, diesen eher im Osten als in Rom selbst zu erwarten. Kaiser Hadrian traf in Alexandrien auf eine in seinen Augen erstaunlich emsige Bevölkerung, die sich mit der Herstellung von allerlei Produkten beschäftigte. Zum größten Teil

[1] G. F. PUCHTA, *Cursus der Institutionen*. Leipzig [2]1846, II, S. 456.

soll es sich dabei – wie nach Burckhardt mit Sicherheit anzunehmen ist – um ein »im Taglohn arbeitendes, nichts besitzendes und sehr wenig bedürfendes Proletariat«[2] gehandelt haben. Ist damit unumstößlich bewiesen, daß diese Taglöhner frei geboren waren? Die Möglichkeit bleibt immer offen, daß es sich um ein Proletariat von im Taglohn vermieteten Sklaven oder Freigelassenen handelte, die für ihre *patroni* oder auf eigene Rechnung arbeiteten.

Levasseur, der auf den Brief Hadrians verweist, glaubt aber, daß das Gewerbe, sogar in Italien, ganz sicher von freien Lohnarbeitern Gebrauch machte: »Freie und Freigelassene waren, mit Sklaven vermischt, seit langem als Handwerksleute, die ein Gewerbe ausübten, oder als Arbeitsleute, die ihre Arbeitskraft gegen Lohn vermieteten, anzutreffen. Im letzten Jahrhundert der Republik verwandte man in Italien Lohnarbeiter, die sowohl aus freien für eigene Rechnung arbeitenden Männern bestanden wie aus Sklaven, die von ihren Herren vermietet wurden...Es ist eine Täuschung, anzunehmen, daß die Sklaverei die Lohnarbeit ausschloß; sie wurde heruntergedrückt, weil sie damit in Kontakt kam, aber sie wurde dadurch nicht unmöglich.«[3] Wer weiter zweifeln will, braucht das Beweismaterial nicht überzeugend zu finden. Cicero spricht in bezug auf Landarbeit von »Taglöhnern«, *mercenarii*. Cato, der die Vorteile guter Nachbarschaft erörtert, sagt, daß sich die Nachbarn ihre Arbeitsleute gegenseitig leihen können. Varro stellt fest, daß landwirtschaftliche Arbeit von Freien und von Sklaven oder von beiden zugleich verrichtet wird, aber hier kann noch der freie Bauer und noch nicht der freie Landarbeiter gemeint sein; im Verlauf des Textes taucht aber der *mercenarius* wieder auf, wenn mitgeteilt wird, daß man schweren Grund lieber von ihnen als von Sklaven bearbeiten lassen soll[4].

Auch ein Edikt Diocletians aus dem Jahr 301, das Höchstpreise und Löhne behandelt[5], stellt keinen unumstößlichen Beweis dar, wenn auch darin über Taglöhne gesprochen wird. Die Schwierigkeit ist die, daß sich der Lohnarbeiter nicht recht

[2] JACOB BURCKHARDT, *Die Zeit Constantins des Großen*. Wien o. J., S. 92.

[3] E. LEVASSEUR, *Histoire des classes ouvrières et de l'industrie en France avant*. Paris 1900–01, I, S. 40.

[4] Omnes agri coluntur hominibus servis aut liberis aut utrisque; liberis aut cum ipsi colunt, ut plerique pauperculi cum sua progenie, aut mercenariis, cum conducticiis liberorum operis res majores, ut vendemias et foenisicia administrant, iique quos obaerarios nostri vocitarunt. (I, 17, 2).

[5] LEVASSEUR, I, S. 112ff.

vom selbständigen Handwerker unterscheiden läßt. Aus dem Kapitel über die Löhne (›de Mercedibus operariorum‹) geht hervor, daß es Leute gab, die monatlich oder pro Aufgabe bezahlt wurden, andere wieder pro Tag unter der Bedingung, daß für den Taglohn eine bestimmte Arbeitsmenge verrichtet sein mußte. So mußte der Weber pro Tag ein bestimmtes Gewicht an Wolle verarbeiten. Den Schafscherer konnte man für einen Tag kommen lassen und ihn dann doch pro geschorenes Schaf bezahlen. Die Begrenzung des Verhältnisses auf einen oder mehrere Tage oder die Festlegung einer bedungenen Arbeitsleistung pro Tag ist bedeutsam für die Gegenleistung, denn der Arbeiter mußte beköstigt werden. Ob alle in der Urkunde erwähnten Leute oder nur einige von ihnen nicht als Lohnarbeiter, sondern als dienstleistende Selbständige zu betrachten sind, läßt sich schwer beurteilen. Man muß bedenken, daß auch selbständige Handwerksleute »in Lohn« arbeiten können, das heißt ohne Lieferung des benötigten Grundstoffes. Das war früher viel häufiger der Fall als heute. Man ließ den Schneider einen Anzug von selbst geliefertem und notfalls sogar selbst hergestelltem Stoff anfertigen. Man ließ zu besonderen Gelegenheiten den vorbereiteten Teig beim Bäcker in den Ofen »einschießen«. Auch wenn es sich um Kleinigkeiten handelte, die auf reine Dienstleistung hinausliefen, ohne daß also ein Werkstück zustande gebracht werden mußte, sprach man von »Lohn«, ohne damit ein zeitliches Dienstverhältnis mit dem Auftraggeber anzudeuten. Der Lohnmetzger kam, um das Schwein zu schlachten, und wenn er fertig war, trank er bei diesem Fest wie der große Mann mit dem Familienoberhaupt einen Branntwein mit Zucker. Diese Relikte aus einer früheren Zeit, die sich bis in unser Jahrhundert erhalten haben, machen deutlich, daß das, was früher als Lohnarbeit galt, nicht immer identisch mit dem sein muß, was wir gegenwärtig unter diesem Wort verstehen.

Als Unterscheidungskriterium muß in einem solchen Fall die Anzahl Personen gelten, für welche die Arbeit verrichtet werden muß. Selbständige bieten ihre Dienste der Öffentlichkeit an; der Arbeitskontraktant hat im allgemeinen nicht mehr als einen Arbeitgeber gleichzeitig. Diesem wünscht sich der eigentliche Lohnarbeiter zwar auch nicht für immer zu verbinden, aber faktisch ist er nicht selten auf diesen speziellen Arbeitgeber angewiesen. Auf diese Weise entsteht doch eine mehr oder minder dauerhafte Beziehung von Unterordnung, die dem Römer als eine Zerstörung der persönlichen Freiheit vorgekommen sein muß. Es ist die Frage, ob die ökonomische Situation in der römischen Zeit wohl häufig zu solchen Verhältnissen geführt hat. Eine notwendige Voraussetzung dafür liegt in einer gewissen Zusammenfassung der Produktion in größere Betriebseinheiten. Das ist in der Landwirtschaft geschehen, so daß es möglicherweise neben den Sklaven und Kolonen auch freie Arbeitskräfte in beschränktem Umfang als Landarbeiter gab. Dieselbe Ergänzung durch gebundene und halbfreie Arbeiter kann in späterer Zeit auch in größeren Handwerksbetrieben stattgefunden haben. Das handwerkliche Gewerbe wird frei kontraktierenden Gesellen neben den Lehrlingen höchstens in sehr bescheidenem Ausmaß Platz geboten haben.

Das vermutlich seltene Auftreten der Erscheinung kann bereits hinreichend erklären, warum das Recht der Arbeit im Dienstverhältnis nur sehr wenig Aufmerksamkeit geschenkt hat. Das Vorurteil der Römer gegen diese Form macht die Erklärung noch leichter. Man sah schließlich keinen Anlaß, denjenigen, der sich zur Verrichtung von Lohndienst erniedrigte, in Schutz zu nehmen. Andererseits hatte auch der Arbeitgeber keinen Bedarf an einem besonderen Rechtsschutz, weil seine gesellschaftliche Position stark genug war. Man konnte sich also damit begnügen, das Rechtsverhältnis dem Vertragswillen der Parteien zu überlassen. Eine Schwierigkeit hätte sich hinsichtlich der vertraglichen Arbeit ergeben können, falls es sich einmal um Arbeit von höherem geistigem Gehalt gehandelt hätte. Es ist aber nicht recht denkbar, daß solche Leistungen in dieser Rechtsform verrichtet wurden. Dafür war die Dienstleistung als Selbständiger selbstverständlich die geeignete Form. Wo wir von liberalen Berufen sprechen hören, gehört zu ihnen außer Intellektualität auch selbständige Ausübung als Wesensmerkmal. Mit anderen Worten: Die Selbständigkeit ist ein wesentliches Element der *operae liberales* als Rechtsstruktur. Es ist zwar denkbar, daß ein vermögender Mann intellektuelle Sklaven besitzt; er kann sie persönlich höher schätzen als einen Freigelassenen, der sich zum Handelsunternehmer emporarbeitet. Das ändert aber nichts an der wirtschaftlich rechtlichen Organisation der Arbeit: Der Sklave kann intellektuelle Arbeit verrichten, er übt deshalb aber noch keinen liberalen Beruf aus; weil er ein Sklave ist, bleibt auch seine höhere Arbeit rechtlich gesehen nur Sklavenarbeit.

Wir sind hier bereits auf ein zweites Kriterium zur Einteilung der Arbeitsverhältnisse gestoßen, und zwar auf den Unterschied zwischen höherer und niederer Arbeit. Ebenso wie der Unterschied zwischen selbständiger und unselbständiger Arbeit entspricht diese Unterscheidung der herrschenden Klassenidee. Auch wenn man als freier Mann in größtmöglicher Selbständigkeit einen handwerklichen Beruf ausübt, ist der gesellschaftliche Respekt noch längst nicht garantiert. Die wahre Freiheit läßt sich nicht am Arbeitsplatz finden. Gebundenheit an den Stoff bedeutet auch Unfreiheit für den Geist. Der *ingenuus*, der freigeborene, mit Verstand begabte Mensch allein ist würdig, sich mit geistigen Dingen zu beschäftigen. Das sind Tätigkeiten »höherer« Art, die anderen können – wie noch viel später im kanonischen Recht – als Sklavenarbeit angedeutet werden. Gegen die Theorie läßt sich wenig anbringen, auch wenn man sich auf den weniger idealistischen Standpunkt stellt, daß die Gefühle von Lust oder Unlust, welche die verschiedenen Arten von Arbeit hervorzurufen pflegen, den Vergleichsmaßstab bilden. Um jedoch den Forderungen der wahren Freiheit voll zu genügen, bedarf es einer finanziellen Grundlage, die die menschenwürdige Existenz garantiert. Bei der Durchsetzung der Theorie in die Praxis stoßen wir denn auch wieder auf die faktische Klassenordnung. Die höheren Klassen sind es, welche höhere Tätigkeiten ausüben und auf eine niedere Bevölkerungsgruppe herabsehen, der die niedere, eigentlich nicht freie Arbeit überlassen bleibt.

Die Projektion der Begriffe Freiheit und Unfreiheit auf die Arbeitssituation findet also nicht nur hinsichtlich der Weise statt, in der die Arbeit verrichtet wird – in Selbständigkeit oder Unselbständigkeit –, sondern auch hinsichtlich der Art der verrichteten Tätigkeiten. Wo »freie« Berufe – *operae liberales* – aufgezählt werden, kann sogar der Schein entstehen, daß die Art oder besser das geistige Niveau der Arbeit für die Freiheit oder Unfreiheit des Berufs entscheidend ist. Trotzdem ist, wie gesagt, nicht ausschließlich das, was man verrichtet, sondern auch die Weise, in der es geschieht, entscheidend für das Urteil über die Freiheit der Verrichtung und damit auch für die Rechtsform, in der das Arbeitsverhältnis Gestalt gewinnt. Wir haben uns einigermaßen an den Gedanken gewöhnt, daß die Römer bestimmte Tätigkeiten nun einmal als liberal oder illiberal zu bezeichnen pflegten; aber wenn man sich die Tragweite dieser Worte bewußt macht, dann zeigt sich wohl überdeutlich, welch eine unüberbrückbare Kluft zwischen den Klassen sich dahinter auftat, von denen man erwartete, daß sie die eine oder andere Art verrichteten.

Trotzdem darf man sich von der wörtlichen Bedeutung dieser Begriffe nicht irritieren lassen. Der Unterschied zwischen intellektueller Arbeit und Handarbeit war nicht gleichbedeutend mit dem zwischen gesellschaftlicher Freiheit und Unfreiheit, wenn bei diesem letzten Wort die Situation des Sklaven mit einbezogen sein soll. Er war sogar nicht einmal gleichbedeutend mit dem Unterschied zwischen rechtlicher und wirtschaftlicher Selbständigkeit und Unselbständigkeit. Wie gesagt, es war zwar kaum denkbar, daß höhere Tätigkeiten anders als in Selbständigkeit verrichtet wurden, aber umgekehrt hatte gewiß nicht jeder Selbständige einen intellektuellen Beruf. Im Wirtschaftsleben waren Selbständige tätig, die Handel trieben oder dieses oder jenes Handwerk ausübten. Das waren jedoch Kategorien, die in der Wertschätzung der höheren Stände eigentlich nicht mitzählten: *Humiliores*, kleine Leute, und sofern sie *honestiores*, anständige Menschen, waren, gehörten sie zu denen, die wenig Kapital besaßen. So jedenfalls lautete die Theorie. Die Wirklichkeit konnte davon in späterer Zeit beträchtlich abweichen. Aber die Angehörigen des Ritter- und Senatorenstandes waren ihrem Standesbewußtsein schuldig, die Theorie aufrechtzuerhalten.

Der alles beherrschende Unterschied zwischen dem freien Mann und dem Unfreien, der sich in den Auffassungen über wirtschaftliche Selbständigkeit oder Unselbständigkeit niederschlug, hat also genauso seinen Einfluß ausgeübt auf den Unterschied, der zwischen höherer *(liberale)* und niederer *(illiberale)* Arbeit getroffen wurde. Hier tritt der durch Besitz charakterisierte Standesunterschied zwischen dem einfachen freien Bürger und dem Wohlgeborenen und damit Gutsituierten eigentlich erst wirklich zutage. Denn es besteht kein Zweifel, daß eine ansehnliche Zahl freier Männer als Selbständige niedrige Arbeit verrichtet haben. Dieser einfache Bürger verspielt also seine Freiheit weniger dadurch, daß er ein bestimmtes Arbeitsverhältnis eingeht; er behält seine Selbständigkeit, bleibt aber dennoch ein Proletarier, dem der wahre Sinn der Freiheit entgeht. Er sieht sich genötigt, Tätigkeiten auszuüben, die der Mann guter Herkunft vorzugsweise einem Unfreien überlassen würde. Ebenso wie bei Unselbständigkeit scheint eine Parallele zum Sklaven auf der Hand zu liegen. Sie wird natürlich nicht von denen gezogen, die sich mit solch »minderwertiger« Arbeit abgeben. Diese Menschen haben vielmehr das Bedürfnis, sich von der Sklavenmasse zu unterscheiden, genauso wie die höheren Stände sich von ihnen unterscheiden[6]. Aus der Auffassung, daß die niedere Arbeit illiberal ist, spricht eine typisch intellektualistische und zugleich bürgerlich-aristokratische Haltung, welche die »wahre« Freiheit den entwickelten und wohlhabenden Ständen vorbehält. Die volle Wirklichkeit der gesellschaftlichen Arbeitsorganisation hat dem übrigens nicht immer entsprochen.

Bei der Unterscheidung der Arbeitsverhältnisse spielt nach römischer Auffassung auch das Motiv der Arbeit eine Rolle. Die Freiheitsidee, vermischt mit Standesvorurteilen, macht sich auch dabei geltend. In der Idealvorstellung ist es für den geistigen Menschen »unfrei«, sich mit etwas so Banalem wie Einkommen aus eigener Arbeit abzugeben. Für freie Männer – lies: Menschen guten Standes – schickt es sich nicht, um des Verdienstes willen zu arbeiten. Uneigennützig machen sie sich um die Allgemeinheit verdient. Dieses Ideal verrät wieder deutlich seinen intellektuellen Ursprung. In der Praxis werden diese Dinge denn auch begreiflicherweise cum grano salis genommen. Der Römer war schließlich, wie wir bereits gesehen haben, alles andere als der Vermögensmehrung abhold. Man kann es zwar ablehnen, persönlichen Einsatz, den man dafür leisten muß, als Arbeit zu bezeichnen, die Abweichung vom Literatenideal ist deswegen nicht minder groß.

Trotzdem hat die Geringschätzung für *merces*, Lohn, als ausbedungene Gegenleistung für verrichtete Arbeit, ihren Einfluß auf die Rechtsstruktur der Arbeitsverhältnisse nicht verfehlt. Prinzipiell steht dem gegenüber: Arbeit »für nichts«. In der Praxis lief das auf eine freiwillige oder jedenfalls nicht rechtmäßig abzwingbare Vergütung hinaus, aber im Augenblick wollen wir davon einmal absehen. Es scheint also, als ob damit ein drittes Kriterium gegeben wäre. Neben den Unterscheidungen der Weise, in der die Arbeit verrichtet wird, und der Art der Tätigkeiten, erbringt die Unterscheidung zwischen Arbeit »für nichts« und Arbeit für Lohn ebensowenig ein selbständiges Kriterium zur Einteilung der Arbeitsverhältnisse. Man könnte fragen, ob die Forderung nach Tätigkeit »für nichts« in irgendeinem Zusammenhang mit dem Status von

[6] Levasseur, I, S. 54–55.

Freiheit steht. Im Gegenteil, gerade der Unfreie scheint verpflichtet zu sein, seine Arbeitskraft für nichts einzusetzen. Oder soll man anders argumentieren, nämlich vom Standpunkt desjenigen, der die Freiheit hat, über Sklavenarbeitskraft zu verfügen? Aber auch dann ist die positive Beziehung zwischen Arbeit um nichts und Freiheit kaum ersichtlich; denn wer wird es sich schon zur Gewohnheit machen, seinen Sklaven für andere arbeiten zu lassen, ohne Vergütung zu verlangen? Wie dem auch sei, der Besitz des Status eines freien Mannes schließt keineswegs die Verpflichtung ein, Arbeitsleistungen ohne Gegenleistung zu erbringen. Ja, die Forderung ist nicht einmal unabdingbar an die Form der Berufsausübung als Selbständiger geknüpft. Wohl aber hat man sie eng mit dem Verrichten höherer Arbeit verbunden. Bei der niedrigen Arbeit war es nur zu selbstverständlich, daß sie gegen Lohn geleistet wurde. Für die höhere Arbeit sah man darin eine Art Beschmutzung. Ein derart enges Band zwischen Leistung und Gegenleistung durfte es hier nicht geben. Es zeigt sich also, daß das Arbeitsmotiv kein selbständiges Unterscheidungsmerkmal für die Arbeitsverhältnisse erbrachte, daß es aber den Unterschied zwischen höherer und niederer Arbeit näher charakterisierte.

Wir haben bislang also zwei Kriterien gefunden, nach denen sich die Arten von Arbeitsverhältnissen unterscheiden lassen: Die Frage, ob die Arbeit in Selbständigkeit oder Unselbständigkeit verrichtet wird, und die Frage, ob es sich um »höhere« Arbeit »für nichts« oder um »niedere« Arbeit gegen ausbedungenen Lohn handelt. Diese Unterscheidungsmerkmale ergeben, miteinander kombiniert, drei real mögliche Strukturen: Der Selbständige kann höhere Arbeit »für nichts« leisten, er kann auch niedere Arbeit gegen Lohn verrichten; der Unselbständige verrichtet nichts als niedere Arbeit gegen Lohn. Die letzte Form war, wie bereits erwähnt, bei den Römern wahrscheinlich nicht sehr verbreitet. Die beiden anderen Formen sind, eine jede für sich, nicht als absolut homogen zu betrachten, lassen sich aber, wenn auch begrenzt, dank eines eigenen besonderen Unterscheidungskriteriums noch weiter auffächern.

Am deutlichsten erweist sich das hinsichtlich der höheren Arbeit. Die damit umrissenen Tätigkeiten könnten in erster Linie direkt im Gemeinschaftsdienst verrichtet werden. Ein solches Verhältnis galt nicht als eines, das Unselbständigkeit mit sich bringt. Im Gegenteil, die höchste Freiheit vereinte sich mit Dienst an der öffentlichen Sache. Ethisch orientierte

Philosophenschulen haben solch eine politische Auffassung stark stimuliert. Im übrigen hatte der altrömische *virtus* auch »Pflicht und Ehre als höchste Güter gepriesen und Aufopferung des einzelnen für das Ganze gefordert«[7]. Die Selbständigkeitsauffassung des Römers war also noch nicht individualistisch geprägt. Das öffentliche Amt galt als besonders ehrenhaft und zeugte von der Selbständigkeit seines Trägers. Es erhob ihn über den Mann aus der Masse, der nur daran dachte, für sich selbst zu sorgen. Daneben aber stehen Tätigkeiten höherer Art, die nicht als Staatsamt aufgefaßt wurden. Dennoch wurde auch bei diesen mit einigem Nachdruck der allgemeinere, in gewissem Sinne öffentliche Charakter betont. Es waren Dienste, von denen jeder, der ihrer bedarf, Gebrauch machen konnte. Und es strahlte etwas von der Gloriole der öffentlichen Funktion auf sie aus. Der Unterschied, der hier innerhalb des Bereichs der höheren Arbeit »für nichts« gemacht wurde, scheint also nur ein Unterschied in Nuancen. Er kann aber bezeichnet werden als Tätigkeit im öffentlichen Sektor und Tätigkeit im para-öffentlichen Sektor.

Die niedere Arbeit um Lohn vollzog sich natürlich im privaten Bereich. Soweit sie in Selbständigkeit verrichtet wurde, ist es aber angebracht, einen Unterschied nach einem Kriterium zu treffen, welches im Wirtschaftsleben immer eine große Rolle spielt, nämlich dem Erfolg. Selbstverständlich bestand zwischen dem Unternehmer, der große Gewinne machte, und dem kleinen Handwerksmann oder Ladenbesitzer, der sich mit einem kleinen Verdienst begnügen mußte, ein beträchtlicher gesellschaftlicher Unterschied. Sosehr sogar, daß die Autoren, die eigentlich nur intellektuelle Arbeit als menschenwürdig betrachten, geneigt sind, ihre Verachtung zu bezähmen, sobald es sich um Aktivitäten der Kapitalisten handelt. Wo im Wirtschaftsleben direkte Arbeitsverhältnisse mit Dritten eingegangen wurden, kannte man zwar keine eigenen Rechtsformen für den großen Unternehmer oder den kleinen Gewerbetreibenden. Doch in der Realität bestand ein deutlicher Unterschied, und zwar in der Form, daß das Arbeitsverhältnis des kleinen Gewerbetreibenden kaum mehr von dem des unselbständigen Taglöhners zu unterscheiden gewesen sein wird.

Das Vorhergegangene läßt sich in einem Schema darstellen, in welchem die im römischen Recht bestehenden Arbeitsver-

[7] K. Sprey, *De geschiedenis van het Romeinse Rijk* (Wereldgeschiedenis II). Utrecht [2]o. J., S. 152.

hältnisse freier Leute mit unterschiedlichen Kennzeichen angegeben sind. Wo für die verschiedenen Möglichkeiten Plus- und Minuszeichen verwendet werden, liegt die Vermutung positiver oder negativer Bewertung klar auf der Hand. Eine derartige oder jedenfalls eine höhere und eine niedrigere Bewertung durch die römischen Autoren stimmt damit in verschiedenen – wenn auch nicht allen – Fällen überein. Trotzdem ist das für das hier erstellte Schema nicht entscheidend. Es ist nichts weiter beabsichtigt, als eine werturteilsfreie knappe Charakteristik der verschiedenen Strukturformen zu geben.

Schema der Organisationsformen freier Arbeit

selbständig (+)	höhere Arbeit »um nichts« (+)	im öffentlichen Sektor (+)	mit finanziellem Erfolg (+)
unselbständig (—)	niedere Arbeit um Lohn (—)	im paraöffentlichen Sektor (—)	mit bescheidenem Ertrag (—)
+	+	+	
+	+	—	
+	—		+
+	—		—
—	—		

Es dürfte klar sein, daß wir in diesem Schema ausschließlich die in einem bestimmten Fall relevante alternative Wahlmöglichkeit untergebracht haben. Ein streng mathematisch erstelltes Schema, in dem also zuerst alle theoretischen Möglichkeiten durchgespielt werden, ehe danach erst anhand der Praxis das Aussieben der unrealistischen Konstruktionen erfolgt, erschien uns überflüssig und umständlich. Bei Zunahme der Zahl alternativer Wahlmöglichkeiten nimmt schließlich auch die Zahl der Kombinationen nach einer geometrischen Reihe mit dem Faktor 2 zu. In unserem Schema von vier Spalten ließen sich also 2 mal 2 mal 2 mal 2 oder 16 theoretisch mögliche Strukturformen unterbringen. Statt dessen hat unsere von Anfang an auf die Wirklichkeit zielende Arbeitsweise aber nur fünf verschiedene Formen herausgestellt.

Die erste Figur, bei welcher in Selbständigkeit Tätigkeiten höherer Art, prinzipiell unentgeltlich im öffentlichen Bereich verrichtet werden, ist die des öffentlichen Amtes. Die zweite

Form, die sich von der ersten nur durch die Tatsache unterscheidet, daß die Dienste unabhängig von der Staatsorganisation, wenn auch unter Aufrechterhaltung eines gewissen öffentlichen Charakters, verrichtet werden, wird im Sprachgebrauch als *operae liberales*, freie Berufe, angedeutet. Bei der dritten und vierten Kategorie ist der Selbständige gemeint, der niedere, hauptsächlich gewerbliche Arbeit gegen eine entsprechende Gegenleistung verrichtet; das Arbeitsverhältnis, das er zu diesem Zweck eingeht, heißt im römischen Recht *locatio conductio operis*, Miete und Vermietung von Werk. Diese Vertragsform gilt für den Großunternehmer, nicht, wenn er kauft oder verkauft, sondern wenn er ein Arbeitsverhältnis mit einem Auftraggeber eingeht (dritte Kategorie); darüber hinaus ebenfalls, wenn auch in bestimmten Fällen weniger offenkundig, beim Handwerker, der für eine Reihe von Kunden arbeitet (vierte Kategorie). An fünfter Stelle ist rechtlich ein arbeitsvertragliches Verhältnis möglich, bei welchem der Arbeitende freiwillig in den Dienst eines anderen Privatmannes tritt, um in Unterordnung unter diesen niedere Arbeit gegen Lohn zu verrichten. Diese letzte Form heißt *locatio conductio operarum*, Miete und Vermietung von Arbeit. Sie ist quantitativ weniger bedeutsam und gewiß nicht in dem Maß wie die anderen Formen typisch für die römische Arbeitsorganisation. Im folgenden werden diese fünf Konstruktionen, teilweise im Zusammenhang miteinander, näher beleuchtet.

6. Öffentliches Amt und freier Beruf

Die Auffassung des gebildeten Römers über seine Arbeit läßt sich kurz folgendermaßen wiedergeben. Der freie Mann, der wirklich frei, das heißt finanziell unabhängig ist, sorgt dafür, vor allem anderen seine Selbständigkeit zu wahren. Er gibt sich nur mit Tätigkeiten ab, die den Geist nicht unfrei machen, also mit Arbeiten höherer Art. Und selbstverständlich wacht er auch über seine moralische Freiheit, indem er keinen Lohn von anderen fordert, sondern seine Dienste prinzipiell unentgeltlich anbietet. Diese absolute Freiheit, die darin besteht, sich zugunsten anderer zur Verfügung zu stellen, ist natürlich auf andere als die rein materiellen Versorgungsgebiete anwendbar, welch letztere die gewerbliche Arbeit befriedigt. Sie bezieht sich auf das, was man in der deutschen Literatur unter »Idealgüterwirtschaft« oder »Kulturwirtschaft« versteht: die Dienstleistung der freien Berufe[1]. Damit wird eine Strukturform von Arbeitsverrichtung apostrophiert, die die Krönung der römisch-rechtlichen Arbeitsorganisation zu sein scheint. Noch in der modernen Zeit sind die Züge dieser Strukturform deutlich erkennbar. Natürlich hat sich der freie Beruf seither entwickelt, mehr sogar als seine Vertreter manchmal zu vermuten scheinen, aber es ist unleugbar, daß die Idee dieser Form – eine aristokratische Konzeption – aus der römischen Zeit stammt, in der sie in gewisser Hinsicht bestimmend für das Arbeitsrecht war – etwa so, wie das heute vom Lohndienstverhältnis behauptet werden kann[2].

Trotzdem sollte man bedenken, daß nicht alle »kulturellen« Aufgaben durch Dienst im freien Beruf geleistet wurden. Der Staatsapparat mit seinen militärischen, zivilen und richterlichen Funktionen nimmt dabei von Anfang an einen wichtigen Platz ein. Neben den *operae liberales* stehen denn auch unveränderlich die politischen Ämter als hochgeschätzte Posten, in denen der freie, wohlgeborene Mann seinen Betätigungsdrang unbehindert vom Standesvorurteil ausleben kann. Mehr noch, das Staatsamt steht logischerweise über der Idee des freien Berufs als freiwilligem Dienst an der Gemeinschaft. Die öffentliche Sache im eigentlichen Sinn liegt in den Händen der öffentlichen Amtsträger; es handelt sich nur um eine Ausweitung dieser Idee oder vielleicht sogar um nichts anderes als eine Analogie, wenn die Dienstleistung im Interesse der Allgemeinheit auf die Ausübung von *operae liberales* angewandt wird. So seltsam es uns gegenwärtig auch in den Ohren klingen mag, das Idealbild des freien Berufs ist ursprünglich von dem des öffentlichen Amtes hergeleitet. Das im vorigen Kapitel erstellte Schema berücksichtigt diese Situation insofern, als sie die prinzipiell unentgeltlich verrichtete selbständige Arbeit höherer Art, soweit sie sich auf den öffentlichen Sektor bezieht, zuerst aufführt und danach die gleiche Arbeit, die sich auf einer Ebene abspielt, die wir als para-öffentlich bezeichnet haben. Bei der weiteren Behandlung wird diese Reihenfolge ebenfalls gewahrt bleiben.

[1] Sigbert Feuchtwanger, *Die freien Berufe; im besonderen: Die Anwaltschaft; Versuch einer allgemeinen Kulturwirtschaftslehre*. München-Leipzig 1922.

[2] F. J. H. M. van der Ven, *Het vrije beroep*. Leiden 1956.

Hohe öffentliche Amtsträger wurden gewählt. In der Zeit der Republik ruhte auf diesen Magistraten die ganze militärische und zivile Regierungsgewalt und daneben auch die richterliche Gewalt. Man darf sich den Magistrat als den Volksvertreter vorstellen, dem die Handlungsvollmacht von der Staatsgemeinschaft übertragen wurde. Der »Gesamtwille« ist natürlich eine Fiktion, so daß diese oder jene Form von Vertretung notwendig erscheint. Dieser Sicht steht eine andere gegenüber: Im Magistrat »lebt der etruskische ›Herrenmensch‹ fort, der Führer, der seine Aufgabe im Staatsapparat ganz unabhängig vom Volk erfüllt. Den Römern ist der Sinn für Macht und Disziplin angeboren...Der Magistrat handelt nach eigener Einsicht, sobald er dafür ist, etwas auszuführen, was ihm als gut für die res publica erscheint«[3]. Wie immer diese Kontroverse sein mag, das öffentliche Amt gilt in beiden Fällen als unantastbar hoch; und damit hängt auch zusammen, daß es prinzipiell unbesoldet bleiben muß. So wollte es übrigens auch anderweitig im gesellschaftlichen Verkehr die Konvention, die es dem Mann aus gutem Hause verbot, sich für eine persönliche Dienstleistung bezahlen zu lassen.

Selbst in der Geschäftswelt herrschte dieser Brauch, sofern es sich um Verhältnisse zwischen Bekannten handelte; für Handlungen wie Vertretung, Interessenwahrnehmung, Verwahrung oder Leihung war es unangemessen, eine Vergütung anzunehmen, und falls diese versprochen war, galt eine eventuelle Rechtsforderung als unzulässig[4]. Man kann sich gut in diese Auffassungen hineindenken, wenn man sieht, daß sich heutzutage Kollegen eines freien Berufs noch hin und wieder gegenseitige Dienste ohne Bezahlung erweisen; allerdings erscheint uns die Unzulässigkeit der Rechtsforderung zur Bezahlung einer vereinbarten Vergütung nach heutigen Begriffen etwas sonderbar. Trotzdem, die Gewohnheit des Ehrenamts, der Tatsache also, daß öffentliche Amtsträger keinen Lohn erhalten, sondern höchstens eine Kostenvergütung erhalten konnten, ist nicht völlig verständlich, wenn man nicht noch etwas anderes als die konventionelle Haltung des Mannes berücksichtigt, der sich die großzügige Geste unter Freunden wohl erlauben kann. Schließlich ist es immerhin noch ein gewisser Unterschied, ob man von Fall zu Fall einmal etwas für

[3] B. H. D. Hermesdorf, *Schets der uitwendige geschiedenis van het Romeinsch recht.* Utrecht-Nijmegen-Antwerpen-Brussel-Gent-Leuven [3]1946, S. 100–01.

[4] Theodor Mommsen, *Das Weltreich der Caesaren.* Wien 1933, S. 581.

einen anderen unternimmt oder ob man eine Regierungsfunktion mit allen ihren Lasten ohne irgendeine andere persönliche Vergütung außer der Ehre auf sich nehmen will.

Anfänglich muß übrigens eine Verpflichtung zur Erfüllung öffentlicher Ämter bestanden haben, ebenso wie das für die Militärdienstpflicht und das erzwungene Verrichten anderer Leistungen im öffentlichen Interesse gilt. So ist es zu erklären, daß keine förmliche Äußerung der Annahme existiert und daß in der Regel keine Zeit zwischen Ernennung und Amtsantritt verstreicht. Erst später wird das Amt von der Standesverpflichtung zum Privileg, obgleich mit der Rückläufigkeit des Bürgersinnes während des Prinzipats diese Sicht wieder etwas stärker in den Vordergrund rückte. In der Blütezeit der Republik wird die Grenze zwischen pflichtmäßigen öffentlichen Dienstleistungen *(munera)* und ehrenamtlichen Rechten *(honores)* scharf gezogen[5]. Pflicht oder Recht, in beiden Fällen handelt es sich bei der Magistratur um eine Situation, die sich nicht mit einem privaten Dienstverhältnis vergleichen läßt. Das *do-ut-des-Prinzip*, das Leistung und Gegenleistung gegeneinander abwiegt (»Ich gebe, auf daß du mir geben mögest«), hat hier keinerlei Gültigkeit.

Nach römischer Auffassung war der Staat keine Rechtsperson und galt das Staatsvermögen als eine dem Verkehr entzogene Sache *(res extra commercium)*[6]. Es war darum unmöglich, zwischen dem Staat und dem Amtsträger ein privates Arbeitsverhältnis wie zwischen Arbeitgeber und Arbeitnehmer zu konstruieren. Wenn der Staat am Rechtsverkehr durch Kauf, Verpachtung usw. teilnahm, dann geschah das durch seine Magistrate, und dann galt dafür kein Privatrecht, sondern öffentliches Recht, so daß bei eventueller Meinungsverschiedenheit auch keine normale zivile Prozedur angewandt werden konnte[7]. Wenn die Magistratur deshalb ausschließlich als staatsvertretend oder sogar als Verkörperung des Staates denkbar war, keinesfalls aber als Interessent gegenüber dem Staat, so brauchte für die niederen Funktionäre, Schreiber, Boten, Ausrufer, Symbolträger, Flötenbläser, Angestellten bei der Wasserleitung, Feuerwehr und Hilfsdiensten allerlei Art keineswegs dasselbe zu gelten. Sofern es keine Unfreien waren, standen diese Inhaber niederer Posten bei der Magistratur in

[5] Theodor Mommsen, *Abriß des römischen Staatsrechts*. Leipzig [2]1907, S. 82–83.

[6] Rudolph Sohm, *Institutionen*. Leipzig [13]1908, S. 212.

[7] Sohm, S. 213.

Lohndienst. Der Vertrag, auf dem solche selbstverständlich in niederem Ansehen stehende Lohndienste basierten, wurde im Prinzip für ein Jahr geschlossen, aber Verlängerung war möglich und wurde praktisch zur Regel, so daß niedere *officies* praktisch sogar lebenslänglich bekleidet wurden[8]. Da der Beamtenvertrag dem normalen Vertragsrecht entzogen war, galt inzwischen auch das Arbeitsverhältnis dieser niederen Staatsdiener als öffentlich-rechtliches Verhältnis, einseitig und autoritär vom Interesse der Allgemeinheit und dem Wohlgefallen ihrer Vertreter bestimmt.

Öffentlichen Dienst gegen Bezahlung gab es also bereits in der Republik. Die ideale, allein dem Manne guten Standes würdige Form aber ist das Ehrenamt. Wir dürfen annehmen, daß unter den höheren Ständen große Bereitschaft herrschte, sich für die öffentliche Sache einzusetzen. Wir haben bereits auf den altrömischen *virtus* hingewiesen und die damit übereinstimmenden philosophischen Auffassungen über den Dienst an der Gemeinschaft. Aber doch bleibt es merkwürdig, daß diese Bereitschaft so allgemein gewesen sein soll, daß darauf ein System der Staatsverwaltung aufgebaut werden konnte. Wir können nur schwer die Vermutung unterdrücken, daß dem öffentlichen Amtsträger wohl andere Wege offengestanden haben werden, sich finanziell schadlos zu halten. Diese Vermutung ist auf Tatsachen gestützt; in Ländern, in denen das Ehrenamt noch besteht, wissen die Amtsträger in wesentlich kürzerer Zeit ein Vermögen zu erwerben, als sie dazu imstande wären, wenn sie dasselbe bei der höchstmöglichen Bezahlung ihres Amts versuchten.

Unter der Kaiserherrschaft tritt eine große Veränderung ein. Die Konsuln, Prätoren, Tribunen, Quästoren usw. müssen ihre öffentliche Befugnis mit dem Kaiser teilen. Neben oder eigentlich über diesen Magistraten steht jetzt der Kaiser mit seiner eigenen Amtsgewalt. Der Kaiser läßt sich in der Provinz durch *propraetores* vertreten, das heißt durch die, die eine Amtszeit als Prätor erfüllt hatten. Diese Persönlichkeiten konnten ausschließlich aus dem Senatorenstand stammen. Aber es ist klar, daß sich das Kaiserreich nicht, gestützt auf eine enge Gruppe selbständiger höherer, aus der Aristokratie stammender Beamter, behaupten konnte. Es muß ein kleines Heer anderer kaiserlicher Beamter gegeben haben. Allein schon we-

[8] Mommsen, *Staatsrecht*, S. 139–40.

gen des Aufhörens der Steuerverpachtung muß das besoldete Beamtentum stark angewachsen sein. Doch auch in anderer Beziehung ist eine Ausweitung der Bürokratie festzustellen.

Schon unter dem Prinzipat wurde die Beamtenmonarchie allmählich vorbereitet. »Im wesentlichen handelte es sich darum, den Senat aus seiner staatskundigen Position zu verdrängen und auf diese Weise dem Ehrenamtssystem ein Ende zu bereiten und die Trennung zwischen militärischer und bürgerlicher Verwaltung zu vollziehen. Diese Entwicklung war nicht aufzuhalten, wenn auch unter den schnell aufeinanderfolgenden Kaisern in der zweiten Hälfte des 3. Jahrhunderts der Senat teilweise wieder an Prestige und Einfluß gewann.«[9] Im Osten ist die Bürokratisierung am absolutesten. Für das byzantinische Cäsarentum kulminiert die Magistratur in der Person des Kaisers. Von verschiedenen Magistraten, die aus der Republik datierten, wurden die Ämter zu reinen Würden erniedrigt. Die wirklichen bürgerlichen und militärischen Amtsträger sind dem Kaiser total untergeordnet und werden auch von ihm besoldet. »Sie sind nichts als Diener des Alleinherrschers.«[10]

Die Frage liegt nahe, ob all diese neuen kaiserlichen Funktionäre aus den höheren Ständen rekrutiert werden konnten. Sie muß verneint werden. Gewiß, ansehnliche kaiserliche Funktionen wie Anführer der Garde, Leiter der Feuerwehr oder der Getreideversorgung waren in Händen von Rittern; der Mann, den wir als Polizeipräsidenten von Rom bezeichnen könnten, war immer ein Senator[11]. Aber wie stand es um die *officiales* der Verwaltungsbüros und der kaiserlichen Kanzleien, wie vor allem um das ganze Personal der Hofhaltung? Es steht außer Zweifel, daß sich darunter zahlreiche Sklaven und Freigelassene befanden, die in hohe Machtstellungen aufrücken konnten. »Die Kaiser von Claudius bis einschließlich Trajan bildeten ihr ›Kabinett‹ aus ihren Freigelassenen, und genauso wie der französische Adel des 17. Jahrhunderts verbittert war unter der Übermacht der ›vile bourgeoisie‹ der Minister und ihrer Kanzlisten, genauso haben die Senatoren des Kaiserreichs sich in stummer Wut der Macht der Exsklaven beugen müssen, die sich plötzlich an den Stufen des Throns fanden.«[12]

[9] Mommsen, *Staatsrecht*, S. 348.

[10] Hermesdorf, S. 280.

[11] C. B. Bruns, A. Pernice, Otto Lenel, *Geschichte und Quellen des römischen Rechts*. In: Enzyklopädie der Rechtswissenschaft. München-Leipzig-Berlin [7]1913–15, I, S. 349.

[12] Jérôme Carcopino, *Het dagelijks leven in het oude Rome*. Utrecht 1958, I, S. 91.

So stehen einander die Verwaltungssysteme der Republik und des Kaisertums gegenüber. Der Magistrat ist selbst Träger öffentlicher Macht, der kaiserliche Beamte verdankt seine Funktion dem kaiserlichen Wohlwollen. Zwar ist die hohe kaiserliche Dienstbeziehung ehrenhaft, aber es bleibt nicht bei der Ehre, denn sie kann fortan besoldet werden. Trotzdem entwickelt sich die amtliche Beziehung nicht hin zu einem normalen Dienstvertrag, in dem das *do-ut-des-System* herrscht. Die Höhe der kaiserlichen Würde läßt ein solches privatrechtliches Gleichheitsverhältnis nicht zu. Ernennung und Besoldung sind beide als kaiserlicher Gunstbeweis zu betrachten. So tritt ein hierarchisches Element in der Strukturform zutage, das wegen der unvergleichlichen göttlichen Majestät des Kaisers nichts Erniedrigendes für den Bürger hat. Bis auf den heutigen Tag haben sich deutliche Spuren der Einseitigkeit der Ernennungsurkunde im Beamtenverhältnis – gegenüber der Zweiseitigkeit des privatrechtlichen Arbeitsvertrages – erhalten.

In der Rechtsposition war der damalige Beamte natürlich noch nicht so weit fortgeschritten. Nicht nur hing die Ernennung ausschließlich von der Willkür des Kaisers ab, dieser konnte den Beamten auch jederzeit entlassen, und ebenfalls lief das Mandat mit dem Tod des Kaisers ab. Alle Diener sind Gehaltsempfänger, und gerade in dieser Hinsicht bildet sich eine Rangordnung: »non sunt magistratus, sed extra ordinem utilitatis causa constituti sunt«[13]. Die amtliche Ordnung des späteren Kaisertums ist aus den sogenannten *notitia dignitatum* zu ersehen. Sie scheint auf folgenden vier Grundlagen zu ruhen: völlige Trennung von militärischen und zivilen Befugnissen; Besoldung, aber keine Pensionsansprüche; jährliche Ernennung durch den Kaiser *(per indictionem)*; genaue Festsetzung der Hierarchie nach Titel, Rang und Besoldung[14]. Es ist nicht schwer auszumachen, welche Elemente der bürokratischen Ordnung sich durch die Jahrhunderte zu behaupten wußten und welche im Lauf der Zeit durch andere Namen ersetzt wurden.

Wenn wir uns nun jenen freien Tätigkeiten zuwenden, die nicht in unmittelbarer Relation zum Staat verrichtet wurden, aber doch in gewisser Beziehung öffentliches Interesse beanspruchen konnten, den para-öffentlichen, »freien Berufen«, dann müssen wir zunächst einen sehr häufig auftretenden Irr-

[13] Bruns, Pernice, Lenel, S. 349.

[14] Ebd., S. 372.

tum bezüglich der richtigen Bezeichnung dieser Berufe korrigieren: Heutige Autoren sind durchgehend geneigt, in diesem Zusammenhang den Begriff *artes liberales* zu verwenden, wobei sie den richtigeren Begriff *operae liberales* ignorieren. Unter Vermeidung des mehrdeutigen Wortes Beruf kann man sagen, daß *ars* Fach bedeutet, *opera* Tätigkeit. Faktisch wird zwar in beiden Fällen das Wort Beruf verwendet, aber es ist eigentlich nur im zweiten Fall angebracht. Sagt man nämlich von jemandem, daß er einen Beruf gewählt habe, daß er dafür ausgebildet wurde und nun also die beruflichen Qualifikationen besitzt, dann spricht man eigentlich nicht im strengen Sinn von Beruf, sondern von Fach. Ein Beruf muß weniger gelehrt werden, er wird in einem organisierten gesellschaftlichen Ganzen ausgeübt. Darin besteht der ganze Sinn des Berufs. Man tritt mit seinen erworbenen fachlichen Fähigkeiten in ein soziales Bezugssystem. Während Fach erst einmal einen technischen Sachverhalt meint, hat Beruf bereits eine soziale Struktur. Geradeso wie wir diese Worte Fach und Beruf durcheinanderzuwerfen pflegen, hat das der Römer wohl mit den Worten *ars* und *opera* getan. Das schließt aber nicht aus, daß das letzte mehr der aktiven Sphäre des Tuns, das erste mehr der rezeptiven Sphäre des Unterrichtet-Werdens zugeordnet ist.

Wenn es sich also um die wirtschaftlich-rechtliche Struktur der Berufe und der damit verbundenen gesellschaftlichen Wertschätzung handelt, sollte man lieber die *artes* als einen Begriff aus dem Unterrichtswesen aus dem Spiel lassen. Auch auf diesem Gebiet spricht man zwar von Freiheit und Unfreiheit, von *artes liberales* und *artes illiberales*, von freien und gebundenen Künsten. Diese Unterscheidung läuft aber keineswegs parallel mit jener zwischen *operae liberales* und *operae illiberales*. Bei den *operae* hängt die Freiheit oder Gebundenheit vom handelnden Menschen ab, bei den *artes* von der Kenntnis oder Fähigkeit. Die Wissenschaft ist frei, welche in sich selbst ruht, die nicht auf etwas anderes gerichtet ist; gebunden ist diejenige, die bezweckt, etwas anderes zu erreichen. Der gegenwärtige Sprachgebrauch gibt diesen Unterschied deutlicher in den Begriffen »reine« und »angewandte« Wissenschaft wieder. Das Nützlichkeitskriterium, das hier zur Diskussion steht, kann aber unmöglich die Norm für die Unterscheidung verschiedener Berufe bilden; ein Beruf muß kraft seines Wesens nützlich sein, sonst ist er nicht frei, sondern sinnlos. Der Philosoph, der in der Sonne liegt und philosophiert, übt damit keinen Beruf aus;

er beschäftigt sich mit einer *ars*, und zwar mit der höchst denkbaren Manifestation einer *ars liberalis*. Gründet er aber eine Schule, unterweist er Schüler, dann macht er seine Wissenschaft den Jünglingen nützlich, also übt er wohl einen Beruf aus, nicht den des Philosophen an sich, sondern des Lehrers der Philosophie, und dieser Beruf kann dann zu den *operae liberales* gerechnet werden, zumindest wenn der betreffende Mann dem Stand der Freien angehört. Beim Arzt verhält es sich anders. Seine Wissenschaft zählt nicht unter die *artes liberales*. Sein Beruf, obwohl bei den Römern zunächst nicht sehr hoch geachtet, gilt in späterer Zeit wohl als *opera liberalis*.

Nach einer scharfen Begrenzung der *operae liberales* wird man vergeblich suchen. Im Lauf der Zeit erfolgte auch ziemlicher Wechsel in der Bewertung verschiedener Berufe. Das Interesse an der Zugehörigkeit zu den *operae liberales* hing, jedenfalls in späterer Zeit, von der Frage ab, ob das Verrichten des Dienstes Anspruch auf ein Honorar ergab. Unter der Überschrift »de variis et extraordinariis cognitionibus« hat Ulpianus um 200 n. Chr. eine Anzahl solcher Fälle aufgezählt, die jeweils ziemlich verschieden gelagert sind, aber bei denen es jedenfalls klar ist, daß es sich um persönliche Dienste und nicht um handwerkliche und kaufmännische Betätigungen handelt. Erwähnt werden: *rhetores*, *grammatici*, *geometrae*, *medici*, *obstetrices*, Chirurgen und Zahnärzte höherer Qualifikation, *philosophi*, *professores*, *ludi quoque litterarii magistri*, *librarii*, *notarii*, *calculatores*, *tabularii*, *comites*, *iuris studiosi*, *nutrices*, und unter einer besonderen Rubrik *(proxenetae)*[15]. Nach Endemann[16] darf diese Liste nicht als erschöpfend gelten, sondern als eine Aufzählung der wichtigsten Beispiele. Dabei ist aber zu beachten, daß die Rubriken ziemlich späten Datums sind. Jedenfalls geht aus ihnen hervor, daß auf die Dauer nicht alle freien Berufe auf einem intellektuellen Niveau standen, welches wir gegenwärtig als akademisch zu bezeichnen pflegen. Bestimmte Tätigkeiten im Dienste der körperlichen Versorgung galten offensichtlich als paramedizinisch oder wichtig für die allgemeine Entwicklung und standen in ausreichend hohem Ansehen, um mit intellektuellen Tätigkeiten auf eine Ebene gestellt zu werden.

Die Verwandtschaft des freien Berufs mit dem politischen Ehrenamt ist natürlich in der klassischen Zeit der Republik zu suchen. Die deutlichste Verbindungslinie läuft über die Advo-

[15] *Digesta*, 50, 13 und 14.

[16] W. Endemann, *Die Behandlung der Arbeit im Privatrecht*. Jena 1896, S. 13.

katur. Das Auftreten als Verteidiger, ganz allgemein die Verleihung von Rechtsbeistand zugunsten des Schwächeren, aber auch das Amtieren als öffentlicher Ankläger im Falle der Verletzung des objektiven Rechts galt als Standespflicht der Vornehmen und wurde also nicht als bezahlter Beruf ausgeübt. Soziales Prestige und politische Machtbildung durch Ausbreitung der *clientela* bildeten die persönlichen Motive, die den Patrizier bei der Verrichtung solcher Tätigkeiten bestimmen konnten[17]; im Gegensatz dazu – und möglicherweise ganz anders als in der griechisch-antiken Welt – kommt der Mediziner aus der Sphäre des Handwerks. »Für die Stellung des Arztes in der Zeit der Republik ist es bezeichnend, daß Varro sie den Färbern und Schmieden, Cicero aber den Architekten und Schulmeistern gleichstellt, – was nicht unbedingt als ein großer Unterschied gewertet werden darf, denn auch die Architekten waren Handwerkern gleichgeachtet, und die Schulmeister waren Fremde, Freigelassene oder Sklaven – wie die Ärzte. Gleichwohl verdienten sich manche Ärzte große Vermögen, wie denn selbst heute das gesellschaftliche Ansehen eines Berufes noch nichts über seine Verdienstchance aussagt.«[18]

Es ist fast selbstverständlich, daß auch der Künstler im Rom der Republik als Handwerker galt. Und auch die Literaten standen in keinem hohen Ansehen. Erst in der Kaiserzeit bietet der kulturelle Fortschritt der Kunst und der Literatur eine Chance. Das Mäzenatentum entwickelt sich, und es wird Mode, die schönen Künste auch dilettantisch zu betreiben[19]. Auch die medizinische und viele andere Betätigungen steigen dann zur Ordnung der freien Berufe auf. Oder, besser noch, die *operae liberales* bilden sich erst jetzt zu eigentlichen beruflichen Tätigkeiten heraus. Belohnung wird auch für »freie« Beschäftigungen normal, wenn auch nicht in der Art des normalen Vertragsrechts. Es findet eine Assimilation an die Idee der öffentlichen Dienstleistung statt, ohne daß eine direkte Verbindung zur Staatsordnung gelegt wird. Typisch dafür ist das Entstehen des Notariats, das heutzutage als eine Zwischenform zwischen öffentlichem Amt und freiem Beruf gilt. Der *notarius* oder, wie er anfänglich genannt wurde, der *tabularius* oder *scriba* ist entstanden aus dem Bedarf an Beweismitteln im Rechtsverkehr. Er hatte aber keine öffentliche Befugnis, seine Akten *(tabulae)*

[17] Volrad Deneke, *Die freien Berufe.* Stuttgart 1956, S. 18–19.
[18] Deneke, S. 15.
[19] Deneke, S. 24–25.

blieben private Schriften. Zwar wurde ihnen eine moralische Autorität zuerkannt. Erst in der späten Kaiserzeit wurde bestimmt, daß diese Funktion nur von Freien ausgeübt werden durfte. Noch immer war die Tätigkeit nicht zu einem öffentlichen Amt geworden. Als freier Beruf wurde sie im Dienst des Rechtsverkehrs ausgeübt. Nach dem Zerfall des Römischen Reiches sind es auf die Dauer ausschließlich kirchliche und weltliche Beamte, die als befugt gelten, Akten für die Öffentlichkeit auszufertigen[20].

Ebenso wie beim öffentlichen Amt findet auch im paraöffentlichen Sektor während der Kaiserzeit eine Evolution statt, wodurch bestimmte Aktivitäten erst eigentlich in die Berufssphäre eingehen. Das schöne Ideal, daß es dem freien, wohlgeborenen Mann lediglich gezieme, freie Arbeit zu verrichten, die ohne Gewinnstreben geleistet wird, erwies sich in der Praxis auf die Dauer als unhaltbar, jedenfalls bei rigoroser Anwendung. Vergütung gilt denn auch nicht mehr als verwerflich, aber sie muß aus freien Stücken von demjenigen geleistet werden, der Nutznießer dieser Dienstleistung ist, und man hält es auch weiterhin des Intellektuellen für unwürdig, Lohn für seine Leistung zu fordern. Diese Auffassung wirkt heute noch nach, wenn ein Referent auf die Frage, welche Vergütung er für seinen Vortrag verlangt, zur Antwort gibt: »Ich richte mich ganz nach den bei Ihnen üblichen Sätzen.« Wie so oft, wenn sich durch die Berufsehre ein Element von Standesehre zieht, will man vor allem den Schein wahren.

Der freiwillige Charakter für Vergütung von Arbeit in den freien Berufen wird durch das Wort *honorarium*, Ehrenlohn, zum Ausdruck gebracht, im Unterschied zu *merces* oder vulgärem Lohn. Auf Honorar hat der Dienstleistende zwar Anspruch, aber nur in Form eines Persönlichkeitsrechts, nicht in Form eines Forderungsrechts. Ein Honoraranspruch wurde zuerst bei den *praeceptores studiorum liberalium* anerkannt, unter denen man Lehrer verstand, aber auch andere, die einen höheren Beruf ausübten[21]. Verschiedene andere Berufe folgten. Man wollte mit diesem Wort »Honorar« etwas Honoriges andeuten, etwas, was also eigentlich nicht einfach eine die Leistung aufwiegende Gegenleistung war. Schuldforderung für eine im freien Beruf geleistete Arbeit wurde denn auch nie als auf dem normalen Rechtswege einklagbar anerkannt. Lohn für *operae*

[20] Joh. C. H. Melis, *De notariswet*. Zwolle ³1939, S. 3.
[21] Endemann, S. 13.

liberales zu fordern, galt nun einmal als ungehörig, und der Richter mußte sich also weigern, einen eventuellen Prozeß zur Einhaltung des Vertrags als zulässig zu erklären. Die Analogie zur besoldeten amtlichen Funktion, die man ebensowenig als auf dem normalen Vertragsrecht basierend begriff, ist evident.

Das Verkehrsleben stellte gleichfalls seine Forderungen. Bei der zunehmenden Entwicklung der bürgerlichen Verhältnisse konnte der strenge Standpunkt, nach welchem dem Dienstleistenden keinerlei Rechtsweg offenstand, nicht rigoros aufrechterhalten bleiben. Man fand nun den Ausweg, daß gerichtliche Anerkennung einer Honorarforderung *in extraordinaria cognitione* möglich wurde[22]. Bei Ungenügen mit dem üblichen Honorar konnte der Dienstleistende also nicht normal prozessieren, wohl aber einen Rechtsgang *extra ordinem* beantragen. Das ist eigentlich eine Art verwaltungsrechtlicher Prozedur, bei der die Behörde aus ihrer freien Machtvollkommenheit etwas entscheidet[23]. Dieser Rechtsgang war überall möglich, wo ein öffentliches Element im Rechtsverhältnis überwog. Wenn diese Möglichkeit in der Kaiserzeit neben anderen Fällen auch auf das *honorarium* bei *operae liberales* angewandt wird[24], so ist das also ein weiterer Beweis für die Verwandtschaft dieses Arbeitsverhältnisses zum öffentlichen Dienst. Für römische Begriffe hatte der freie Beruf einen gewissen öffentlichen Charakter. Im Falle eines solchen Rechtsganges konnte die Behörde also entscheiden, ob und in welcher Höhe ein Honorar ausbezahlt werden mußte.

Von festen Rechtsgrundlagen in diesem Punkt scheint wenig wahrnehmbar gewesen zu sein. Es ist nicht einmal klar, ob Anspruch auf *honorarium* (oder *salarium*) immer eine ausgesprochene vertragliche Bestimmung zur Voraussetzung hatte oder ob er auch auf stillschweigender selbstverständlicher Übereinkunft beruhen konnte. Die Höhe bemaß sich im allgemeinen nach dem Brauch, und der Anspruch darauf wurde erst durch die Leistung der Dienste fällig, obgleich die Bereitschaft genügte, falls der andere die Dienste nicht in Anspruch nehmen wollte oder konnte. Freiwillig bezahlte Vergütung konnte gleichfalls *in extraordinaria cognitione* zurückgefordert werden. Von einer Verpflichtung, die Leistungen gemäß vertraglicher Vereinbarung auszuführen, ist nichts bekannt, ebensowenig

[22] Endemann, S. 15.
[23] Sohm, S. 337.
[24] Sohm, S. 123.

vom Einstehen für das Ergebnis dieser Leistungen[25]. Mit kurzen Worten, das Verhältnis wurde eigentlich nicht durch das gemeine Recht geregelt, ebenso wie das auch heute noch in gewissem Sinne hinsichtlich der Verrichtungen einiger Tätigkeiten gilt, deren juristische Form sich deutlich von der hier behandelten römischen Rechtskonstruktion ableitet.

7. Unternehmer und Handwerksleute

»Seit uralter Zeit beruhte die römische Ökonomie auf den beiden ewig sich suchenden und ewig hadernden Faktoren, der bäuerlichen und der Geldwirtschaft.«[1] Mit solchen Sätzen, die sich zahlreich bei ihm finden, hat Mommsen die Nebel der Einseitigkeiten und der Vorurteile zerrissen, die den Blick auf die Wirklichkeit der römischen Arbeitsordnung verschleierten. So wichtig die agrarische Tätigkeit als Grundlage der Wirtschaft auch war – und bis in unsere Tage geblieben ist –, die städtische Kultur läßt sich nicht ohne die »kapitalistischen« Tendenzen des Auslandshandels und des industriellen Unternehmertums begreifen. Welche Rolle die Sklavenarbeit auch gespielt haben mag, es wäre eine unerlaubte Vereinfachung, daneben nur die – eigentlich nicht als »Arbeit« zu bezeichnende – höhere Betätigung im öffentlichen Amt und freien Beruf zu stellen, unter Ausklammerung des wesentlichen Anteils, den Unternehmer und Handwerker auch im Arbeitssystem der Antike eingenommen haben.

Das Urbild dieser Vereinfachung war in der ersten Zeit der Republik zu finden, so wie diese Zeit damals durch die Autoren – auch die späteren – gesehen wurde. Noch in der Kaiserzeit wurde die Möglichkeit, die Philosophie könnte etwas mit der Entwicklung von etwas so Minderwertigem wie Handwerksberufen zu tun gehabt haben, entrüstet bestritten. »Dafür sind die niedersten Sklaven zuständig; die Weisheit wohnt anderswo, sie bildet nicht die Hände zur Arbeit, sondern sie unterweist die Seelen. Willst du wissen, was sie ans Licht bringt und welche Wirkung sie hat? Weder ungehörige Körperbewegung noch allerlei Melodien von Tuba und Flöte..., weder

[25] Endemann. S. 25.

[1] Theodor Mommsen, *Römische Geschichte*. Wien 1934, S. 449.

Waffen noch Mauern, noch Krieg; sie läßt die Werkzeuge sich bewegen, begünstigt den Frieden und ruft das Menschengeschlecht auf zur Eintracht. Keine Rede davon, daß sie die Instrumente herstellt, die das Handwerk braucht. Wie kommst du dazu, ihr eine so niedere Aufgabe zuzumessen? Du mußt sie als die Schöpferin des Lebens betrachten.«[2]

Es läßt sich kaum leugnen, daß der gelehrte Autor dieses Textes an sich durchaus im Recht war. Man muß aber bedenken, daß er über die geistige Schöpferkraft der Philosophie sprach. In einem anderen Brief macht er, Seneca, klar, daß das Studium der Grammatik, Musik, Geometrie und Astronomie zwar des freien Mannes würdig sei, daß aber allein die Philosophie wirklich frei mache[3]. In seine Beweisführung hätte ganz gut die Auffassung gepaßt, daß andere Wissenschaften als die Philosophie das Handwerk gefördert haben können. In Anbetracht der Tatsache, daß die Wirklichkeit aber anders war, haben auch die in den freien Künsten sich Betätigenden geglaubt, sich unermeßlich hoch über das Handwerk erheben zu dürfen. Zu Recht oder zu Unrecht? Es ist ein Faktum, daß die Technik der Arbeit und des Gewerbes aus Erfahrung geboren ist und nicht aus Intellektualismus. Es hat bis in die moderne Zeit gedauert, ehe die Wissenschaft darauf Einfluß erhielt[4]. In der Vergangenheit haben die Wissenschaften nicht »die Instrumente verfertigt, die das Handwerk benötigt«. Heutzutage ist die Frage wieder aktuell geworden, wie diese Situation zu beurteilen ist. Für deren Beantwortung ist vielleicht der Hinweis darauf bedeutsam, daß gesellschaftliche Wohlfahrt und Fortschritt stark durch die Kluft zwischen geistiger Aktivität und wirtschaftlicher Regsamkeit gehemmt werden. Solch eine profane Weisheit übersehen die alten Autoren leicht. Sie unternehmen jedenfalls nichts, um die Kluft zu überbrücken. Insoweit die Philosophie die Lebenskonzeption der Zeit entwirft, ist sie auch dafür verantwortlich. Wir wollen aber mit Kritik

[2] Seneca, *Epist. 90* (Opera omnia, Leipzig 1702, II, S. 361).

Der ursprüngliche Text lautet folgendermaßen: »Vilissimorum mancipiorum ista commenta sunt: sapientia altius sedet, nec edocet; animorum magistra est. Vis scire, quid illa eruerit, quidne effecerit? Non indecoros corporis motus, nec varios per tubam ac tibiam cantus...; non arma, nec muros, nec bella; utilia molitur, paci favet, et genus humanum ad concordia vocat. Non est, inquam, instrumentorum ad usus necessarios opifex, quid illi tam parvula assignas? artificem vides vitae.«

[3] Seneca, *Epist. 88*. S. 334ff.

[4] R. C. Kwant, *Ontmoeting van wetenschap en arbeid*. Utrecht-Antwerpen 1958; F. P. H. A. Tellegen, *Samen-leven in een technische tijd*. Utrecht-Antwerpen 1957.

an der Vergangenheit zurückhalten. Auch heute noch glaubt sich nicht allein die Philosophie, sondern ein großer Teil der offiziellen Wissenschaft weit über die Nützlichkeitssphäre der industriellen und kaufmännischen Betätigung erhaben. Und gerade diese absichtliche Distanzierung verkennt – und verkannte bereits seit Senecas Zeiten – das Faktum, daß menschliche Freiheit und menschliche Würde ebenso wie die gesellschaftliche Ordnung und Kultur aus dieser verachteten Existenzform geboren werden.

In der Praxis hat man natürlich nach einem Kompromiß gesucht zwischen dem Vorurteil gegen Betriebsarbeit und dem Vorteil, den sie abwarf. Das Dogma der Wohlgeborenen lautete, daß auch der nichtsklavische selbständige Unternehmer oder Handwerker die wahre Freiheit nicht kennt. Mit seinem Einkommenserwerb ist er schließlich gezwungen, allerlei unangenehme und ermüdende Anstrengung auf sich zu nehmen, und jedenfalls hält er seinen Geist nicht offen für höhere, etwa politische Aspirationen. Nur wenn er reich wird, ist er nicht mehr ganz zu verachten, und wenn er genug verdient hat, kann er sich frei »machen«. Innerhalb der Kategorien, die solche Tätigkeiten ausüben, schafft die Möglichkeit des Erfolges und finanzieller Aufschwung also Raum für Abstufungen. Der erfolgreiche Großunternehmer kann natürlich nicht an die gesellschaftliche Bedeutung derer heranreichen, die höhere Arbeit »für nichts« – jedenfalls nicht »gegen Lohn« – im öffentlichen und para-öffentlichen Bereich verrichten. Wohl aber unterscheidet er sich in seiner gesellschaftlichen Betätigung von dem kleinen Mann, mag dieser nun Handel treiben oder ein Handwerk ausüben oder aber als Selbständiger eine kleine Landwirtschaft betreiben.

Für die Römer besteht also ein Unterschied zwischen Unternehmern und Handwerkern. Der Unterschied findet aber seinen Ausdruck nicht in den rechtlichen Organisationsformen. Sowohl Betriebsarbeit im Großen wie die im Kleinen sind zwei Möglichkeiten. In einigen Fällen begnügt man sich mit einer völlig autonomen Arbeitsverrichtung[5], die nur zur Vorbereitung des wirtschaftlich-rechtlichen Verkehrs dient; es treten dann keine Rechtsbeziehungen zu anderen hinsichtlich der verrichteten Arbeitsleistungen auf, weil man »für den Markt arbeitet« und sich mit den rechtlichen Formen von Kauf und

[5] F. J. H. M. van der Ven, *Typologie en problematiek van de arbeidsverhoudingen.* In: Sociale Wetenschappen 2 (1958), S. 73ff.

Verkauf begnügt, während die Belohnung für die entfalteten Aktivitäten im Gewinn liegt. In anderen Fällen kam man dazu, die Ausführung einer Arbeit zugunsten Dritter auf sich zu nehmen, »anzunehmen«; die Arbeit oder *opus* wird dann als ein Arbeitsresultat aufgefaßt, für dessen Leistung ein Lohn oder Arbeitspreis, *merces* oder *pretium*, gefordert werden kann. Die Organisationsform, die hier entsteht, *locatio conductio operis* (wörtlich zu übersetzen als: Miete und Vermietung von Werk), ist als ein Arbeitsverhältnis, eine Rechtsbeziehung hinsichtlich der zu verrichtenden Arbeit zu betrachten.

Es ist begreiflich, daß Annahme von Arbeit im Kleinen zu Situationen führen kann, in denen die Selbständigkeit des »Unternehmers« *(conductor)* beinahe illusorisch wird. Gesellschaftlich gesehen kann damit ein Grenzbereich entstehen, innerhalb dessen es schwerfällt, den selbständigen Handwerker vom Taglöhner, der seine Dienste vermietet, zu unterscheiden. Dieselbe Person kann einmal auf die eine, dann wieder auf die andere Art versucht haben, ihren Unterhalt zu bestreiten. Andererseits lassen sich auch die großen Kaufleute und die Unternehmer wichtiger Arbeiten nicht voneinander unterscheiden. Bei Unternehmen braucht man sich übrigens auch nicht das Zustandebringen eines materiellen Werkstückes vorzustellen. Im späteren Kaiserreich, als die landwirtschaftliche Produktion größtenteils in Händen von Kolonen lag, wurde die von ihnen dem Landbesitzer geschuldete Rente oft von *conductores* eingesammelt. Das waren große Leute mit viel Einfluß. Sie pachteten auch selbst Ländereien, die mit Hilfe von Sklaven, gemieteten Arbeitskräften und dienstverpflichteten Kolonen bewirtschaftet wurden. Sie haben auch, genauso wie die Kaufleute und Schiffseigner, Interessengemeinschaften gebildet, obwohl diese vermutlich vom Staat nicht offiziell anerkannt wurden[6].

Der Unterschied in der Bewertung zwischen dem im Großen und im Kleinen betriebenen Geschäftsverkehr geht keineswegs soweit, daß die angesehene Unternehmerarbeit je zu den *operae liberales* gerechnet worden wäre. Wäre das der Fall gewesen, dann hätte man die Forderung der Gegenleistung durch den Unternehmer und den Großhändler als Honorar betrachten müssen, und diese Forderung hätte niemals eine normale *actio* zur Folge gehabt. Es ist verständlich, daß das im wirtschaft-

[6] M. Rostovtzeff, *The social and economic history of the Roman Empire*. Oxford 1926, S. 289–91.

lichen Verkehr völlig unzumutbar ist. Man muß also wohl annehmen, daß die Unternehmerarbeit nicht auf eine Stufe mit der der freien Berufe gestellt wurde, deren Verdienstmotiv nur eine allmähliche Chance erhielt. Wohl wird man die Unternehmerarbeit höher als die des einfachen Handwerkers veranschlagt haben, wahrscheinlich, weil der Unternehmer sich die Hände nicht beschmutzt. Die Welt ändert sich wenig: Noch immer tendiert man dazu, den Mann mit dem weißen Kragen, auch wenn er noch so unfähig ist, höher einzuschätzen als den Mann in der Montur.

Doch es bietet sich noch ein anderer Aspekt beim Versuch nach Unterscheidung. Der Grund, warum sich die Unternehmerfunktion so schwierig in den römischen Auffassungen klassifizieren läßt, liegt wohl darin, daß man sie – wie übrigens auch heute noch oft – als eine kaufmännische Funktion und nicht als eine persönliche Arbeitsleistung verstand. Man weiß, daß Bewertungen dieser Art nun einmal vor allem quantitativ sind; und die kaufmännische Funktion ist eben meistens lukrativer als die persönliche Arbeitsleistung und gilt darum weniger als Grund für gesellschaftliche Disqualifikation, sondern als ehrenhaftes Streben nach Vermögensmehrung. Am deutlichsten zeigt sich dieses Phänomen hinsichtlich des äußerst honorigen Großgrundbesitzers, der, indem er sich mit der Leitung seiner Güter befaßt, diese zu mehren weiß.

Wenn wir also – um bei diesen Beispielen zu bleiben – sehen, daß in der römischen Gesellschaft Großunternehmerarbeit bereits höher bewertet wurde als Handwerkerarbeit, dann brauchen wir uns die erste durchaus nicht als unter die *operae liberales*, die zweite unter die Sklavenarbeit eingereiht vorzustellen; die Erklärung ist viel einfacher: Es besteht, auch unter den Freien, ein Standesunterschied, der, soweit er auf Unterschieden in der Berufsausübung beruht, als wichtigste Kriterien aufweist: das Herr- oder Arbeiter-Sein während seiner Arbeit und die Höhe der Einkünfte, die man daraus zu ziehen weiß. Die wirkliche Kenntnis und Fähigkeit, die für die Arbeit notwendig sind, und auch was man in seinem Beruf wirklich leistet, das alles spielt bei der gesellschaftlichen Bewertung immer nur eine sekundäre Rolle. Äußere Faktoren (saubere Hände) und ein allseits wahrnehmbares Resultat (Erfolg) erscheinen viel wichtiger.

Der Gutsbesitzer, der Großkaufmann und der Unternehmer langen nicht selbst mit zu. Sie haben für die notwendige Handarbeit ihre Leute, und das sind im allgemeinen Sklaven. Es wird zum Teil wohl diesem Umstand zuzuschreiben sein, daß die rechtliche Organisationsform, unter der seine Leistung verrichtet wurde, an sich nicht als für einen freien Mann ungeeignet galt, auch wenn diese Form in der Verpflichtung bestand, ein bestimmtes Werk auszuführen. Diese Form *(locatio conductio operis)* war bei den Römern sehr gebräuchlich; auch öffentliche Arbeiten wurden auf diese Art ausgeführt. Man fand es nicht unwürdig, sagt Endemann[7], unter der Voraussetzung, daß die zu leistende Arbeit nicht vom *conductor* selbst verrichtet wurde. Das muß dann schließlich auch auf die von Handwerkern eingegangene *locatio conductio operis* abgefärbt haben. Hier scheint übrigens eine gedankliche Lücke zu klaffen, die nur dadurch aufgefüllt werden kann, wenn wir uns daran erinnern, daß Handarbeit an sich nicht absolut unwürdig war, sondern nur niedriger eingestuft wurde.

Die gesellschaftliche Position der hier besprochenen Kategorien wurde auch damals schon weitgehend durch das Organisationswesen bestimmt. Korporationen werden sogar schon während des frühen Königtums in begrenzter Zahl bestanden haben. Über den wahren Ursprung, die Entstehungszeit, die Zahl und die Rolle, die sie gespielt haben, ist nicht sehr viel ganz Gesichertes zu sagen. Von Plutarch erwähnte Einzelheiten sprechen von Handwerkerkorporationen, *collegia opificia*, die erstmalig durch den zweiten König Roms, Numa Pompilius (715–672), eingesetzt worden sein sollen. Es wäre vorstellbar, daß es zunächst noch innerhalb des königlichen Hausverbandes organisierte Gruppen bereits spezialisierter Berufe waren; es wird aber auch vermutet, daß sie bereits unabhängig von der häuslichen Produktion waren und es sich also um Gruppenbildungen freier selbständiger Handwerksleute handelte. Natürlich gehörten diese Leute zum niederen Stand der Plebejer, die zwar frei waren, aber noch keine politischen Rechte besaßen. Die Einsetzung der Gruppierungen durch den König ist dann vielmehr als eine königliche Autorisierung zu verstehen, als »Institution« also in öffentlich-rechtlichem Sinne wie bei unseren Marktverbänden, obwohl die Korporation dann noch keine öffentlich-rechtlichen Befugnisse erhält. Wahrscheinlich sind es ursprünglich Genossenschaften mit religiösem Charakter gewesen. Es geht den Berufsgenossen also

[7] W. Endemann, *Die Behandlung der Arbeit im Privatrecht*. Jena 1896, S. 17.

um gegenseitige Hilfe, die bei der Ausübung des Kultus und vor allem beim Begräbnis zum Tragen kommt. Es soll acht erste Korporationen gegeben haben, und zwar die der Flötenspieler, der Goldschmelzer, der Schmiede, der Maler, der Schuhmacher, der Ledergerber, der Bronzearbeiter und der Töpfer[8].

Typisch für die Verhältnisse ist die Tatsache, daß zum Beispiel die Weber und Bäcker noch nicht darin aufgeführt werden: Ihre Funktion wurde lange Zeit im haushaltlichen Verband ausgeübt. Die Anzahl der Korporationen hat sich bis zum 2. Jahrhundert v. Chr. nur langsam ausgebreitet – damals erschienen u. a. auch die Bäcker –, woraus hervorgeht, daß die Handwerkerkorporationen kein wesentliches Element im Leben der Stadt dargestellt haben können. Aus ihrer Mitte sind nicht, wie im Spätmittelalter, Lenker der städtischen Geschicke herausgewachsen. Die Funktionäre der *collegia* mögen in ihrem eigenen Umkreis ein gewisses Ansehen genossen haben – wem wäre das nicht bewußt, der in unseren Dörfern die »Könige« der Schützengilden, silberbehängt und würdevoll in den Umzügen dahinschreiten sähe? –, zum Stand der Edlen und der Würde der städtischen Kurie sind sie auch in späterer Zeit nicht aufgestiegen. Oft haben sich die *collegia* selbst unter den Schutz einer mächtigen und reichen städtischen Autorität gestellt[9]. Indessen war mit diesen Gruppierungen auch schon der Rahmen für einen gewissen Berufsschutz abgesteckt, und sie konnten sogar ein politisches Machtinstrument der Plebejer in ihrem Kampf gegen die Patrizier werden, wie auch in den Bürgerkriegen am Ende der Republik. Man wird aber ihre Macht nicht überschätzen dürfen.

Trotz des miserablen Zustands der freien Handwerksleute in den letzten Jahrhunderten der Republik sind ihre Vereinigungen bestehen geblieben. So finden sich in Rom die Ring- oder Kettenmacher, die Goldschmiede, die Kronenhändler und die Steinmetze unter den wichtigsten. Weiter werden in den letzten Jahrhunderten vor Chr. neben den Töpfern, den Seilern und den Flötenspielern auch die Tuchwalker, die Steinsäger und die Metzger aufgeführt. In anderen Städten wurden auch

[8] Paul-Louis, *Le travail dans le monde romain.* Paris 1912, S. 63.

[9] E. Levasseur, *Histoire des classes ouvrières et de l'industrie en France avant 1789.* Paris 1900–01, I, S. 54ff., auch bei J. P. Waltzing, *Etude historique sur les corporations professionnelles chez les Romains depuis les origines jusqu'à la chute de l'Empire d'Occident.* Brussel-Leuven 1895–1900, II, S. 183–84.

Viehhändler und Köche erwähnt. Die Korporationen umschlossen sowohl nichtqualifizierte als qualifizierte Arbeiter. Man fand in ihnen Händler, Agenten, Makler und sogar niedere Angestellte des Magistrats. Sie begrenzten sich auch nicht ausschließlich auf ursprünglich Freie; in den meisten Fällen standen sie auch den Freigelassenen offen.

Der Charakter der Korporationen weist sowohl Züge der Übereinstimmung mit der mittelalterlichen Zunftorganisation auf wie mit den Arbeitsorganisationen des 19. Jahrhunderts vor dem Entstehen der eigentlichen Gewerkschaften. Wir haben bereits gesagt, daß die Ausübung des Kultus eine wichtige Rolle spielte; der Begriff des Kultus erstreckt sich natürlich auch auf die Handlungen bei Tod und Begräbnis, so daß Hilfeleistung beim Sterben von Fachkollegen zu den ältesten Aufgaben der Korporationen gehört hat. Man leistete sich darüber hinaus auch gegenseitige Hilfe und unterstützte die Witwen. Es ist nur natürlich, daß auch Geselligkeit eine Rolle spielte. Einige Organisationen besaßen zugleich schon wirtschaftlich kooperative Tendenzen, andere hatten sogar auch politische Ziele.

Bis gegen das Ende der Republik scheint keine Reglementierung oder Einmischung seitens der Autorität erfolgt zu sein. Es gab sogar nicht einmal mehr eine gesetzliche Autorisierung (deren Kehrseite die Möglichkeit des Verbots war). Mit den Bürgerkriegen wurde die Organisation aber immer suspekter. Die Anführer und Aufständischen suchten nicht selten Unterstützung bei der unzufriedenen Plebs der Metropole. Die Folge war, daß die meisten Korporationen um 70 v. Chr. aufgelöst wurden. Der Tribun Claudius, der sich bei der Plebs einschmeicheln wollte, hat zwar 58 v. Chr. die »Freiheiten« wiederhergestellt, aber Cäsar schaffte sie alle erneut ab, mit Ausnahme der acht ältesten. Vielleicht wurden sie aber auch erst durch Augustus abgeschafft, nachdem Cäsar sie unterdrückt hatte[10]. Die »Abschaffung« braucht aber nicht wörtlich genommen zu werden. Es handelte sich eher um den Versuch, die Korporationen – vor allem im Hinblick auf politische Ambitionen – besser unter Kontrolle zu bekommen. Autorisierung konnte schließlich erteilt werden, woran sich dann natürlich gewisse Vorbehalte knüpften, während die Autorität auch weiterhin die Aufsicht darüber behielt.

[10] Paul-Louis, S. 329.

Während des Kaiserreichs nahm die Entwicklung deutlich, wenn auch langsam, eine Wende. Die Zahl der Sklaven nahm ab. Die Arbeit Freier gewann an Bedeutung, wenn auch eine Relativierung der Freiheit zu konstatieren ist. Diese lief parallel mit einer Milderung der Sklaverei und der Entstehung von Zwischenformen, so daß die Folge des Entwicklungsprozesses eine gewisse Nivellierung unter den gesellschaftlich niederen Ständen zu sein scheint. Dieser Nivellierungsprozeß wirkte auf die Dauer auch auf bestimmte freie Berufe ein. Die Anzahl der Korporationen vergrößerte sich zusehends, und es befanden sich darunter Organisationen wirtschaftlich stärkerer Berufe. Im Hafen Roms, in Ostia, konnte Carcopino um das Forum herum 61 Räume identifizieren, die verschiedenen Korporationen gehörten; sie waren zwar nicht zur Berufsausübung, sondern für kultische Zwecke und – so fügen wir hinzu – vielleicht auch zur offiziellen Repräsentation bestimmt. Die weitaus meisten davon, nämlich 55, müssen den Mosaikdarstellungen zufolge die Belange von Seefahrern *(navicularii)* vertreten haben, die von den verschiedensten Plätzen der Welt stammten. Darüber hinaus haben einige hier vertretene Korporationen direkt mit dem Hafen- und Umschlagbetrieb zu tun, nämlich die der Kalfater, Seiler, Kornmesser und Wieger. Nur bei zweien, den Holzhändlern und Pelzarbeitern (oder -importeuren?) scheint die Verbindung zum Hafen mehr zufällig[11]. Natürlich muß es außerdem in zahlreichen anderen Berufen Korporationen gegeben haben. Tatsächlich hat man in Rom und Ostia die Spuren von über 150 wiederentdeckt[12]. Dabei ist es unmöglich, eine scharfe Trennungslinie zwischen dem Mittelständler und dem Kapitalisten zu ziehen[13].

Die kaiserliche Autorisierung und Reglementierung der Korporationen, die mit finanzieller Besteuerung einherging, scheint anregend auf das Funktionieren dessen gewirkt zu haben, was wir heute als wirtschaftliche Berufsordnung bezeichnen. »Dank des Systems von Korporationen, koordiniert durch die Gesetzgebung des Augustus und die Edikte seiner Nachfolger, konnte jede ›Gilde‹ Regeln aufstellen, die für alle ihre Mitglieder verbindlich waren.«[14] Das war um so wichtiger,

[11] Jérôme Carcopino, *Het dagelijks leven in het oude Rome*. Utrecht 1958, II., S. 46f.

[12] Waltzing, IV, S. 4–48.

[13] Carcopino, II, S. 50.

[14] Carcopino, II, S. 56.

als die Korporationen auf die Dauer die Mitgliedschaft zur Pflicht gemacht haben. Die Entwicklung ist deshalb in öffentlich-rechtliche Richtung gegangen, wie das auch später bei den mittelalterlichen Zünften der Fall sein sollte. Der Senat oder Fürst erteilte die Erlaubnis zur Gründung von Korporationen. Es wurden ihnen sogar seit Kaiser Marc Aurel (121–180) *privileges* verliehen. Vor allem aber die östliche Monarchie war es, die, gestützt auf eine mächtige Bürokratie, diese Entwicklung mehr förderte, als es die ersten Kaiser taten. Es unterliegt gleichfalls keinem Zweifel, daß dies den Korporationen ebenso wie der individuellen Freiheit zustatten kam. Gegen Ende des 3. Jahrhunderts n. Chr. ist der Prozeß vollendet. Man kann nun von einer Arbeitspflicht sprechen, die also die faktische Freiheit des Arbeitenden im Interesse des Staatswohls beträchtlich einschränkt. Die Mitgliedschaft in der Gruppe oder, was aufs gleiche hinausläuft, die Ausübung eines Berufes erlegt den Arbeitenden Verpflichtungen sowohl hinsichtlich ihrer Person als hinsichtlich ihrer Besitzungen auf. Während des 4. Jahrhunderts wurde die Ausübung eines Berufs zwangsweise fast zu einer Staatsfunktion und die Korporation ein Gefängnis[15]. Diese autoritäre Verordnung bezweckte, Garantien gegen die Entstehung von Stagnation in der Ausübung der Berufe zu schaffen. Man mußte dazu wohl greifen, als die Sklaverei allmählich verschwand oder in gemäßigtere Formen der Unfreiheit überging. So konnte der Arbeiter sich durch Verkauf seiner Besitzungen nicht seinen Berufsaufgaben entziehen, ohne daß der Neuerwerber garantierte, daß der Beruf fortgesetzt würde. Aus dem Land fortziehen war verboten, und der Fortgezogene konnte zurückgeholt werden. Streik galt als ein schweres gesellschaftliches Vergehen. Im Todesfall mußte der Beruf durch den Erben weitergeführt werden. Vor allem im Umkreis der niederen Berufe waren die Maßnahmen oft drakonisch. Ein Gesetz aus dem Jahr 371 bestimmt, daß derjenige, der die Tochter eines Purpurfischers heiratet, in den Beruf des Schwiegervaters eintreten muß. Zwangsweise Rekrutierung von Arbeitskräften wurde verschiedentlich vorgenommen; so schlug Justinian die Vagabunden von Konstantinopel den Bäckern zu[16].

Wir erwähnten bereits, daß verschiedene Korporationen unterschiedliche Privilegien hatten. Es gab zum Beispiel Be-

[15] Levasseur, I, S. 128.
[16] Paul-Louis, S. 330–31.

freiung von gemeindlichen Funktionen und Diensten, von Zwangsarbeit und Milizpflicht, es gab auch geldliche Vorteile in Form bestimmter Steuerbefreiungen. So herrschte also alles andere als Gleichheit und Uniformität der Rechte zwischen den Bürgern des Kaiserreichs. Im Gegenteil, das stark byzantinisch beeinflußte Kaiserreich bot das Bild einer hierarchisch aufgebauten Ständegesellschaft. Jeder Bürger war fest in einen bestimmten Stand gefügt, und jeder Stand hatte seine eigenen Rechte und Pflichten. Obwohl alle Korporationen prinzipiell so etwas wie eine offizielle Aufgabe zu erfüllen hatten, wurde doch zwischen Korporationen mit öffentlichem und solchen mit privatem Charakter unterschieden. Die ersten waren jene, die der Existenz und der Sicherheit der Masse dienten. Seefahrer, Bäcker, Metzger. Die anderen waren u. a. die der Bankiers oder Geldwechsler, Holzbearbeiter, Steinmetze und Marmorhauer, Deckenweber, Ärzte, Wasserträger, Töpfer, Flechter. Die Lasten und Privilegien der öffentlichen Korporationen wogen natürlich am schwersten[17].

Die innere Organisation war nicht bei allen Berufskorporationen gleich, etwa hinsichtlich der Zulassung der *libertini*. Manchmal wurden die Gruppen dünn besetzter Berufe zusammengefaßt. Die Korporationen konnten Besitz haben, sie verfügten oft über ein eigenes Versammlungslokal. In der Hauptsache wahrten sie den Charakter von Genossenschaften; sie leisteten in Form von Zahlungen oder Leihungen Mitgliedern Hilfe, welche ihrer unvorhergesehen bedurften. Auch Witwen und Waisen verstorbener Berufskollegen wurden unterstützt. Diesen philanthropischen und auch religiösen – mit der Zeit christianisierten – Charakter behielten sie bis zum Ende. Das Begräbnis spielt gleichfalls weiter eine Rolle; die Mitglieder leisten dabei persönlichen Beistand, aber decken kollektiv ganz oder auch teilweise die Kosten. Manche Korporationen besaßen sogar einen eigenen Friedhof oder errichteten ein kollektives Gedenkzeichen.

Die Beschreibungen rufen den Eindruck hervor, daß das Wirtschaftssystem gegen Ende des Weströmischen Reiches von zunehmendem Dirigismus und fortschreitendem Verfall charakterisiert war. Welcher Zusammenhang zwischen diesen Erscheinungen besteht, soll uns hier nicht beschäftigen. Doch scheint es, daß zwischen diesen beiden und jenem dritten

[17] Paul-Louis, S. 333–34.

Phänomen, der gesellschaftlichen Nivellierung, auch wieder eine gewisse Beziehung nachweisbar wäre. Das Bedürfnis, eigene Organisationsformen für die Tätigkeit der kleinen Leute, die die Handwerker waren, und für die der größeren Unternehmer zu entwickeln, wird denn auch nicht gestiegen sein. Insofern letztere wirklich zu den Angesehenen gehörten, hat die Berufsbindung für sie gewiß nie sehr große Bedeutung besessen. Bei der Ausführung von Arbeiten auf Rechnung anderer genügte ihnen auch später die vertragliche Bindung der *locatio conductio operis*. Diese rechtliche Verkehrsform ist gleichfalls im Kontakt zwischen den handwerklichen Unternehmern und deren Kunden üblich geblieben. Doch hinsichtlich der Handwerker ist damit nicht alles gesagt: Die korporative Gebundenheit hat neben diesem individuell bestimmten Arbeitsrecht ein kollektives Arbeitsrecht geschaffen. Ebenso wie die Entwicklung in der Landwirtschaft vom Sklaven – und auch wohl Freien – zum Kolonen ist dieses kollektive oder korporative Arbeitsrecht zum Vorläufer der mittelalterlichen Berufsordnungen geworden. Die beiden hier erwähnten Entwicklungslinien müssen aber gut auseinandergehalten werden. Das Verhältnis des Kolonen zum Grundbesitzer war ausschließlich eine privatrechtliche, wenn auch bleibende Beziehung. Das spätrömische korporative Recht – es mag nur zum Teil als solches anerkannt worden sein – war in seinem Wesen öffentlich-rechtlich. Als das spätrömische Reich unter den Schlägen der eindringenden Barbarenvölker zusammenbrach, ging das Obrigkeitsrecht verloren. Das Kolonenverhältnis konnte sich dann ohne wesentlichen Bruch in der Hörigkeit fortsetzen. Die korporative Ordnung des Handwerks aber fand ihre Fortsetzung nicht bruchlos in der Struktur der mittelalterlichen Zunft. Dazwischen liegt noch die feudale Zeit, die gekennzeichnet ist durch ein Aufsaugen der Obrigkeitsmacht durch private Machthaber. Wahrscheinlich haben die selbständigen – wenn auch reglementierten – Handwerker sich nicht sehr zahlreich behaupten können und sind während des agrarischen Feudalismus größtenteils gleichfalls in den Hörigkeitszustand abgesunken. Das *ministerium* auf den feudalen Gütern kann dann eine privatrechtliche Fortsetzung der spätrömischen korporativen Ordnung sein; die Zunft ist daraus aber nicht hervorgegangen, sondern hat für ihr Entstehen ein neues, auf Freiwilligkeit gegründetes gemeinschaftsbildendes Prinzip benötigt.

Außerordentlich typisch für die Organisation der freien Arbeit in der römischen Zeit ist die Forderung nach Selbständigkeit von seiten dessen, der Arbeit ausführt. Wir haben gesehen, daß Staatsdienst nicht als Gegensatz zu dieser so erwünschten Selbständigkeit gesehen wurde. Daneben galt die – ebensowenig auf *do-ut-des-Basis* beruhende – Ausübung eines höher qualifizierten Berufs im Sinne des Verrichtens von *operae liberales* als ehrenhaft. Was die niedriger eingeschätzte betriebliche Arbeit angeht, so mußte auch diese, falls sie für freie Leute geeignet sein sollte, in Selbständigkeit verrichtet werden. Wenn auch die gesellschaftliche Einschätzung des Kleinbauern, des Kleinkaufmanns und Handwerkers niedriger gewesen sein wird als die des Großgrundbesitzers, des Großkaufmanns und des Großunternehmers, so machte man doch zwischen diesen verschiedenen Gruppen keinen so wesentlichen Unterschied, daß die Organisation ihrer Leistungen in verschiedenen Rechtsformen Ausdruck gefunden hätte. Bei keiner dieser Tätigkeiten ist im strikten Sinne von Unwürdigkeit für den freien Mann die Rede, obgleich die gesellschaftliche Einschätzung gewiß tiefer lag als bei den freien Berufen. Man sieht sowohl die höher als die niedriger geschätzte Arbeitsleistung im »ökonomischen« Verkehr im Licht des Tauschverhältnisses; dieses Verhältnis setzt keine von Würde und Hochmut geprägte Haltung gegenüber der Belohnung voraus, im Gegenteil, der Leistende hat immer Recht auf eine gleichwertige Gegenleistung, und dieses Recht kann er vor dem Richter durch einen Prozeß geltend machen.

Wenn man als freier Mann »für den Markt« arbeitet, dann findet die Einordnung der persönlichen Leistung in das gesellschaftliche Ganze – also die gesellschaftliche Organisation der Arbeit – nicht anders statt als beim Tausch von Gütern durch Kaufverträge. Arbeitet man aber »auf Bestellung«, also im Auftrag einer bestimmten zuständigen Person, dann tritt eine andere, wenn auch mehr oder weniger verwandte Strukturform auf, der Werkvertrag, *locatio conductio operis (faciendi)*. Auch hier also gewissermaßen ein Tauschverhältnis, das die Selbständigkeit des Arbeiters garantiert; und jedenfalls auch ein Recht auf *merces*, das durch eine *actio* geltend gemacht werden kann.

Beim kleinen Kaufmann handelt es sich natürlich nur um den Kaufvertrag. Auch in den landwirtschaftlichen Verhältnissen wird man selten auf *locatio conductio operis* stoßen. Der selbständige Bauer arbeitet in erster Linie für seinen Eigenbedarf; wenn er etwas übrig behält oder falls er ganz spezialisiert ist (etwa Winzer), dann kommt er mit seinen Produkten auf den Markt. Für seinen wirtschaftlich-rechtlichen Verkehr genügt auch ihm der Kaufvertrag. Anders ist es aber beim kleinen Gewerbetreibenden – und häufig auch beim größeren Unternehmer. Hier tritt nicht erst nach Beendigung des Arbeitsprozesses, sondern bereits vor und während dieses Prozesses ein wirtschaftlich-rechtliches Verhältnis ein, weil man seine Arbeit – wenn auch als Selbständiger – nicht für irgendeinen anderen, sondern für einen ganz bestimmten anderen und in dessen Auftrag leistet.

Ganz genauso wie beim größeren Unternehmer stoßen wir beim einfachen Handwerker also auf die Organisationsform *locatio conductio operis*. Es handelt sich dabei um niedere Arbeit, um *operae illiberales*, hauptsächlich sogar um einfache Handarbeit. Obwohl der Römer keinerlei Grund hatte, diese hoch zu veranschlagen, kann man doch nicht sagen, daß sie ihm eines freien Mannes unwürdig erschien; das wichtigste war, daß man sich nicht in rechtliche Abhängigkeit eines anderen begab. Es hat wenig Sinn, darüber zu sinnieren, ob *locatio conductio operis* zum ersten Mal bei Unternehmern oder bei Handwerkern aufgetreten ist. Es läßt sich höchstens sagen, daß der selbständige Handwerker zunächst eine sehr seltene Erscheinung war. Als sich das handwerkliche Gewerbe allmählich ausbreitete, werden es in erster Linie noch Freigelassene gewesen sein, die sich damit abgaben. Die Klasse der *libertini* war natürlich wenig geachtet, und das wird auch seinen Niederschlag in der Geringschätzung solcher Tätigkeiten gefunden haben.

Es wäre durchaus übertrieben anzunehmen, daß das Vorhandensein freier Handwerker während der Republik völlig ausgeschlossen gewesen wäre. Das ist schon deshalb falsch, weil die Spezialisierung zunahm und sich immer neue Zweige des Handwerks entwickelten. Zwar entstand ein Mißverhältnis zwischen der Arbeitsmöglichkeit und der zunehmenden Zahl ursprünglich unfreier Handwerksleute, so daß deren Situation mit der Zeit immer besorgniserregender wurde. Und mit dieser Verschlechterung, mit der Verproletarisierung dieser Menschen wird auch ihr gesellschaftliches Ansehen weiter gesunken sein. Man hat manchmal etwas zu leichtfertig unterstellt, daß es die Art ihrer Arbeit war, die der Römer verachtete. Die Geringschätzung, die sich bei den Autoren ausdrückt, stammt vermutlich eher aus dem Standesbewußtsein der Begüterten. Es verhält sich ja nicht so, daß bestimmte Tätigkeiten Sklaven übertragen wurden, weil man diese Art von Arbeit verachtete; vielmehr hatte man vor bestimmter Arbeit keine Achtung, weil diese meistens Sklaven übertragen wurde und man sie infolgedessen als das Attribut der Sklaverei ansah[1].

Ganz anders verhielt es sich mit der Arbeit, die in freiwilliger Unterordnung geleistet wurde. Ältere Autoren neigen dazu, die völlige Unmöglichkeit dieser Form in den römischen Verhältnissen anzunehmen. Obwohl das übertrieben scheint, lassen die Moralauffassungen und das Recht erkennen, daß Lohndienst in geringerem Umfang als selbständige handwerkliche Arbeit vorkam. Das Erniedrigende an der Arbeit lag für den Römer nicht in erster Linie in der Einträglichkeit und nicht einmal in der Art der Arbeit (also etwa in der Tatsache, daß es sich um Handarbeit handelte), sondern im Rechtsverhältnis des Lohndienstes. Das Subordinationsverhältnis war für ihn identisch mit dem Verhältnis des Sklaven zum Herrn, und wer es einging, der knechtete sich selbst. In diesem Fall machte es schon kaum einen Unterschied, ob die Arbeit, die man im Lohndienst verrichtete, »höhere« oder »niedere« Arbeit war. Es ist sogar offenkundig, daß man die Verrichtung höherer Arbeit im Lohndienst für einen noch ernsteren Verstoß gegen den guten Geschmack und die geltenden Sitten gehalten hätte als die Verrichtung gewöhnlicher Handarbeit im Lohndienst. Man erniedrigte in diesem Fall ja nicht nur sich selbst, sondern auch die *operae liberales*, für die nicht einmal mehr *merces* verlangt werden durfte oder konnte. Ob in einem solchen Fall eine Rechtsforderung auf Lohn abgelehnt worden wäre auf Grund der Tatsache, daß *operae liberales* keinen Lohnprozeß nach sich ziehen konnten, ist übrigens zweifelhaft. Wahrscheinlicher ist es, daß die im Lohndienst geleisteten höheren Tätigkeiten nicht als *operae liberales* galten.

Indessen werden höhere Tätigkeiten in Lohndienst – wenn schon niedere sehr selten waren – praktisch nicht aufgetreten sein. Die Verachtung jedes Lohndienstes durch Freie schloß

[1] Paul-Louis, *Le travail dans le monde romain*, Paris 1912. S. 190.

nicht aus, daß er juristisch möglich war. Wer aber so verproletarisiert war, daß er seinen Lebensunterhalt nicht mehr als Selbständiger bestreiten konnte, wird im allgemeinen eher versucht haben, auf Staatskosten zu leben. In späterer Zeit sind die Kolonen in etwa mit Lohnarbeitern – und zwar im lebenslangen Dienstverhältnis – zu vergleichen. Einerseits sind sie zwar eine Art Pächter, die keinen Lohn erhalten, sondern umgekehrt dem Herrn etwas als Gegenleistung für die Überlassung von Grund bezahlen müssen; aber auf der anderen Seite sind sie doch auch wieder so persönlich gebunden, daß ihre Stellung mehr der eines Arbeiters im Dienst eines Dritten gleicht. Sie müssen dem Herrn auch Dienste in Unselbständigkeit leisten, und die Verfügung, die sie selber über ein Stückchen Grund erhalten, gleicht einer Belohnung für ihre Dienste.

Wir müssen jetzt aber von dieser ganz eigenen rechtlichen Organisationsform absehen und uns ausschließlich mit dem wirklichen Dienstvertrag, so selten er auch auftrat, befassen. Im Unterschied zu dem Vertrag, bei dem der Arbeitende selbständig blieb, hat man ihn als *locatio conductio operarum*, Miete und Vermietung von Arbeit bezeichnet. Wie gesagt, die Rechtsordnung legte dem Freien, der sich so zu erniedrigen wünschte, kein Hindernis in den Weg, wenn er ein Dienstverhältnis bei einem anderen akzeptierte. Man nimmt an, daß stets ein Rechtsanspruch auf Lohn *(merces)* geltend gemacht werden konnte. Um das übrige kümmerte sich das Recht jedoch nicht. Wer als freier Mann so würdelos handelte, der mußte eben selbst die Folgen seiner Handlungen tragen. Das Recht bot ihm weiter keinerlei Schutz. Die Situation spiegelt, wie vielfach bemerkt wurde, die Geringschätzung wider, die der Römer für die Arbeit im Lohndienst empfand. Sie spiegelt vermutlich aber obendrein die Tatsache wider, daß in der damaligen Gesellschaft noch wenig Bedarf an Lohnarbeit herrschte. Der Dienstvertrag für niedere Tätigkeiten – und a fortiori für höhere Tätigkeiten – ist als juristische Organisationsform von Arbeit im römischen Recht folglich auch nicht zu irgendeiner profilierten Entwicklung gediehen.

Das persönliche Element im Lohndienstvertrag konnte dem Gesetzgeber oder Richter unter diesen Umständen nicht bewußt werden. Der Freie, der sich in Lohndienst begab, handelte nach damaliger Überzeugung ja selbst so, als ob er auf die Würde seiner Persönlichkeit – die in erster Linie in der persönlichen Freiheit lag – keinen Wert mehr legte. Wo er selbst seine Persönlichkeit aufs Spiel setzte, sah das Recht sich nicht veranlaßt, zu seinen Gunsten zu intervenieren. Von persönlichem Rechtsschutz im Dienstvertrag konnte deshalb keine Rede sein. Das einzig rechtlich Relevante war die gegenseitige sachliche Leistung; der Vergleich mit dem Vertrag für Miete und Vermietung von Dingen lag nahe, um so mehr als es bereits die Institution der Sklavenmiete – die eine ganz normale Sachmiete war – gab. Selbst um das unsittlichste Verhältnis bei *locatio conductio operarum* schert sich das römische Recht überhaupt nicht. Es zeugt nicht von hohen Moralbegriffen bei der richterlichen Gewalt, die über die Zulässigkeit und Verbindlichkeit von Abmachungen hinsichtlich des Angebots persönlicher Leistungen entschied, wenn wir sehen, wie sie sich völlig indifferent bei den Vereinbarungen von Fechtern verhielt, die zum Zeitvertreib des Publikums im Zirkus auftraten[2]. In unserem zivilisierten Jahrhundert werden allerdings vielleicht noch geschmacklosere Kämpfe – manchmal sogar von Frauen – als öffentlicher Zeitvertreib toleriert.

Zwei Arten bürgerlicher Verträge in bezug auf Arbeit waren also denkbar: Werkverträge Selbständiger und Lohndienstverträge derer, die sich in Unselbständigkeit begaben. Mochte bei den kleinen Handwerksleuten die Selbständigkeit faktisch auch relativ sein, ihr Schein mußte jedenfalls gewahrt bleiben durch Benutzung einer Rechtsform in der Beziehung zum Auftraggeber, die den Handwerker nicht zum Taglöhner stempelte. Er verrichtete übernommene Arbeit und erhielt also auch keinen Zeitlohn, sondern Akkordlohn. Diese Vertragsform galt ebenso wie jene, die das Lohndienstverhältnis zuwege brachte, als sachlicher Mietvertrag. Die beiden Rechtsformen wurden mit den Begriffen *locatio conductio operis* und *locatio conductio operarum* definiert. Um sowohl Übereinstimmung wie Unterschied zur heutigen Zeit klar zu erkennen, lohnt es sich, beide Formen einer kurzen Betrachtung zu unterziehen.

Die Rechtshandlung Miete heißt im römischen Recht *locatio conductio. Locare* heißt stellen oder unterbringen sowie abgeben oder aus den Händen geben. Der Vermieter einer Sache oder einer Arbeit heißt *locator;* ebenso der Besteller oder Auftraggeber eines Werkstücks. Bei *locatio conductio operarum* ist also der Arbeiter oder, wenn es sich um einen Sklaven handelt,

[2] Theodor Mommsen, *Das Weltreich der Caesaren.* Wien 1933, S. 49.

dessen Herr *locator;* bei *locatio conductio operis* aber ist gerade nicht der Arbeiter, etwa der Handwerker, *locator,* sondern derjenige, der die Arbeit bestellt hat. Wenn man bedenkt, daß nach altem Sprachgebrauch der Vermieter die Partei ist, die den Mietpreis erhält, dann kann man *locator* also nicht ohne weiteres mit Vermieter übersetzen. Bei *locatio conductio operarum* stimmt das zwar, aber bei *locatio conductio operis* nicht; im letzten Falle muß der *locator,* der Auftraggeber oder Besteller der Arbeit, den Preis für deren Ausführung ja gerade bezahlen. »Das ist kein zufälliger Sprachgebrauch oder Anomalie, sondern der logische Ausfluß der Bedeutung der Worte.«[3]

Der Ausdruck *locatio conductio* steht wohl in Zusammenhang mit den *locationes* der Zensoren der Stadt, die sowohl Grund, Zölle und Steuern wie öffentliche Arbeiten bei Kaufleuten »plazierten« oder »unterbrachten«, die ein Angebot abgaben. Es scheint aber zweifelhaft, ob diese Gemeindeverträge das Privatrecht je beeinflußt haben. Vielmehr könnte die Terminologie sich vom leibhaftigen Abgeben der Sache *(locare rem)* herleiten, hier also vom leibhaftigen Abgeben des Arbeiters und seiner Dienste *(se et opera sua locare)* und eventuell auch des Arbeitsmaterials[4]. Soweit es um bewegliche Güter geht, bleibt die Handlung des Abstehens in dem Wort *locare* als plastisches Bild für plazieren oder versetzen erhalten. Das muß aber für den juristischen Begriff keineswegs Bedeutung haben.

Conducere heißt leiten, geleiten, bringen oder führen, sogar kutschieren oder steuern, ebenso wie bekommen, mitnehmen oder annehmen, auf sich nehmen. Der Mieter einer Sache oder Arbeit wird als *conductor* bezeichnet und außerdem auch der Unternehmer, der Handwerker oder Annehmer einer Arbeit. Es ist verführerisch, vor allem beim Arbeitsvertrag Unselbständiger, an das Verbum führen oder lenken zu denken. Man hat in diesem Zusammenhang auch an das »Nach-Hause-Führen« des Sklaven gedacht, der auf den Markt gestellt worden war, womit der Besitzer zu erkennen gegeben hatte, daß er seine Dienste anbot[5]. Für die Bedeutung des Rechtsbegriffes kann man sich hier aber auch wieder mit den

[3] J. C. van Oven, *Leerboek van het Romeins privaatrecht.* Leiden 1945, S. 270.

[4] Ernst Rabel, *Grundzüge des römischen Privatrechts.* In: Enzyklopädie der Rechtswissenschaft. München [7]1913–15, I, S. 465.

[5] Edg. Loening, *Arbeitsvertrag.* In: Handwörterbuch der Staatswissenschaft. Jena [2]1898, I, S. 980.

weniger bildhaften Ausdrücken begnügen: bekommen, annehmen oder (bei Arbeit) auf sich nehmen. Das Element von »dirigieren«, »etwas zu sagen haben« lebt darin fort, was deutlich wird, wenn man bedenkt, daß der Mieter die Verfügung über etwas erhält und also – natürlich innerhalb gewisser Grenzen – über dessen Bestimmung entscheiden kann. Diese »gewissen Grenzen« sind durch das Eigentumsrecht des Vermieters gesetzt. Das Phänomen *locatio conductio* ist ein Aus-der-Hand-Geben und ein Annehmen, ohne daß eine Eigentumsübertragung stattfindet; es ist Übertragung von Besitz durch »Vermietung und Miete«.

Locatio conductio operis ist das normale und häufig auftretende Geschehen im römischen Arbeitsleben; *locatio conductio operarum* wird vor allem während der Republik ebenfalls häufig vorgekommen sein, doch dann nur als Sklavenmiete. Ganz offensichtlich ist die erstgenannte Form als die ursprüngliche zu betrachten. Ein freier Mann nimmt ganz selbständig auf sich, für einen anderen eine Arbeit zustande zu bringen. Ist die Arbeit so umfangreich, daß er es alleine nicht schafft, dann wird er seine Sklaven daran arbeiten lassen. Besitzt er aber keine oder zu wenige Sklaven, dann kann er diese Sklavenarbeitskräfte mieten. Weniger simplifiziert können wir sagen, daß es immer Leute mit organisatorischen Fähigkeiten gibt, die gegen Vergütung bereit sind, etwas für einen anderen mit Hilfe Dritter zu deichseln. In casu sind diese Dritten keine Personen, sondern anderer Leute Sklaven. So etwas schließt nicht aus, daß der Organisator einen zweiten Mietvertrag eingehen mußte. Nachdem er als *conductor* bei der *locatio conductio operis* aufgetreten ist, nachdem er also Arbeit auf sich genommen hat, tritt er nochmals als *conductor* bei der *locatio conductio operarum* auf, bei der er Sklavenarbeitskräfte annimmt. Der *locator* ist in beiden Verträgen im Prinzip eine andere Person; der erste hat Arbeit plaziert, verdingt, vermietet, der zweite plaziert oder vermietet seine Sklaven an den Unternehmer der Arbeit. Ein Freier kann dem Unternehmer auch seine eigene Arbeitskraft vermieten, aber das ist für den Römer eine Degenerationserscheinung, die rechtlich mit der Sklavenmiete auf eine Ebene gestellt werden kann.

Das Objekt bei *locatio conductio operarum* ist also die Arbeit, die Arbeitsverrichtung, so daß der Mieter gleichsam die Nutznießung des fähigen Arbeiters bekommt. Besser sollte man vielleicht sagen, daß er die Verfügung über das Arbeitsvermögen, die Arbeitspotenz des Menschen oder, weil diese sich nicht von der Person trennen lassen, über den Arbeiter selbst bekommen hat, wegen dessen Arbeitskraft. Auf jeden Fall entsteht ein Unterordnungsverhältnis zwischen dem Arbeitenden und dem Unternehmer; letzterer hat die Leitung der Arbeit, trägt aber auch selbst die Risiken hinsichtlich des Resultats. Der Vermieter der Arbeit ist nicht verantwortlich, falls die Arbeit schlecht ausfällt: nicht dem Unternehmer und a fortiori nicht dessen Auftraggeber. Das ist im Fall der römisch-rechtlichen Auffassungen durchaus logisch, weil der Begriff *locatio conductio operarum* auf Sklavenmiete basierte; der Sklave ist nicht selbst der Vermieter, sondern sein Herr, und was dieser vermietet, ist nichts weiter als eine »Sache«. Derjenige, der die Verfügung darüber erhält, muß selbst sehen, wie er damit zurechtkommt. Wenn sich ein freier Mann dadurch erniedrigt, daß er seine Arbeit vermietet, dann wird diese Arbeit genauso einer Ware gleichgestellt wie die Arbeit des Sklaven (und auch die Sklaven selbst).

In den gegenwärtigen Verhältnissen hat sich die Auffassung, daß der – um diesen veralteten Ausdruck kurz beizubehalten – »Mieter« der Arbeit selbst dafür sorgen muß, daß er durch seine Führungsqualitäten die gewünschten Früchte erntet, natürlich etwas abgeschwächt. Sieht man die Arbeit mehr unter dem Aspekt einer menschlichen Leistung, dann wird der Verrichter der Arbeit selbst auch mit Verantwortung tragen müssen, natürlich nur insoweit er das Arbeitsergebnis in der Hand hat. Artikel 1639 des Niederländischen Bürgerlichen Gesetzbuchs besagt, daß der Arbeiter verpflichtet ist, die verlangte Arbeit nach bestem Vermögen zu verrichten, wobei als Maßstab die Übereinkunft, das Reglement oder der Brauch gilt. Dem nicht zu entsprechen, ist ein ausreichender Grund für fristlose Entlassung nach Artikel 1639 p. Im römischen Recht war das »beste Vermögen« in der Leistung der Arbeit keine Forderung des Rechts, es konnte sich nur aus der Machtbefugnis des Arbeitgebers herleiten. Diesbezüglich hat der *locator* also keine besonderen Verpflichtungen.

Auf der anderen Seite sind auch die Verpflichtungen des *conductors* hinsichtlich des *locators* begrenzt. »Wenn nicht gearbeitet wurde, dann schuldete man auch keinen Lohn, außer es lag nicht am Arbeiter, daß er seine Arbeit nicht verrichtete ... Darunter ist sicher der Fall zu verstehen, daß der Arbeitgeber von den Diensten des Arbeitnehmers keinen Gebrauch machen wollte oder konnte, während dieser dazu wohl bereit gewesen ist; gilt das aber auch für das Nicht-Arbeiten infolge von Krankheit? Vermutlich nicht, obgleich es sich nicht aus den Quellen beweisen läßt.«[6] In den seltenen Fällen, in denen der Vertrag einen freien Lohnarbeiter betraf, war dessen Rechtslage – natürlich vom römischen Standpunkt aus – also auch minimal. Man muß dabei auch bedenken, daß die Römer stark dazu neigten, Dienstleistungen soweit wie möglich als *operis faciendi*, also als selbständige Verrichtung von Arbeit zu betrachten.

Das Objekt bei *locatio conductio operis* ist das opus, das zustande zu bringende Werk. Das Werkstück ist bestimmt für den *locator*, den Vermieter, oder, korrekter, den Besteller, Verdinger, Auftraggeber der Arbeit. Der *conductor* – Unternehmer oder Annehmer – verpflichtet sich, die Arbeit zustande zu bringen, »so sehr, daß er auch als *locator operae suae*, d.h. seiner für die Herstellung aufzuwendenden Unternehmertätigkeit, angesehen werden mag«.[7] Es ist nicht undenkbar, daß die ursprünglichste Form die ist, daß der *locator* nicht nur in symbolisch abstraktem Sinne die Arbeit »aus der Hand gibt«, sondern auch konkret dem *conductor* den benötigten Grundstoff liefert. Ist das nicht der Fall, sondern liefert der Unternehmer selbst auch den Grundstoff für die zu leistende Arbeit, dann rückt der Vertrag mehr in Richtung des Kaufvertrags. Zwar kann man sagen, daß es um die Lieferung eines noch nicht vorhandenen Gutes geht, aber das geschieht im kaufmännischen Sektor – und vor allem im Terminhandel – ebenfalls. Indes ist die Übereinkunft doch nicht genau dasselbe wie der Kaufvertrag; obwohl es sich letztlich um Lieferung eines Werkstückes handelt, hat der Unternehmer sich auch verpflichtet, das Werk durch eigene Aktivität entstehen zu lassen, was während der Periode, die auf die Produktion entfällt, Regelungen hinsichtlich des Risikos erfordert.

»Neben der Miete von Sachen nimmt die *locatio conductio operis faciendi* einen breiten Raum in den Quellen ein, und zwar vornehmlich auf dreierlei Gebiet: dem Bauwesen, der Beförderungsvereinbarung und dem Kleinbetrieb von Handwerkern wie Kleidermachern, Walkern, Goldschmieden und Kopisten.«[8] Aus unserer gegenwärtigen gesetzlichen Regelung des

[6] van Oven, S. 280.
[7] W. Endemann, *Die Behandlung der Arbeit im Privatrecht.* Jena 1896, S. 22.
[8] van Oven, S. 277.

Werkvertrags ist der Beförderungsvertrag völlig verschwunden; die Bestimmungen beziehen sich nur noch auf die Arbeitsorganisation des Bauwesens und auf die der Handwerker. Wir finden hier noch deutliche Anklänge an das römische Recht, in welchem selbstverständlich bereits Fragen hinsichtlich der Haftung bei Vernichtung des Werkes oder des Grundstoffes während der Produktion behandelt wurden.

Was der Unternehmer erhält, nennt man in unserer heutigen Zeit einen Preis; die Römer sprachen vielfach noch von *merces*, genauso also wie bei *locatio conductio operarum*, obwohl im Zusammenhang mit der schwierigen Abgrenzung zum Kauf auch schon von *pretium* die Rede war. Ganz rein ist der Wortgebrauch »Preis« eigentlich nicht, denn wenn man die Definition des Unternehmervertrags genau betrachtet, zeigt sich, daß es sich, wie gesagt, eigentlich nicht um die bloße Lieferung eines zukünftigen Gutes handelt, sondern um das Zustandebringen einer zuvor umschriebenen Arbeit. Und darin liegt gerade ein Arbeitselement, das die Annahme zu einer Spezies des Arbeitsverhältnisses stempelt. Auch im gegenwärtigen Recht ist der Werkvertrag eine Vereinbarung zur Verrichtung von Arbeit geblieben, eine der möglichen Rechtsformen also zur Organisation von Arbeit.

Die klare begriffliche Unterscheidung im heutigen Recht zwischen dem Lohndienstverhältnis und dem Unternehmerverhältnis offenbart die Verwandtschaft zum römischen Recht. Das entscheidende Kriterium liegt darin, daß im ersten Falle Unselbständigkeit, im zweiten Selbständigkeit des Arbeiters besteht. Dadurch, daß man das Kriterium der Selbständigkeit für das heutige Recht minimalisiert, meinte Lotmar[9], die Abhängigkeit unserer arbeitsrechtlichen Begriffe vom römischen Recht leugnen zu können. In seinen Darlegungen über die gegenwärtige Auffassung der Arbeitsverhältnisse ging er von einem relativeren Unterscheidungskriterium, der Art der Lohnzahlung aus. Es existieren nämlich zwei Grundformen, Zeitlohn und Akkordlohn, die sich aber mit dem Unterschied zwischen »Dienstvertrag« und »Werkvertrag« nicht genau decken. Die erste Vertragsform kennt ja nicht ausschließlich Zeitlohn, sondern genauso Akkordlohn und zugleich Zwischenformen. Seiner Meinung nach stehen sich Dienst- und Werkvertrag, trotz zahlreicher

[9] Philipp Lotmar, *Der Arbeitsvertrag nach dem Privatrecht des deutschen Reiches*. Leipzig 1902–08, Sonderteil II, S. 920–39.

und großer Unterschiede in rechtlicher Hinsicht, im Wesen denn auch näher als die römischen Rechtsformen *locatio conductio operarum* und *locatio conductio operis*, bei denen Subsummierung unter einen Begriff weniger gut möglich ist.

Diese Behauptung ist an und für sich unbestreitbar. Auch bei Anerkennung des Selbständigkeitskriteriums als Wesentlichstes kann man zugeben, daß es längst nicht mehr jene absolute Bedeutung besitzt, die ihm früher zugekommen war. Es scheint selbstverständlich, daß im Lauf von Jahrhunderten, in denen eine eingreifende soziale, wirtschaftliche, ethische und rechtliche Entwicklung stattgefunden hat, beträchtliche Veränderungen in den Arbeitsverhältnissen entstanden sind. Dennoch lassen sich die römisch-rechtlichen Grundformen in den Arbeitsverhältnissen bis auf den heutigen Tag erkennen, etwa in den Strukturen des öffentlichen Amtes und des freien Berufs. Mit Recht hat Lotmar die Aufmerksamkeit darauf gelenkt, daß beim gegenwärtigen Lohndienstverhältnis sowohl Akkordlohn als auch Zeitlohn eine Rolle spielen. Zur römischen Zeit war das noch nicht der Fall. Man kannte damals nicht die Möglichkeit der »Kommerzialisierung« dieses Verhältnisses. Dem steht aber gegenüber, daß Zeitlohn bei *locatio conductio operis* neben Akkordlohn möglich war, was heute bei der Annahme von Arbeit als unvereinbar gilt. Der Unterschied zwischen beiden Systemen läßt sich also im folgenden schematisch darstellen:

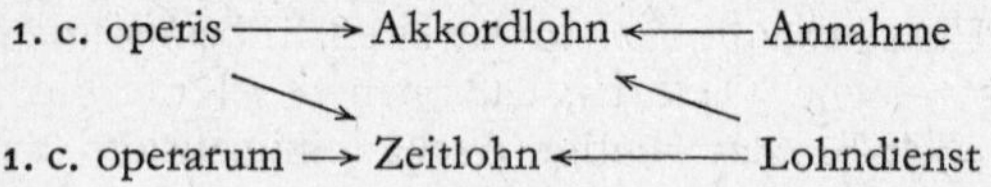

Locatio conductio operis und *locatio conductio operarum* mögen einander als juristische Strukturformen im Zusammenhang mit dem Selbständigkeitskriterium scharf gegenübergestanden haben, die Frage erhebt sich aber, ob nicht in der römischen Gesellschaft die wirkliche Situation im Arbeitsleben doch differenzierter gewesen ist, und zwar im Zusammenhang mit der Tatsache, daß – jedenfalls in späterer Zeit – *locatio conductio operis* unter sehr unterschiedlichen Bedingungen angewendet wurde. So konnten auch Freigelassene, die *in obsequio* des *patronus* blieben als »selbständige« Handwerker in derartige Arbeitsverhältnisse eintreten. Das Kriterium der Selbständigkeit bezieht sich ja lediglich auf das Verhältnis, in welchem der Arbeiter zu demjenigen steht, für den die Arbeit oder das Arbeitsergebnis im direkten Sinne bestimmt ist. Auf die Dauer muß es sogar möglich gewesen sein, daß ein Sklavenhandwerker selbständig einen Kleinbetrieb führte, während der Herr daraus natürlich Einkünfte zog. Die Selbständigkeit eines solchen Sklaven in der *locatio conductio operis* ist dann durch die Freiheit des Herrn gedeckt, der, wenn es darauf ankommt, die Verantwortung für die Handlungen des Sklaven trägt.

Vielleicht darf man sagen, daß die Bezahlung von Zeitlohn bei *locatio conductio operis* eine weitere Entwicklung hin zu einer größeren Dehnbarkeit dieser Rechtsform widerspiegelt. Auf diese Weise war es möglich, einfache persönliche Dienste – falls sie nicht während eines längeren zusammenhängenden Zeitraums geleistet wurden –, auch wenn die Selbständigkeit des Betroffenen faktisch ziemlich zweifelhaft war, unter die zumutbare Form *locatio conductio operis* einzuordnen. Aus dem Edikt Diocletians vom Jahr 301 bezüglich Maximalpreisen und -löhnen[10] ist durchaus nicht klar ersichtlich, daß hier immer von selbständiger Arbeit im strengen Wortsinn die Rede war. Jedenfalls läßt sich die Festsetzung von Löhnen pro Monat oder pro Tag, aber ebenso pro Werkstück kaum mit dem in Einklang bringen, was wir gegenwärtig unter echter selbständiger Unternehmung zu verstehen geneigt sind. Man arbeitet dann vielmehr »in Regie«, also ohne das eigene Risiko des Selbständigen. Aber eigentlich könnte man von einer Art Lohnarbeit von Handwerkern dahingehend sprechen, daß sich der Arbeitgeber darauf verlassen kann, daß die Arbeit in dem üblicherweise dafür angesetzten Zeitraum auch wirklich vollendet wird. Das Risiko des Handwerkers mag geschwunden sein, seine persönliche Verantwortung für das Arbeitsergebnis ist es nicht. Muß die Arbeit im Hause des Auftraggebers verrichtet werden, so hat der Arbeiter neben dem Lohn Anspruch auf Kost. Etwa der Schafscherer, der pro Tag zwei Denare erhält, was dem Tarif für den Barbier pro Kopf entspricht. Daraus läßt sich vielleicht ableiten, welche schwerwiegende Aufgabe das Scheren eines Mannes im Vergleich zu dem eines Schafes gewesen sein muß. Und man wird Blümner gern zustimmen, daß dieser Betrag nicht,

[10] W. H. Waddington, *Edit de Dioclétien, établissant le maximum dans l'empire romain.* Paris 1864, auch bei Th. Mommsen, *Edictum Diocletiani de pretiis rerum venalium.* Mit Anmerkungen von H. Blümner. Berlin 1893.

wie Mommsen vermutet, für das Scheren der Sklaven hingezahlt wurde[11].

Bemerkenswert ist, daß in der Urkunde auch Tarife für Leistungen von verschiedenen Arten von Privatlehrern bis hin zur Architektur erwähnt sind, die ebenso wie die Studienüberwacher *(paedagogoi)* außer pro Monat auch nach der Anzahl der Schüler bezahlt wurden. Auch für die Leistungen anderer Vertreter eines freien Berufes, für Schnellschreiber *(notarii)*, Kopisten *(librarii, antiquarii)*, Notare *(tabellii)*, bestimmte Veterinäre *(mulomedici)* sind die Tarife genau festgelegt. Waddington bezweifelt nicht, daß dasselbe auch in einem verlorengegangenen Fragment für die medizinischen Leistungen der Fall gewesen ist[12]. Angesichts dieser Tatsachen kann man sich des Eindrucks kaum erwehren, daß zwischen den verschiedenen, theoretisch so scharf voneinander abgegrenzten Rechtsfiguren eine weitere Grenzverwischung stattgefunden hat. In der Tat ist die klassische Zeit denn auch beinahe vorüber. Es ist ein Zeitalter mit einem anderen Blick auf die menschliche Arbeit und die gesellschaftlichen Verhältnisse im Anzuge, gewiß chaotischer und primitiver, aber dadurch auch weniger durch eine vorweggenommene und manchmal irreal anmutende Systematik der Rechtsformen belastet, von der die Arbeitsverhältnisse umschlossen wurden.

[11] Blümner in: Mommsen, S. 111.
[12] Waddington, S. 19.

1. Chlodwig, Mohammed und Karl der Große

Neben der römischen Lebensart waren auch die germanischen Auffassungen und Bräuche für die Entwicklung des nachantiken gesellschaftlichen Lebens des abendländischen Kulturkreises bedeutsam. Aus dem Kontakt und der Vermischung dieser unterschiedlichen Elemente ist die mittelalterliche westeuropäische Welt entstanden. Diese Feststellung ist als solche natürlich ein Gemeinplatz. Wir möchten wissen, wie sich das abgespielt hat. Die Konturen dieses Prozesses verlieren sich jedoch im Dunkel der Jahrhunderte. Zwar wissen wir, daß die römische Bürgerkultur, welche die klassische Tradition bewahrte, bereits christianisiert war, als die äußere Einheit des Reiches mit der Zerstückelung der germanischen Fürstentümer zerbrach. Und darüber hinaus auch, daß die Barbarenstämme zwar ihre eigenen Organisationsformen und Institutionen mitbrachten, sich aber schon bald dem Einfluß der höheren Kultur öffneten, mit der sie in Berührung kamen. Auch das löst unser Problem noch nicht, denn die Frage bleibt, welche Kulturelemente es denn gewesen sind, die die germanische Kultur in dem zerfallenden Weströmischen Reich entscheidend befruchtet haben. Wenn wir auf unserem Gebiet der Arbeitsverhältnisse eine Annahme wagen dürfen, dann möchten wir sagen, daß es weniger das alte Rechtssystem der Juristen als vielmehr die wirkliche Lage, besonders in Gallien, gewesen ist, wie diese sich mit unter dem Einfluß der sittlichen Auffassungen des jungen Christentums entwickelt hatte. Erst in einem viel späteren Stadium neigen die herrschenden Mächte dazu, sich der klaren Systematik des römischen Rechts zu bedienen.

Eine gewiß nicht minder spekulative Frage steht zur Diskussion, wenn man nach dem spezifisch germanischen Anteil in den frühmittelalterlichen Verhältnissen sucht. Im allgemeinen sind die Volksrechte interessante Quellen, aber für unser Thema fließen sie nicht allzu reichlich. Überdies bringt die Aufzeichnung der alten Weistümer schon bald eine Verbreitung und damit Beeinflussung des Rechts durch den König mit sich. Es ist vielleicht ratsam, auch – jedenfalls teilweise – bezüglich der Arbeitsverhältnisse anzunehmen, was Kurth von den Institutionen des Frankenreichs unter Chlodwig behauptet. Er sagt zwar zunächst, daß sie eigenständig waren, und das kann man sich von den Arbeitsverhältnissen nur sehr bedingt vorstellen, nämlich ausschließlich von jenem Teil, der in enger Beziehung zur königlichen Haushaltung stand, aber dann weiter – und dem läßt sich vorbehaltlos zustimmen –, daß man sie nicht germanisch oder römisch nennen kann und daß die Entwicklung sich ganz in Übereinstimmung mit den wirklichen Gegebenheiten vollzog[1]. In diesem Zusammenhang darf weiter an die Auffassung von Pirenne erinnert werden, nach welcher die Merowingerzeit noch voll und ganz von der römisch-gallischen Tradition beherrscht wird und das germanische Element in der Kultur erst unter Karl dem Großen bedeutsam wird[2].

Auch ohne dem Standpunkt Pirennes entscheidende Bedeutung zuzumessen, darf angenommen werden, daß sich durch ihn die Einblicke in den Übergang von der antiken Welt ins Mittelalter beachtlich erweitert haben. Für unseren Zweck können wir uns dem wenigstens insofern anschließen, als wir uns nicht allzusehr um ursprüngliche germanische Arbeitsverhältnisse zu kümmern brauchen, weil während der Gründung der germanischen Fürstentümer eigentlich nur die Ausläufer der römischen Tradition relevant waren. Die karolingische Arbeitsordnung ist also nicht als Neuschöpfung entstanden. Sie enthält noch immer spätrömische Elemente, und soweit sie deutlich andere Züge aufweist als die römischrechtlichen, hat sich diese Situation in der vorhergegangenen Periode entwickelt. Aber erst unter Karl dem Großen und seinen Nachfolgern wurde ein Punkt erreicht, von dem aus man rückblickend einen Vergleich mit den im vorigen Teil beschriebenen Arbeitsverhältnissen der römischen Zeit ziehen kann. Ebenso wie dort wollen wir also auch hier, ohne das Entwicklungselement ganz zu vernachlässigen, mehr einen Kulturtyp als eine Kulturepoche herausarbeiten.

Ehe wir uns unserem eigentlichen Thema zuwenden, erscheint es angebracht, in diesem ersten Kapitel einige Feststellungen allgemeinerer Art über die historische Entwicklung zu

[1] Godefroid Kurth, *Clovis*. Paris [2]1901, II, S. 228.

[2] Henri Pirenne, *Mahomet und Karl der Große*. Frankfurt a. M. 1963, S. frz. 258.

treffen, die zur karolingischen Ordnung geführt hat, und über das Zeitbild, von dem diese Periode beherrscht wird. Die Begrenzung, die wir uns dabei auferlegen müssen, führt dazu, dem germanischen Faktor in dem, was Dawson bildhaft als »the making of Europe«[3] bezeichnete, nur insoweit Aufmerksamkeit zu schenken, als ein direkter Zusammenhang mit dem Entstehen des Karolingerreiches nachweisbar ist. Die anderen germanischen Fürstentümer werden also übergangen. Manche Reiche wie die der Ost- und Westgoten sind zwar für kurze Zeit weit bedeutender gewesen als das fränkische, aus dem das Imperium Karls des Großen erwachsen ist. An Macht und Kultur ist der eigentliche Gründer, der Salier Chlodwig, nicht mit seinem Zeitgenossen Theoderich zu vergleichen. Aber Chlodwigs Eroberungen und sein Organisationstalent haben die gesellschaftliche Ordnung des Abendlandes nachhaltiger befruchtet. Darum steht sein Name zu Recht am Anfang dieses einleitenden Kapitels. Daß Karl der Große im Titel erscheint, bedarf wohl keiner Erklärung. Dazwischen steht – auf den ersten Blick ein wenig seltsam – der Name Mohammeds. Einigermaßen mit der Materie Vertraute wissen, daß damit ein Faktor von großer Bedeutung angesprochen ist. Pirenne hat eine interessante Diskussion über den Einfluß der mohammedanischen Welt auf die Struktur der abendländischen Gesellschaft – vor allem in wirtschaftlicher Beziehung – entfacht. Sie wurde von verschiedenen anderen Autoren aufgegriffen. Trotz aller Detailkritik an den ursprünglichen Auffassungen Pirennes hat es sich zweifellos bestätigt, daß die mohammedanische Macht ein externer Wirkungsfaktor war, bei dessen Ausklammerung die gesellschaftliche Situation des Abendlandes unter und nach Karl dem Großen sich nicht verstehen ließe.

Wir wollen nun nach diesen allgemeinen Bemerkungen dazu übergehen, einige konkretere Fakten aufzuzeigen. Das von Cäsar eroberte Gallien (59–50 v. Chr.), mit Leichtigkeit romanisiert, in weniger als einem Jahrhundert wohlhabend geworden[4] und seit dem 2. Jahrhundert allmählich christianisiert, ist unter den Gebieten, auf welchen eine neue abendländische Welt aus der Symbiose klassischer und germanischer Elemente entstehen wird, das wichtigste. Besonders der süd-

[3] Christopher Dawson, *Die Gestaltung des Abendlandes*. Köln [2]1950.

[4] E. Levasseur, *Histoire des classes ouvrières et de l'industrie en France avant 1789*. Paris 1900–01, I, S. 26.

östliche Teil, die heutige Provence mit der alten griechischen Kolonie Massilia, hatte Teil an der römischen Kultur. Aber auch tiefer im Landesinneren herrschte mehrere Jahrhunderte lang die Pax Romana, und Landwirtschaft und Gewerbe erblühten. Lyon und Trier waren dort die wichtigsten Handels- und Verwaltungszentren, und auch Reims und Köln, selbst wenn sie sich nicht mit den Städten des Midi messen konnten, waren nicht ohne Bedeutung[5]. Die Verschiebung des Schwerpunkts des Römischen Reiches nach Osten und die zunehmenden Angriffe der Barbaren haben der Blüte Galliens geschadet, aber das, was die Germanen bei der Eroberung im 5. Jahrhundert hier an Reichtum und Kultur vorfanden, war noch immer so, daß auch ihre Führer nicht umhin konnten, sich dem so schnell wie möglich anzupassen.

Die Ansiedlung von Germanen auf dem Grundgebiet des Römischen Reiches ist zunächst nicht katastrophal verlaufen. Während des 3. Jahrhunderts fanden Einfälle und Streifzüge statt, ohne daß dies zu wesentlichen Bevölkerungsverschiebungen geführt hätte. Eine gewaltsame Ansiedlung fränkischer Stämme hat vielleicht erstmals an der unteren Schelde im brabantischen Kempen gegen 300 und 350 stattgefunden. Sie werden in diesen Gebieten auf keine dichte eingesessene Bevölkerung gestoßen sein, so daß keine ernsten Schwierigkeiten entstehen konnten. Aus diesen Kernen wird sich später das große Frankenreich entwickelt haben. »Le berceau de la monarchie française est dans les plaines des Pays-Bas.«[6] Die Ansiedlung von Barbarenstämmen innerhalb der Grenzen des Reiches wurde vom Kaiser gebilligt oder notfalls rückwirkend anerkannt. Sie wurden dann als eine autonome Einheit inmitten anderer Bewohner des betreffenden Gebietes seßhaft. »Niemals haben ihnen die Kaiser eine Provinz des Reiches abgetreten; rechtlich gesehen galten die Barbaren als foederati, das heißt als Soldaten, die durch einen Vertrag, den der Kaiser freiwillig mit ihnen schloß, Erlaubnis bekommen hatten, mit Frau und Kindern innerhalb des Reichsgebietes zu wohnen. Die Bevölkerung muß in dieser Zeit jene Stämme denn auch einfach als Heere im kaiserlichen Dienst betrachtet haben. Die Bewohner, wenigstens die Großgrundbesitzer, waren verpflichtet, für die Beherbergung der Barbaren etwa ein Drittel ihrer Höfe, Ländereien, Weiden und Wälder ab-

[5] Kurth, I, S. 4–5.
[6] Kurth, I, S. 88.

zutreten. De jure lief die Maßnahme auf eine militärische Requirierung hinaus, die in den Augen der Römer zeitlich begrenzt war. Bis zum Ende des 5. Jahrhunderts trägt die Ansiedlung der Germanen innerhalb des Reiches also einen völlig legalen Charakter; nun aber tritt eine Veränderung ein, weil die Barbaren jetzt zur Gründung eigener Königreiche übergehen.«[7]

Nach dem großen Einfall der Vandalen und einiger anderer ebenso vandalisch hausender Völker im Jahr 406 hat Rom die nördlichen Provinzen Italiens praktisch aufgegeben.Nachdem der Völkerstrom verebbt war, sind hier, losgelöst von Rom, zu beiden Ufern des Rheins die Franken übriggeblieben. Mühelos bemächtigten sie sich Kölns und drangen dann ungehindert in das Römische Reich ein. Tournai, die Stadt, die im Lauf des 5. Jahrhunderts zum wichtigsten Sitz der Salier werden sollte, wurde erobert, Köln, wo ein Ripuarier saß, rückte allmählich an die zweite Stelle. Auch andere Zentren, Kammerich und das mysteriöse Dispargum, traten in den Schatten. Aus dem merowingischen Königsgeschlecht von Tournai stammt Chlodwig, der als Nachfolger (481) seines Vaters Childerich durch seine persönliche Machtpolitik die Grundlage für eine neue Einheit der abendländischen Welt legen sollte. So wenigstens hat sich der äußere Prozeß vollzogen. Der innere Prozeß ist der der Assimilation verschiedener Barbarenstämme an die spätrömische Kultur und Tradition. Diese höhere Kultur wurde im wesentlichen durch die Kirche repräsentiert und aufrechterhalten. Man darf sie als die geistige Macht ansprechen, die den jungen Frankenkönig Chlodwig inspirierte. »La gloire de celui-ci, c'est de s'être fait sans hésitation l'agent de la politique épiscopale.« Was die Politik der Zukunft war[8].

Ehe wir uns mit dieser Zukunft beschäftigen, werfen wir noch einen Blick zurück, um zu sehen, mit welchem gesellschaftlichen Ordnungsprinzip der romanisierte Westen konfrontiert wurde. Ursprünglich ruhte die gesellschaftliche Ordnung der Germanen auf der Sippe. Dieses Wort hat zweifache Bedeutung. Einerseits meint es bis zu einem gewissen Grad die Familie, sowohl die der Frau als die des Mannes. Andererseits, und das ist in diesem Zusammenhang wichtiger, bezeichnet Sippe aber die ganze Generationenfolge in männlicher Linie bis zurück zu einem bestimmten Stammvater. In

[7] F. Vercauteren, *De middeleeuwen (Wereldgeschiedenis II)*. Utrecht [2]o. J., S. 261.
[8] Kurth, II, S. 229.

diesem letzten Sinn ist die Sippe ein Element, ja der Kern der öffentlichen Rechtsordnung; alle ihre Mitglieder sind zur Blutrache verpflichtet und teilen sich bei einem gerichtlichen Verfahren in das Wergeld[9]. Diese Organisation bezeichnete man als Stammeskultur, beruhend auf dem Prinzip der Verwandtschaft. Aber da ist gleich eine Korrektur vorzunehmen, denn der gemeinsame Stammvater kann legendär sein, so daß die politische Einheit des Stammes oder Clans nicht notwendigerweise auf Blutsverwandtschaft zu beruhen braucht, »sie kann auch durch eine nur erfundene gemeinsame Abstammung beansprucht sein«[10].

Nordische Rechte kennen die Aufnahme Fremder in den Geschlechtsverband durch Eid und symbolische Blutsvermischung[11]. Im übrigen war auch die Vereinigung nicht miteinander verwandter Sippen in einer höheren militärischen und politischen Organisation nicht ausgeschlossen. Die Errichtung germanischer Königreiche innerhalb des römischen Territoriums muß aus einer solchen Verschmelzung entstanden sein, wobei jedoch die streitbaren Fürsten eine äußerst aktive Rolle gespielt haben. Die Stammeseinheit wurde immer fiktiver, je mehr sich die politische Organisation aus der privaten Hausmacht des Königs herausentwickelte.

Beim Zerfall des Weströmischen Reichs existierten überall kleinere barbarische Königreiche, die, da sie nicht auf dem territorialen Prinzip beruhten, in einem gewissen Gegensatz zur autochthonen Bevölkerung standen. Obgleich die Barbaren sich die höhere Kultur anzueignen versuchten, empfand man sie auch weiterhin als Eindringlinge und Gewalthaber. Die Machthaber selbst schwächen sich in ständigen gegenseitigen Familienzwisten. Dazu kommt noch, daß das Entstehen des Arianismus der politischen Zerrissenheit eine religiöse Grundlage gegeben hat. Anscheinend hat das Reich der Franken unter diesen ungünstigen Faktoren am wenigsten gelitten[12]. Ihre Könige sind nie arianisch geworden. Im nördlichen, noch wenig kultivierten Stammland der merowingischen Dynastie werden die inneren Spannungen wohl gering gewesen sein. Die Frankenkönige konnten sich leicht durch alle

[9] H. Brunner, *Grundzüge der deutschen Rechtsgeschichte*. Leipzig [2] 1903, S. 9–10; ders., *Deutsche Rechtsgeschichte*. Leipzig 1887, I, S. 81ff.

[10] Dawson, S. 79.

[11] Brunner, *Grundzüge*, S. 11; *Rechtsgeschichte*, I, S. 94.

[12] Vercauteren, S. 266.

Bewohner anerkennen lassen, so daß der Entwicklung eines territorialen Königreichs nichts im Weg stand. Als Chlodwig gegen Ende des 5. Jahrhunderts sein Gebiet drastisch zu erweitern begann, war nicht mehr von einer salisch-fränkischen Kolonisierung die Rede, so daß auch die anderen Bevölkerungsteile ihn ohne weiteres anerkannten oder sogar als einen Schutz und Sicherheit bietenden neuen Herrscher begrüßten[13]. So fiel ihm zunächst Römisch-Gallien in die Hand, ein Gebiet nördlich der Loire, das kaum oder nicht unter der Herrschaft von Syagrius stand und praktisch von Rom abgeschlossen war. Nach der Unterwerfung anderer fränkischer Fürsten drängte er sodann die Alemannen nach Osten zurück. Im burgundischen Reich, dem Stammland seiner Frau, stellte er die Ordnung wieder her, wodurch dieses in gewissem Sinne von ihm abhängig wurde. Es folgte die Eroberung Aquitaniens von der Loire bis zu den Pyrenäen, das er den Westgoten entriß. Theoderich, der König der Ostgoten, wußte aber zunächst noch zu verhindern, daß auch die von den Burgundern heiß begehrte Provence dem Reich einverleibt wurde.

Von allen Barbarenmächten im kontinentalen Westen haben sich auf die Dauer nur die Franken in ihrem staatlichen Rahmen behaupten können, wenn dieser auch lange Zeit noch schwach war. Sie sind die Erben des allerdings bankrotten Römischen Reichs geworden. Aus Verfall und Chaos konnte durch sie, gestützt auf die Kirche, so etwas wie eine gesellschaftliche Ordnung gerettet werden. Diese Unterstützung durch die Kirche drückt sich deutlich in dem Brief aus, den Remigius von Reims dem noch nicht getauften Chlodwig zu dessen Thronbesteigung schrieb. Das Dokument enthält Ratschläge, die sich mehr durch patriarchalische Weisheit als durch politische Originalität auszeichnen. Aber der Ton zeugt von so viel Verständnis für die Lage, daß ein Zusammengehen der kirchlichen Autorität mit dieser weltlichen Macht auf der Hand lag. Die hier entstehende Ordnung sollte zwar keine bürgerliche Ordnung werden, wie das Römische Reich sie gekannt hatte, doch auch keine bloße primitive Konstruktion von Stammesgemeinschaften, die die germanische Welt gekennzeichnet hatte. Eine militärisch-aristokratische Ordnung war im Entstehen, die die Völker und Rassen wie eine Kuppel von Recht und Frieden überspannte. Dieses hierarchische Element hat der Kultur der

[13] Kurth, I, S. 228; II, S. 108.

kommenden Jahrhunderte seinen Stempel aufgeprägt. Auch in der Arbeitsorganisation läßt sich das wahrnehmen. Auf niedrigerem Niveau aber läuft der Prozeß der Nivellierung parallel mit der Verschmelzung von Bevölkerungsteilen, was die Organisationsform der Arbeit in nicht geringem Maße beeinflußt hat.

Nach Chlodwig muß sich der Vereinigungsprozeß des Fränkischen Reiches immer wieder mit allem damit verbundenen Kriegselend vollziehen, und zwar infolge des Erbfolgerechts, welches das Reich als private Erbmasse behandelte. Unter den Merowingern bleibt die Situation denn auch labil, und während des 7. Jahrhunderts verstärkt sich der Einfluß des Adels und der Hausmeier. Berichten des Gregor von Tours zufolge wird der Reichstag von Großen des Reiches besucht, eine Einrichtung, die nicht aus der altgermanischen Volksversammlung hervorgeht, sondern aus dem privaten Kreis des Königs und seiner Getreuen[14]. Als im 8. Jahrhundert die Karolinger den Thron bestiegen, wuchs das Reich zwar an innerer und äußerer Kraft, gleichzeitig aber wandte es sich unter dem Druck der Verhältnisse immer entschiedener vom alten Weltmeer und damit vom internationalen Verkehr der Völker ab. Zunächst waren die während des 6. Jahrhunderts im Westen entstandenen germanischen Reiche in Nachfolge der antiken Kulturen durchaus auf das Mittelmeer orientiert geblieben. Insofern lassen sie also keinen Bruch mit dem Altertum erkennen. Unter Chlodwig reichte das Gebiet der Franken noch nicht so weit; erst um 530 wurde die Küste mit der Vertreibung der Ostgoten aus der Provence erreicht. Dieser Umstand muß dem direkten internationalen Handelsverkehr zugute gekommen sein. Doch sollte diese Orientierung auf das alte Weltmeer nicht von Dauer sein. Unter den Karolingern, als das Reich wirklich zum Kern des Abendlandes geworden ist, hat sich, wie Pirenne darlegt, die Achse der abendländischen Kultur zum ersten Mal nach Norden verlagert. Das Gebiet zwischen Seine und Rhein wurde ihr Zentrum[15].

Nach Pirennes Meinung spielt das Auftreten eines externen Machtfaktors, der das Abendland zurückgedrängt hat, unter den Ursachen dieses Prozesses eine wichtige Rolle. Zwar hatte sich der Schwerpunkt von Reichtum und Macht bereits im Römischen Reich nach Osten verlagert. Aber Gallien blieb

[14] Otto von Gierke, *Das deutsche Genossenschaftsrecht*. Graz ²1954, I, S. 114.
[15] Pirenne, *Mahomet*, S. frz. 116.

wohlhabend, auch noch unter den Merowingern, weil die alte Einheit des Mittelmeerbeckens aufrechterhalten werden konnte. Sobald aber im Osten neben Byzanz eine neue Macht aufstieg, eine Macht, die Feindseligkeit mit Imperialismus paarte, wurde diese Einheit zerbrochen und das Abendland so gut wie ganz auf seine kontinentalen Ausgangspunkte zurückgeworfen. Diese feindliche Macht war der Islam. Er erobert die östlichen, südlichen und westlichen Küsten des Mittelmeers. »Zwar gelingt es dem byzantinischen Reich, dank seiner Flotte die Muselmanen aus der Ägäis, der Adria und von den Südküsten Italiens abzuwehren, aber das Tyrrhenische Meer gerät voll und ganz unter die Macht der Mohammedaner, die es im Süden durch den Besitz Afrikas und Spaniens abschließen, während diese Macht noch durch die Flottenbasen verstärkt wird, die sie auf der Balearengruppe, Korsika, Sardinien und Sizilien errichtet haben.«[16] Vom Beginn des 8. Jahrhunderts an beherrschten die Sarazenen das Meer. Außer hin zu den byzantinischen Küsten ist für die christliche Welt kaum mehr Überseehandel möglich; »comme le dit Ibn-Khaldoun (avec la réserve qu'il faut faire pour Byzance): Les Chrétiens ne peuvent plus faire flotter une planche sur la mer.«[17]

Die Machtentfaltung der Mohammedaner hatte sich schnell vollzogen. Im Jahr 610 hatte Mohammed zu predigen begonnen. Nach seinem Tod im Jahre 632 begann unter Omar die kriegerische Ausbreitung der neuen Religion. Die Muselmanen überfielen Syrien, Ägypten, Persien, Tripolitanien. Durch die Vernichtung der Westgoten fällt 711 ganz Spanien bis zu den Pyrenäen in ihre Hand. Von dort aus wird Westeuropa bedroht. Die Legende hat lange Zeit die Erinnerung an die berühmte Schlacht in der Ebene von Poitiers lebendig erhalten, wo Karl Martell 732 die Mauren zurückgeschlagen hat. Die Bedeutung dieser Schlacht wurde nach heutiger wissenschaftlicher Auffassung aber überbewertet. Wenn auch zu Beginn des 8. Jahrhunderts die Grenze der dauernden maurischen Besiedlung gezogen war, so führten diese doch weiterhin Raubzüge nördlich der Pyrenäen durch. 846 wurde sogar die Engelsburg in Rom belagert. Unter dem wechselnden Kriegsglück verkümmerte die Blüte der Städte und des Landes der Provence. Daß das Reich Karls des Großen – die nördliche Hälfte Italiens mit großen Teilen Germaniens – zu einem typisch

[16] Henri Pirenne, *Histoire économique et sociale du Moyen-Age*. Paris 1963, S. 2.
[17] Pirenne, *Mahomet*, S. frz. 145.

kontinentalen Reich wurde, abgeschlossen vom Weltmeer und dadurch letztlich blockiert, sieht Pirenne als Folge der mohammedanischen Machtentfaltung.

Das wichtigste Kennzeichen dieser Veränderung besteht im Übergang von der Geldwirtschaft zur überwiegenden Naturalwirtschaft. Verschiedene Autoren, in erster Linie Dopsch, haben bezweifelt, daß die mohammedanische Macht diese Entwicklung so entscheidend beeinflußt hat. Einerseits hat man nach internen wirtschaftlichen Ursachen geforscht, andererseits läuft die Kritik auf eine veränderte historische Periodisierung hinaus. Was die wirtschaftlichen Ursachen betrifft, so waren diese natürlich durchaus vorhanden, und auch Pirenne sind sie nicht entgangen, aber wirtschaftliche Ursachen lassen sich meist nur schwer von Machtfaktoren trennen. Der Reichtum Roms beruhte größtenteils auf Macht. Als sich im 2. Jahrhundert das Machtzentrum nach Osten verlagerte, begann auch der Goldstrom dorthin zurückzufließen. Das, was man heute als ein starkes Ausfuhrpaket bezeichnen würde, besaß der Westen nicht. Daß der Handel mit dem Osten aufrechterhalten werden konnte, war dem Goldvorrat zuzuschreiben. Dieser war aber nicht unerschöpflich, und so mußte einmal der Zeitpunkt kommen, an dem es mit der Geldwirtschaft bergab ging. Es sei denn, das westliche Machtübergewicht hätte sich wiederhergestellt. Aber das ist nicht geschehen. Gegenüber dem Angriff der Mohammedaner im Süden und später dem der Normannen im Westen und Norden, hat sich das Fränkische Reich nur mühsam halten können. Bei aller Ordnung, die besonders Karl der Große seinem Reich zu geben wußte, ist gerade ihm die historische Rolle zugefallen, die Konsolidierung einer Entwicklung zu vollziehen, die den Westen für Jahrhunderte auf den zweiten oder dritten Rang des Welttheaters gedrängt hat.

Man kann darüber streiten, wann die entscheidende Wende eingetreten ist. Ältere Autoren sahen die merowingische und karolingische Periode noch als eine klare Einheit. Mit Fustel de Coulanges und Waitz hat Pirenne aber eine scharfe Trennung vollzogen. Die erstgenannte Zeitspanne wahrte mit der mittelmeerischen Einheit noch immer die antike Tradition. Das Wirtschaftsleben mußte Schocks überwinden, aber die Wohlfahrt war nicht zerstört. Es herrschte noch Goldüberfluß, und das erhielt den Auslandshandel aufrecht. Die merowingischen Könige waren reich, auch an beweglichem Besitz. Sie konnten die königlichen *trustis* – eine Leibwache und ein stehendes

Heer – unterhalten. Sie lebten nicht nur von ihren Landgütern. Alles deutet darauf hin, daß Steuern die Haupteinkommensquellen bildeten[18]. Seit dem 8. Jahrhundert wurde der Kontakt mit dem Osten sehr sporadisch. Bezeichnend dafür ist, daß Papyrus durch Pergament ersetzt wurde und Gewürze nicht mehr auf den Speisezetteln vorkamen. Seit Pippin und Karl dem Großen wurden praktisch keine Goldmünzen mehr geschlagen. Auch im Landesinneren verschwand – eine Anzahl Juden und Syrer ausgenommen – das Stimulans der Betriebsamkeit: der Berufshändler, der auch in der Merowingerzeit Anleihen vergab, Güter an Arme und Kirchen verschenkte und sich in einem Sarkophag begraben ließ[19]. Die Stadtbevölkerung schrumpfte, das Reich wurde allmählich ein typischer autarker Agrarstaat. Grundbesitz war fortan der einzige Reichtum, die Zirkulation unbeweglicher Güter auf ein Minimum beschränkt. Mit dem karolingischen Imperium begann auch das Germanentum seine Rolle zu spielen. Eine romano-germanische Kultur, die des Mittelalters, tritt an die Stelle der römischen Tradition[20].

Was verschiedene Historiker als Korrektur an Pirennes Auffassung über den Einfluß der mohammedanischen Eroberungen ins Feld geführt haben, hat zu einer Revision der Periodisierung geführt. Die wichtigste Zäsur in der sozialwirtschaftlichen Entwicklung des Abendlandes wurde wieder etwas später angesetzt, und zwar »ans Ende der karolingischen Periode zur Zeit der Invasion der Normannen und der Einfälle der Ungarn und Sarazenen«[21]. Und doch scheint die Kontroverse nur relativ zu sein. Daß der wirtschaftliche Rückgang bereits in römischer Zeit eingesetzt hatte, wurde von Pirenne nicht bestritten, ebensowenig, daß die Einfälle der Normannen mit zum »Inselcharakter« des Reiches beigetragen haben. Er verweist auf die Öffnungen der Kontinentalsperre: auf den einsetzenden, aber noch nicht voll entfalteten Handel, in Venedig seit dem 8. Jahrhundert, in den nördlichen Niederlanden seit der ersten Hälfte des 9. Jahrhunderts. Aus seiner Darstellung läßt sich ebenfalls ableiten, daß der Gipfelpunkt des autarken domanialen Systems erst nach Karl dem Großen erreicht wur-

[18] Ebd., S. frz. 171.
[19] Ebd., S. frz. 149–53.
[20] Ebd., S. frz. 211.
[21] B. H. Slicher van Bath, *De agrarische geschiedenis van West-Europa (500–1850)*. Utrecht 1960, S. 37.

de. Dennoch bleibt er bei der Behauptung, daß die Entwicklung in dieser Richtung bereits unter den Karolingern deutlich sichtbar ist. Der Handel an der Peripherie des Reiches hatte keine Chance, die Entwicklung zu bremsen oder zu verändern.

Mit dem Rückgang des Mittelmeerhandels nach 700 haben sich auch die alten Städte und ihre handwerkliche Betriebsamkeit zurückentwickelt. Sie hatten nur für die kirchliche Verwaltung Bedeutung, die ihre Einteilung von altersher auf der administrativen Einteilung des spätrömischen Reiches gegründet hatte. Die Bischöfe sind also in den Städten geblieben, aber die weltlichen Großen zogen nach und nach auf ihre Landgüter, das heißt, sie zogen von einem zum anderen, je nachdem wie der Verbrauch es vorschrieb. Die Verwaltung verlor also immer mehr ihren städtischen Charakter. »Dank der Kirche blieb etwas von dem städtischen Charakter des antiken Staates in der völlig agrarisch gewordenen Gesellschaft erhalten. Dem ist auch die Tatsache zu danken, daß die Städte nicht ganz vom Erdboden verschwanden in Erwartung des noch in weiter Ferne liegenden Zeitpunkts, an dem sie zur Wiege eines neuen Bürgertums werden sollten.«[22] Auf diese Weise war das Karolingerreich, das den Anspruch erhob, das alte Römische Reich im Westen fortzusetzen, in Wahrheit nicht mehr als dessen schwacher Abglanz. Von den Errungenschaften und Institutionen der römischen Kultur konnte es weder das Gesetz, noch die Legionen, noch den Senat sein eigen nennen, weder die Stadt, noch wirtschaftliche Lebendigkeit oder den gut ausgebauten Verwaltungsapparat des Magistrats[23]. Es blieb praktisch ein primitiver und schwach zusammenhaltender Staatsverband, der nach kurzer Blütezeit unter Karl dem Großen denn auch bald zerfallen sollte. Die Regierungs- und Verwaltungsmacht, die Verteidigung, das Recht, alle diese essentiellen Elemente gesellschaftlicher Ordnung gründeten sich auf persönliche Verhältnisse, die aus der Stammes- und Familienverwandtschaft abgeleitet wurden. Die Karolinger sind dem nur zeitweise entwachsen und konnten keine bleibende Verwaltungszentralisierung herstellen.

Auf Grund der Ordnung, die die Karolinger im Westen zu errichten wußten, und der von ihr begleiteten ansehnlichen Blüte, hat man diese Periode als eine »karolingische Renais-

[22] Henri Pirenne, *Histoire de l'Europe des invasions au XVIe siècle*. Paris [7] 1936, S. 61.
[23] Dawson, S. 271.

sance« bezeichnet. Der Ausdruck ruft gewisse Assoziationen hervor. Was könnte anderes zum Leben wiedererwacht sein als die klassische Kultur? Man darf sich darüber keine übertriebenen Vorstellungen machen. Zwar hat die Verschmelzung germanischer und romanischer Kulturelemente, auch außerhalb des alten Gallien, weitere Fortschritte erzielt. Hinsichtlich der Arbeitsverhältnisse läßt sich jedoch gewiß nicht von einer Renaissance sprechen. Die germanischen Fürstentümer hatten übrigens die Entwicklung des Arbeitsrechts nicht unterbrochen. Die Entwicklung, die bereits in spätrömischer Zeit eingesetzt hatte, lief einfach weiter. Sie beruhte eher auf sich verändernden wirtschaftlichen Umständen als auf ethnischen Faktoren. Beim Handwerk fällt sie am wenigsten auf, beim freien Beruf vielleicht mehr und am stärksten bei der abhängigen Arbeit. Die Form, die als die germanischste gilt, nämlich das Treueverhältnis bei höher bewerteter persönlicher Dienstleistung, zeigt verwandte Züge zum Beamtenverhältnis unter dem römischen Kaisertum. Die Karolingerzeit brachte sicherlich keine Umkehr im Sinne einer bewußten Restauration römischer Rechtsverhältnisse. Eine entscheidende Wende, aber genau in umgekehrter Richtung, läßt sich jedoch nach Karl dem Großen erkennen, als die zentrale Macht abnahm, das Lehnssystem aufkam und dem gesellschaftlich-wirtschaftlichen Leben der Stempel der Gleichförmigkeit agrarischer Hörigkeitsverhältnisse aufgeprägt wurde.

Die Jahreszahl 843 ist, wie alle Jahreszahlen, recht willkürlich zu nennen. Sie kann als Bestätigung des Zerfalles des Reiches von Karl dem Großen nach dessen Tod gelten. Im Vertrag von Verdun wurde das Reich in drei Teile getrennt, was noch keineswegs das Ende der Zersplitterung bedeutete. Nach diesem Teilungsprozeß läßt sich aber auch noch ein anderes Zerbröckeln der zentralen Verwaltungsmacht beobachten. Das Lehnssystem erhielt definitive Gültigkeit, wodurch die öffentliche Autorität in die Hände vieler weltlicher und geistlicher grundbesitzender Herren geriet. In den nun folgenden Jahrhunderten wird jeder, der nicht zum Adel oder zur Geistlichkeit gehört, Mühe haben, seine wirtschaftliche Selbständigkeit zu wahren, was selbstverständlich schwerwiegende Folgen für die Struktur der fortan geltenden arbeitsrechtlichen Verhältnisse hat.

2. Die statische Gesellschaft

Den demographischen Berechnungen von N. K. Bennett[1] zufolge war die Bevölkerungszahl Europas um das Jahr 600 etwa auf dem Stand des Jahres 400 v. Chr. angelangt. Im Lauf dieser tausend Jahre herrschte eine beträchtliche Fluktuation. 200 Jahre n. Chr. hat sich die Bevölkerung nahezu verdreifacht. Das bedeutet einen Höhepunkt, nach dem es in beschleunigtem Tempo wieder bergab ging. In der zweiten Hälfte des 6. Jahrhunderts haben schwere Epidemien gewütet. Das Anwachsen der Bevölkerungszahl nach dieser Zeit verlief so, daß der nächste Gipfelpunkt, der etwa um 1300 erreicht wurde, kaum höher lag als jener um das Jahr 200. Dieser neue Anfang ist eigentlich – abgesehen von einer zeitlich begrenzten Steigerung in der Karolingerzeit – erst nach 900 zu beobachten, so daß der Schluß erlaubt scheint, daß die Bevölkerungsbewegung in der spätrömischen Periode und im Frühmittelalter entschieden ungünstig ist. Sie bietet nicht das Bild einer Wachstumswirtschaft; im Gegenteil, die Entwicklung der Bevölkerung läßt auf eine Erstarrung des Wirtschaftslebens schließen. Tatsächlich steht uns die Wirtschaft und sogar die ganze Kultur dieser Epoche – abgesehen von der Anfangszeit, die noch vom Reichtum und der Blüte des Römischen Reichs zehrte – als ein straffes hieratisches System vor Augen, das trotz aller Lebensintensität keine Dynamik aufwies. Dynamik, Expansion darf man nach den Völkerwanderungen in der westeuropäischen Gesellschaft nicht mehr suchen. Sie wird zwar durch die Einfälle der Mohammedaner, Magyaren und Normannen herausgefordert. Aber diese Konfrontation hat nur Geschlossenheit und Abwehr zur Folge, die das statische Element in der gesellschaftlichen Struktur verstärkten. Die Statik des Frühmittelalters erscheint uns hinsichtlich ihrer Existenzquellen und Arbeitsorganisation als eine selbstverständliche, typisch agrarische Situation. Nach der römischen Städtekultur stellen wir uns die Merowinger- und Karolingerzeit als immer stärker durch feudale Burgen beherrscht vor, die aus dem Land aufragen. In gewissem Sinne ist es tatsächlich zweckmäßig, mit einer solch simplen Darstellung des Zeitbildes vorlieb zu nehmen. Sonst wird man nur zu leicht durch den Umstand ver-

[1] Zit. bei: B. H. Slicher van Bath, *De agrarische geschiedenis van West-Europa 500–1850*. Utrecht 1960, S. 86ff.

wirrt, daß auch während des römischen Weltreichs der weitaus größte Teil der abendländischen Bevölkerung von der Landwirtschaft lebte. Und auch viel später, ja bis zur Mitte des 19. Jahrhunderts, stellte die landwirtschaftliche Produktion in Westeuropa die Hauptexistenzquelle für mehr als die Hälfte der gesamten arbeitenden männlichen Bevölkerung dar[2]. Insofern ist es nichts Typisches, wenn man von irgendeiner Periode der Vergangenheit sagt, daß sie überwiegend agrarische Signatur besaß. Mit Ausnahme der Gegenwart haben die landwirtschaftlichen Existenzquellen während der ganzen Menschheitsgeschichte quantitativ an erster Stelle gestanden. Davon abgesehen gab es aber Perioden, in denen die Landwirtschaft die allgemeine Vorstellung und Lebensweise so sehr prägte, daß diesbezüglich speziell von einer agrarischen Periode gesprochen werden darf. Solch eine Zeit brach im Westen nach dem Zerfall des Weströmischen Reiches an.

Das Agrarsystem, das etwa von 500–1150 Geltung hatte, wurde von Slicher van Bath als ein System direkten agrarischen Verbrauchs definiert, womit er andeuten wollte, daß in ihm der Großteil der Bevölkerung Selbstversorger war, während diese Gruppe gleichzeitig Naturalien an die nichtagrarischen Bevölkerungsgruppen lieferte. Im Gegensatz dazu befriedigte nur noch ein ziemlich kleiner Teil der Bevölkerung in späterer Zeit seinen Bedarf autark, und außer den Nichtagrariern sind auch die meisten Agrarier – wenigstens teilweise – auf einen Marktverkehr angewiesen, wo Agrarprodukte angeboten werden, die teilweise aus landwirtschaftlichen Überschußgebieten stammen[3]. Es dürfte klar sein, daß gerade dieser Marktverkehr in jener späteren Zeit einen gesellschaftlichen Faktor bildet, der dann das Zeitbild überproportional zur Zahl der Berufshändler verändert. Die dem vorausgehende landwirtschaftliche Autarkie hat einen stark bewahrenden Charakter. Sie charakterisiert das, was wir hier die statische Gesellschaft nennen wollen.

Trotzdem knüpfen sich daran – wohl im Zusammenhang mit der langen Dauer dieser Epoche – noch immer Zweifel. Das praktische Fehlen eines landwirtschaftlichen Marktverkehrs kann zwar ein Hinweis sein, beweist es aber als solches auch, daß die Aktivitäten in der Landwirtschaft die gesellschaftlichen Verhältnisse total beherrschten? Es mag zwar stimmen, daß

[2] Ebd., S. 32.
[3] Ebd.

das Frankenreich vom Mittelmeer abgeschlossen wurde, bedeutet aber die damit zusammenhängende Verlagerung des Zentrums der abendländischen Welt nach Norden nicht zugleich eine Neuorientierung des Auslandshandels? Die Verbindungen mit Skandinavien und England blieben zunächst tatsächlich intakt. Als Handelsstädte nach Übersee sieht man Dorestad (Wijk bei Duurstede) und Quentavich an der Mündung der Canche (das spätere Etaples, südlich Calais) heranwachsen. Ausgrabungen haben bestätigt, daß Dorestad, eine ursprünglich fränkische Gründung als Gegengewicht zum alten Trajectum (Utrecht), im 8. und 9. Jahrhundert ziemliche Bedeutung hatte[4]. Aber im großen und ganzen ist der Handel, der sich hier abwickelte, als er in Marseille bereits ganz zum Erliegen gekommen war, doch nur ein Teilaspekt, der für das Karolingerreich nur relativen Wert besaß. Obendrein wurden sowohl Quentavich wie Dorestad schon vor Ende des 9. Jahrhunderts von den Normannen so verwüstet, daß sie sich davon nicht mehr erholen konnten[5].

Abgesehen von diesem ausschließlich nach Norden orientierten Seehandel gibt es während der sechs oder sieben Jahrhunderte, in denen das System des direkten agrarischen Verbrauchs herrschte, auch Perioden, in denen der Handel mit nichtagrarischen und nicht an Ort und Stelle angebauten Landwirtschaftsprodukten dennoch eine gewisse Bedeutung besaß. Und zwar namentlich zu Beginn, als die gallisch-romanische Situation noch eine Zeitlang weiterbestand, und dann auch am Ende, als bereits eine neue internationale Handelsbewegung im Entstehen war. Dazwischen liegen aber mindestens drei Jahrhunderte. In diesem Zeitraum kann man nicht erwarten, viel mehr als gelegentliche Reste eines städtischen Akzents im Wirtschaftsleben und in den Arbeitsverhältnissen anzutreffen. Klammern wir auch die kurze Blütezeit des nördlichen Handels aus, dann bleibt noch immer eine Periode von anderthalb Jahrhunderten – etwa von 900 bis 1050 –, die sich durch ein absolutes Übergewicht der agrarisch-gesellschaftlichen Struktur und Mentalität auszeichnet. Zwar blieben seit Mitte des 10. Jahrhunderts die Raubzüge von Sarazenen und Normannen aus, aber das änderte zunächst nichts am Gesamtbild des Abendlandes, wie dieses sich entwickelt hatte: ein landwirtschaftlicher, autarker, sehr statischer Gesellschaftstypus. Erst allmählich nahmen militäri-

[4] J. H. Holwerda, *Nederland's vroegste geschiedenis*. Amsterdam [2]1925, S. 260ff.
[5] Henri Pirenne, *Histoire de l'Europe des invasions au XVIe siècle*. Paris [7]1936, S. 64.

sche Stärke und wirtschaftliche Expansion wieder zu. Der erste Kreuzzug von 1096 bedeutet den endgültigen Rückzug der Sarazenen und damit den erneuerten Direktkontakt mit dem Osten[6].

Nicht nur die erwähnten 150 Jahre, sondern ein weiterer Zeitraum fällt unter den Begriff der statischen Gesellschaft, sobald man mehr auf die allgemeine Tendenz als auf bestimmte Einzeltatsachen achtet. Bereits unter Karl dem Großen hatte der Erstarrungsprozeß unaufhaltsam eingesetzt. Obwohl vielleicht hie und da durch die Periodisierung und die Schärfe der Formulierung überakzentuiert, haben die Studien von Pirenne das ausreichend – manchmal beinahe plastisch – dargelegt. »Vom 8. bis zum 11. Jahrhundert«, schreibt er, »ist Westeuropa völlig vom Überseehandel isoliert gewesen. Eine fast völlige Stagnation des Handels war die natürliche Folge; darüber hinaus auch, von einigen lokalen Industrien wie der Tuchweberei, die sich in Flandern noch hielt, einmal abgesehen, ein fast völliges Verschwinden des Gewerbes und das Aufhören der Geldzirkulation.«[7] Und an anderer Stelle schildert er die erstarrte Lage folgendermaßen: »Die ganze gesellschaftliche Existenz beruht auf dem Besitz oder dem Eigentum von Grund. Dadurch kann der Staat auch kein Verwaltungs- oder Militärsystem unterhalten, das nicht auf Grundbesitz basiert. Lehnsleute bilden den Kern des Heeres, Regierungsbeamte werden aus den Großgrundbesitzern gewählt. Unter diesen Umständen ist es denn auch nicht möglich, die Souveränität des Staatsoberhaupts zu sichern. Zwar wird sie pro forma noch aufrechterhalten, aber in Wahrheit verschwindet sie. Das Lehnssystem ist nichts anderes als die Zerstückelung der öffentlichen Gewalt in den Händen der Beamten, die, da sie einen Teil des Grundes besitzen, unabhängig geworden sind und die ihnen verliehenen Vollmachten als ihren erblichen Besitz betrachten. Im Lauf des 9. Jahrhunderts kehrt die Gesellschaft in Westeuropa zu einer Agrarkultur zurück; die Entstehung des Lehnssystems spiegelt diese Entwicklung im politischen Leben wider.«[8]

Die Nutzung des landwirtschaftlichen Grundes erfolgte, jedenfalls in den Kernländern des Karolingerreichs, meist im Großbetrieb. In nördlicheren Gegenden, in denen man auch

[6] Henri Pirenne, *Les villes du Moyen-Age. Essai d'histoire économique et social.* Brüssel 1927, S. 81.

[7] Pirenne, *Hist. de l'Europe*, S. 60.

[8] Henri Pirenne, *Histoire économique et sociale du Moyen-Age.* Paris 1963, S. 6.

nicht auf Latifundien aus der römischen Zeit stieß, gab es vermutlich noch selbständige Bauern in größerer Zahl. Aber die Tendenz der Zeit richtete sich unverkennbar auf eine Konzentration von Grundbesitz in Händen weltlicher Herren und von Klöstern. Zwei Kategorien von Grundbesitzern lassen sich unterscheiden: der »Gutsherr«, der Vollbesitzer eines Landgutes ist, und der »Grundherr«, dem das Land nicht als Eigentum gehört, sondern der gewisse Rechte daran besitzt. Der Grundherr, der das Land nur »zu Lehen« erhielt, verschaffte sich Einkünfte, indem er von den Bauern, die auf den Höfen saßen, Abgaben, hauptsächlich in natura, forderte und die »Domäne« mit Hilfe der umliegenden hörigen Bauern bewirtschaftete, die auf ihr Schwerarbeit verrichten mußten. »In der merowingischen und karolingischen Zeit überwogen die Dienste und also die Nutzung der Domäne.« Der Vorzug von Diensten vor Lieferungen »war nicht durch einen Mangel an Arbeitskräften verursacht. Diese Form der Nutzung herrschte gerade in den damals am dichtest besiedelten Gebieten vor. Der Grund lag vielmehr in der Unmöglichkeit, die Arbeitskräfte mit Geld zu bezahlen. Man kann hier einen Unterschied zur spätrömischen Zeit feststellen, als die Hörigen im Zusammenhang mit dem Bevölkerungsrückgang und dem daraus resultierenden Arbeitskräftemangel an den Grund gebunden wurden.«[9]

Über die Art, in der dieses landwirtschaftliche Produktionssystem entstanden ist, sind die Meinungen immer ziemlich geteilt gewesen. Die germanistische historische Rechtsschule nimmt an, daß das grundherrliche System aus einer sich erst später entwickelnden Ungleichheit entstanden ist. Ursprünglich seien die Germanen meist Freie gewesen, in Stämme unterteilt und diese wiederum in Hundertschaften *(centenae)*, mit Führern, die durch die Volksversammlung gewählt wurden. Als Krieger eroberten sie Land, das in eigene Bearbeitung genommen wurde. Die Organisation der Hundertschaft bildete nach der Ansiedlung weiterhin eine Einheit, den Gau. Aus dieser Gaueinteilung seien die Grafschaften entstanden. Die Gaue können sich wieder in Ortschaften gespalten und Töchterdörfer haben entstehen lassen[10]. Bezüglich des Grundbe-

[9] Slicher van Bath, *Agrar. gesch.*, S. 54–55.

[10] Die folgende Zusammenfassung ist hauptsächlich entnommen: Rud. Kötschke, *Bauer, Bauerngut und Bauernstand*. In: Handwörterbuch der Staatswiss. Jena [4]1923–29, II, S. 362ff.; Josef Kulischer, *Allgemeine Wirtschaftsgeschichte*, I. München 1928.

sitzes vertritt diese Lehre die These eines ursprünglichen Kommunismus: Der Grund gehörte der Gemeinschaft. Zwar wurde er zur Nutzung unter die Familienoberhäupter verteilt; jeder erhielt ein »Los«, das ihm vielleicht durch Losung zugeteilt wurde. Die Aufteilung wird nicht ganz gleich gewesen, sondern je nach Ansehen erfolgt sein. Das kann der Anfang des Grundbesitzes gewesen sein. Man glaubt, daß sich das Eigentumsrecht der Gemeinschaft darin ausdrückt, daß die Aufteilung jährlich neu vorgenommen wurde. Die Volksversammlung entschied alles, setzte zum Beispiel den Tag fest, an dem gesät werden sollte, gepflügt und so weiter. Das hat sich im holländischen Drente noch bis ins vorige Jahrhundert erhalten. Man glaubt außerdem, daß ein neues Stück Grund durch die Gemeinschaft in Nutzung genommen und verteilt wurde. Daraus kann – aber muß nicht bindend – der parzellierte Grundbesitz entstanden sein.

Die Wohnstatt mit dem Hof ist dieser Auffassung zufolge natürlich zuerst Privatbesitz geworden. Dem am nächsten lagen die Äcker, die nun für eine Entwicklung zu Privateigentum in Betracht kamen. Um sie herum lagen dann die Weiden, die Wälder und das Ödland, von wo man unter anderem Holz und Torf holte. Diese Grenzgebiete, die unverteiltes Niemandsland und von altersher in Gemeinschaftsnutzung geblieben waren, sollen zu den späteren Marken geworden sein. Deshalb wurde diese Auffassung auch als »markgenossenschaftliche Theorie« bezeichnet. Der Komplex an Rechten, die jemand besaß, wurde das Hofrecht genannt. Ein Gehöft bestand also aus: Haus und Hof im Eigentum; Nutzungsrecht an einer bestimmten Zahl von Äckern als Anbauland, Mitnutzung der Weiden und eventuell Mitnutzung von Ödland. Es war möglich, mehr als ein Hofrecht zu besitzen; zum Anbau mußte man dann natürlich über Leibeigene verfügen können. Darüber hinaus existierte auch das Rodungsrecht, das zur Urbarmachung von außerhalb des Anbaugebiets gelegenem Grund berechtigte. Das urbar gemachte Stück Grund wurde Eigentum, man erhielt es zur freien Verfügung. Das stellt einen großen Unterschied zum Hofrecht dar; der Besitzer durfte es nicht verkaufen und war auch nicht frei im Vererben.

Das Rodungsrecht verschwand, als seit der Merowingerherrschaft alles Ödland zu Königsland oder zu Krondomänen gemacht wurde. Die Inbesitznahme des Niemandslandes durch den König muß eigentlich eher als Proklamation eines Souveränitätsrechts aufgefaßt werden, wodurch eine gewisse Ordnung geschaffen werden konnte – und wodurch Steuern erhoben werden konnten –, weniger als Beanspruchung eines Eigentumsrechts. Später wurden diese Grundstücke durch die prätendierenden Herren wieder an die Gemeinschaft gegen Zins ausgegeben. Die Frankenkönige haben von altersher auch große Ländereien besessen. Sie mehrten diese durch Eroberungen und Konfiskation, aber nicht immer behielten sie sie in eigener Hand. Sie »schenkten« sie, im Gegenteil, häufig Klöstern und Laien, wodurch ein aristokratischer Stand kirchlicher und weltlicher Großgrundbesitzer entstanden ist, der oft auf Kosten der königlichen Macht an Ansehen und Einfluß zunahm. Auf der anderen Seite fanden auch Säkularisierungen statt.

Der von jeher bestehende Großgrundbesitz bildete den Ausgangspunkt der »grundherrschaftlichen« Theorie. Es war ein romanistischer Ausgangspunkt, den unter anderen der Franzose Fustel de Coulanges vertrat, nämlich die römische Villa, das spätantike Herrengut. Diese Theorie besagt, daß die freien Germanen ursprünglich überhaupt keine Landwirtschaft betrieben haben, sondern von Viehzucht lebten. Gerade die Besitzlosen, die also kein Vieh besaßen, wandten sich dem Ackerbau zu und wurden schon sehr früh unfrei, indem sie sich von den Viehbesitzern durch das Leihen von Viehkapital abhängig machten. Als die Landwirtschaft sich einigermaßen zu entwickeln begann, war sie also bereits unfrei. In diesem Zusammenhang darf an die Feststellung von Slicher van Bath erinnert werden, daß die Bauernfreiheit immer dort am größten war, »wo als Folge der Bodenfeuchtigkeit die Viehzucht am intensivsten ausgeübt wurde«[11]. Die grundherrschaftliche Theorie stellt sich weiter auf den Standpunkt, daß agrarischer Kommunismus niemals existiert hat, auch kein gemeinschaftliches Eigentum an Grund, den die Teilberechtigten zum Teil privat, zum Teil gemeinschaftlich genutzt haben sollten. Man hatte gar keine Vorstellung von Grundbesitz, und als später das Grundeigentum entstand, fiel es nicht den Landleuten zu, sondern den nicht landbauenden Herren.

Es wurden auch vermittelnde Theorien verkündet, zum Beispiel durch Hoops, der die freien Germanen nicht als Grundherren sehen wollte, wohl aber anerkannte, daß bereits

[11] B. H. Slicher van Bath, *Boerenvrijheid*. Groningen 1948, S. 20.

früh auch grundherrschaftliche Verhältnisse bestanden. Dopsch hat sowohl die einseitige markgenossenschaftliche wie die einseitige grundherrschaftliche Theorie abgelehnt. Er glaubt, daß die Germanen teilweise selbständige Landleute waren, teilweise auch Grundherren, die Unfreie für sich arbeiten ließen, und daß es daneben auch Mischformen gab, also selbst arbeitende Bauern, die zugleich auch Unfreie auf ihrem Land hielten. Es hat m. E. wenig Sinn, bezüglich der frühesten Zeit einen allzu profilierten Standpunkt zu beziehen. Wie Dopsch annimmt, werden die Verhältnisse auch damals schon ziemlich kompliziert gewesen sein; infolge fehlender zuverlässiger Quellen läßt sich der wahre Zustand auch nicht mehr genau rekonstruieren. Man darf sich vielleicht vorstellen, daß bei den Germanen zu Beginn unserer Zeitrechnung ein ziemliches Maß an Freiheit und Gleichheit bestanden haben wird. Wo sie aber mit einer höheren römischen oder romanisierten Kultur und Landbautechnik in Berührung kamen, werden sie sich meistens den dort bestehenden Organisationsverhältnissen angepaßt haben. Die spätere Situation in den zentraler gelegenen Gebieten entwickelte sich, wie gesagt, denn auch immer stärker in Richtung auf größere agrarische Komplexe, die ihren Zusammenhang aus bestimmten Rechten des Grundherren herleiteten. Dieses System bildete ein Knäuel feststehender Freiheiten und Bindungen, denen die Gesellschaft eine gewisse Stabilität verdankte, womit aber gleichzeitig ein unentrinnbarer statischer Charakter verbunden war.

Um diesen statischen Charakter recht zu erfassen, ist der Hinweis angebracht, daß die wirtschaftlichen Verhältnisse noch als wesentliches Element der Gesellschaftsordnung gesehen wurden. Der Eigentumstitel läßt sich ebensowenig wie das Arbeitsverhältnis losgelöst aus der Konzeption einer bestehenden und also gerechtfertigten sozialen Ordnung betrachten. Bezüglich der feudalen grundherrschaftlichen Rechte hat man auch von einem Obereigentumsrecht und von abgestuftem Grundeigentum gesprochen; die Engländer bezeichnen das als »dual ownership«, die Franzosen als »tréfond«. Weit mehr als ein privatrechtliches Eigentumsrecht scheint das feudale grundherrschaftliche Recht ein Souveränitätsrecht zu sein, ein öffentliches Recht, wie der Staat es ja heute ebenfalls besitzt. Doch das Mittelalter nahm noch keine scharfe Trennung zwischen privatem und öffentlichem Recht vor. Das öffentliche Recht einer Obrigkeit wurde ausgeübt, als handelte es sich um ein privates Recht der Person, die mit der obrigkeitlichen Autorität betraut war. Daher rührt eine gewisse Vermengung von öffentlicher und privater Befugtheit. Nach unserer heutigen Rechtsauffassung ergeben sich aus der Erfüllung der öffentlichen Aufgabe gewisse private Ansprüche. Man hat oft den Eindruck, daß früher genau umgekehrt verfahren wurde und die öffentliche Befugnis aus der privaten Verfügungsmacht abgeleitet wurde. Darum kommt es nicht darauf an, ob es sich um feudales oder um im vollen Eigentum besessenes allodiales Gut handelt. In beiden Fällen ist von einem grundherrschaftlichen System von öffentlicher Ordnung zu sprechen.

Wir fassen das grundherrschaftliche System hier also in der weiten Bedeutung des Wortes auf: als ein agrarisches Produktionssystem, das ein gewisses Maß von Bindung des Produzenten an einen Grundherrn, und zwar eine lebenslange Bindung voraussetzt. Die Autorität des Herrn ist der Institution der Hörigkeit inhärent. Das Autoritätsverhältnis ist zwar vermögensrechtlich begründet, im Eigentum oder der lehnsrechtlichen Beziehung, doch ist es im Wesen anders geartet. In Analogie zum »höheren« Besitzrecht des Herrn könnte man von einem Obrigkeitsverhältnis sprechen. Man kann das Problem auch vom Gesichtspunkt des *mundium* des Hausherrn über alle Einwohner betrachten. Auch dieses stellte ein Element der öffentlichen Ordnung dar. Wie wir noch sehen werden, war der Umstand, daß das Hörigkeitsverhältnis quasi öffentlich-rechtlichen Charakter besaß, für die Art der Arbeitsverhältnisse sehr bedeutsam. Das agrarische Arbeitssystem nach Karl dem Großen erstarrte, weil freiwillige Gelegenheitsvereinbarungen die gefestigte soziale Autoritätsordnung nur schwer durchbrechen können.

Auch wo kein herrschaftliches Grundrecht galt, gab es gewiß Souveränitätsrechte der Gemeinschaft der Bauern selbst, ganz gleich ob es sich um eine Dorfgemeinschaft oder eine Markgemeinschaft handelte. Insofern besitzt die »genossenschaftliche« Theorie, daß die Gemeinschaft sich gewisse Rechte »vorbehalten« hat, bestimmt einen wahren Kern. Dieser Vorbehalt ist aber nicht so zu verstehen, daß aller Grundbesitz ursprünglich einfach gemeinschaftlich gewesen wäre. Man braucht den Vorbehalt nicht unbedingt als Glied in einem historischen Prozeß zu sehen. Es ist schließlich die natürlichste Sache der Welt, daß die Gemeinschaft das Privateigentum beschränkt. Und diese Beschränkung, soweit sie durch Grundherren geschah, leitet man ja auch nicht von dem ursprünglichen Recht des Grundherren ab. Das *dominium eminens* des Staates, das höhere Recht des Souveräns über die Güter der einzelnen muß nicht historisch motiviert, sondern kann von der Notwendigkeit abgeleitet werden, daß das Gemeinwohl stets über dem privaten Interesse steht.

Wenn auch nicht überall in gleichem Maß existent[12], hat der grundherrschaftliche Landwirtschaftsbetrieb allmählich doch sicher den Kern der agrarischen Arbeitsorganisation gebildet, um so entschiedener, je mehr er sich in den zentraler gelegenen Gebieten des Karolingerreiches befand. Diese Einheiten wurden Höfe genannt, und man spricht denn auch von Hofsystem und Hofrecht, wenn man die wirtschaftlichen und juristischen Züge dieses Produktionssystems andeuten will. Einen Hof hat man sich nicht als eine territorial geschlossene Einheit vorzustellen, sondern als einen Verwaltungskomplex, etwa in der Art des heutigen Unternehmensbegriffes. Die Teile konnten oft weit auseinanderliegen, sogar über verschiedene Länder verstreut. Der Hof bestand also aus einer Anzahl Bauernhöfe, die der Herr in vollem Eigentum besaß, mit denen er belehnt oder die ihm übertragen worden waren, und die von einem zentralen Punkt aus verwaltet wurden. Den Mittelpunkt des Hofs bildete das eigentliche Herrengut, die Domäne. Dazu gehörten einige Gehöfte, wo, wie wir sahen, zur unmittelbaren Bedarfsdeckung des Herren oder, wenn sich später der Verwalter (Hofmeier) unabhängig machte, für die des Meiers gearbeitet wurde. Häufig war mit dem Herrengut ein Großlandwirtschaftsbetrieb verbunden, der als Vorbild für die Bauern dienen konnte. Solche Musterbetriebe wurden besonders von Karl dem Großen stark gefördert. Auch hörige Bauern, die übrigens einen selbständigen Kleinbetrieb führten, mußten darauf Dienst leisten. Zur Domäne gehörten außer dem Landwirtschafts- und Haushaltspersonal auch die Handwerker, die man brauchte. Es war aber keineswegs unmöglich, daß Handwerker, die als Hörige dem Herren untertan waren, genauso wie die meisten Bauern ihren Betrieb ganz oder teilweise auf eigene Rechnung betrieben.

Als Quelle für die agrarischen Verhältnisse in der Karolingerzeit wurde das ›Capitulare de Villis‹ hoch, vielleicht sogar einmal zu hoch eingeschätzt. Die älteren Autoren nehmen

[12] Slicher van Bath, *Agrar.gesch.*, S. 43, 48.

einhellig an, daß die Urkunde sich auf die Gesamtheit der karolingischen Königsgüter bezog und von Karl dem Großen ausgestellt wurde. Dopsch hat es als erster abgelehnt, ihr weitreichende Bedeutung zuzuschreiben. Nach seiner Meinung war nicht Karl der Große, sondern sein Sohn Ludwig, König von Aquitanien, der Verfasser der Verordnung, die dann ausschließlich für die Königsgüter in Aquitanien Geltung gehabt hätte. Vor allem dürfte sie dann nicht als repräsentativ für die fürstlichen Eigentümer und noch weniger für die weiteren agrarischen Zustände in den deutschen Landen angesehen werden[13]. Verschiedene Autoren haben diese Auffassung übernommen. Eine erneute textkritische Untersuchung hat dann aber wieder zu dem Schluß geführt, daß die Urkunde nicht einfach nur regionale Bedeutung gehabt haben kann. Sie darf aber nicht als ein zusammenhängendes Ganzes betrachtet werden, sondern scheint vielmehr ein Mosaikwerk zu sein[14]. Der Zusammensteller hatte möglicherweise aus der königlichen Kanzlei geschöpft und dabei auch Urkunden älteren Datums verwendet. Der Anlaß war sicher nicht wissenschaftlich, sondern lag in dem Bedürfnis nach Übersicht und Kontrolle. So ist eine Zusammenfassung früherer Vorschriften vor allem hinsichtlich dessen entstanden, was für die königliche Tafel alles angebaut und geliefert werden mußte, die in ihrer Gänze als neue Verordnung möglicherweise doch durch Karl den Großen vor 800 erlassen wurde[15].

Für unseren Zweck ist das ›Capitulare‹ sicher nicht sehr bedeutsam. Wenn es auch das Hofsystem im ganzen Frankenreich, das in großen Zügen auf die Situation der Landgüter in spätrömischer Zeit zurückgeht, charakterisieren mag, so sind die angeführten Fakten doch mehr technisch-landwirtschaftlicher als gesellschaftlich-organisatorischer Art. Dennoch sind wir imstande, uns von der Arbeitssituation und der Rechtslage der Arbeitenden ein gewisses Bild zu machen. Geradeso wie in der spätrömischen Zeit ist dieses Bild nicht sehr homogen.

Freie oder damit gleichzusetzende Personen hielten – jedenfalls in den Niederlanden – ursprünglich die meisten Höfe in Händen. Der unfreie Hof – *mansus fiscalis* – war der, welcher Teil einer königlichen Domäne gewesen war. Es wurden auch

[13] Alfons Dopsch, *Die Wirtschaftsentwicklung der Karolingerzeit vornehmlich in Deutschland*. Weimar 1921–22, I, S. 28ff.

[14] Wilhelm Elsner, *Zur Entstehung des capitulare de villis*. Kiel 1929, S. 8.

[15] Elsner, S. 88.

mansi geschaffen für Hörige, Sklaven und Leibeigene; theoretisch lebenslang in Nutzung gegeben, sind sie faktisch zweifellos erblich geworden. Im 9. Jahrhundert bestand kein notwendiger Zusammenhang mehr zwischen dem Status des Hofs und dem des Halters[16]. Unfreie bearbeiteten das Land auf dem Großbetrieb, waren aber auch als selbständige Bauern oder Knechte auf den Gehöften des Herrenguts anzutreffen. Auch verschiedene Zweige des handwerklichen Gewerbes konnten in Händen von Leibeigenen sein. Die unfreien Knechte, denen die persönliche Bedienung des Herrn oblag, gelangten bei großen Herren häufig zu hohem Ansehen; daraus haben sich die *ministeriales* entwickelt, die ihrerseits zu Herren wurden. Ihre faktische Unfreiheit verringerte sich, wurde mit der Zeit vergessen. Die persönliche Dienstbarkeit wurde zum Ehrenamt, die persönliche Verpflichtung zum persönlichen Recht.

Übrigens stiegen, wie gesagt, mit der Zeit auch die landbauenden Leibeigenen im Rang. Im System der Hörigkeit fand eine gewisse Nivellierung mit den Freien statt. Wenn auch die Rechtsgrundlage für ihre Leistungen noch verschieden sein mochte, so glich sich doch ihre wirtschaftliche Stellung innerhalb des Verbandes des Fronhofs mehr an, und damit wurde auch der Unterschied in rechtlicher Hinsicht mit der Zeit geringer. Das Besitzrecht auf die Person des Unfreien trat immer mehr zurück und wich einem Recht auf bestimmte Leistungen. Dopsch hat angenommen, daß diese nivellierenden Bewegungen schon längst vor der Karolingerzeit eingesetzt hatten. Tatsächlich kann man Symptome dafür bereits früh erkennen, wenn es auch fraglich bleibt, ob sie sehr verbreitet waren. Im 6. und 7. Jahrhundert begegnet man außer Leibeigenen oder *servi fisci* oder Fiskalen schon unfreien Hörigen, die als *fiscalini* oder auf den Klostergütern als *coloni* bezeichnet wurden. Sie scheinen sich nicht ausschließlich aus den Leibeigenen rekrutiert zu haben, sondern auch aus Freien, die sich unter die Schirmherrschaft eines Herren begeben, sich auf dessen Gut angesiedelt hatten oder mit ihren Besitzungen an den Herrn übergegangen waren[17]. Die spätrömische Zeit zeigt übrigens auch schon ähnliche Erscheinungen. Der damalige Kolone genoß keine persönliche Freiheit, er blieb gebunden an

[16] F. L. Ganshof, *Manorial organization in the Low Countries in the seventh, eighth and ninth centuries*. London 1949, S. 34, 46–47.

[17] H. Blink, *Geschiedenis van den boerenstand en den landbouw in Nederland*. Groningen 1902–04, I, S. 71.

den Grund, auf dem er arbeitete; aber in seine gesellschaftliche Stellung drang bereits ein Element persönlicher Rechte, das dem Sklaven unbekannt war. Viel profilierter zeigt sich diese Entwicklung in der Karolingerzeit[18]. Sie tendierte in Richtung auf ein agrarisches Arbeitssystem, das zwar keine völlige Gleichheit der Bedingungen kannte, in dem es aber für den einzelnen recht schwierig wurde, neue Möglichkeiten für die Anwendung seiner Arbeitskraft zu finden.

3. Die relative Freiheit

Die Germanen kannten Freiheit und Unfreiheit und auch den Unterschied zwischen einfachen Freien und Edlen. In den unfreien Arbeitsverhältnissen findet sich überdies ein Unterschied zwischen Knechten und Hörigen. Knechte waren Sklaven ohne Recht, vergleichbar mit Viehkapital; sie dienten als Haus- und Hofpersonal oder konnten auch wie Kolonen auf einem eigenen, von ihnen bearbeiteten Stück Grund leben. Hörige sind Halbfreie, die sich im Gegensatz zu Kriegsgefangenen freiwillig unterworfen haben oder als Sklaven »freigelassen« wurden[1]. Es gab also verschiedene Varianten, was aber nicht verhinderte, daß zunächst ebenso wie bei den Römern eine beträchtliche Kluft zwischen Freiheit und Unfreiheit bestanden hat. Mit ihren Kindern wurden Hörige und Knechte zur Hausgemeinschaft gerechnet. Das Familienoberhaupt übte für alle, die mit ihm zusammenlebten, die Rechte aus. Diese Funktion war jedoch nicht erblich: Die Germanen kannten kein Erstgeborenenrecht. Die Brüder waren alle gleich, und der Geschlechtsverband also eine freie Vereinigung: die erste »freie Genossenschaft«, sagt Gierke[2]. In diesem Sinne hatte der Sippenverband politische Bedeutung. Er war eine »Friedens- und Rechtsgemeinschaft«. Frieden und Recht darf man in diesem Zusammenhang nicht allzu rigoros auffassen. Noch weit ins Mittelalter hinein waren Geschlechterkriege mit Rache und Widerrache an der Tagesordnung. Die Familiengemeinschaft

[18] M. W. F. Treub, *Hoofdstukken uit de geschiedenis der staathuishoudkunde*. Haarlem [4]1919, S. 103.
[1] Heinrich Brunner, *Grundzüge der deutschen Rechtsgeschichte*. Leipzig [2]1903, S. 8.
[2] Otto von Gierke, *Das deutsche Genossenschaftsrecht*. Graz [2]1954, I, S. 16.

war wohl in wörtlichem Sinne Arbeitsgemeinschaft. Der Freie nahm in den einfachen agrarischen Verhältnissen aktiv an der Arbeit teil. Er tat es in Selbständigkeit; es war nicht Brauch, unter Brüdern zu dienen. Falls Formen der Zusammenarbeit unter Freien entstanden, so waren es »genossenschaftliche« Gesellschaftsverhältnisse. Der Lohndienstvertrag ist unvorstellbar, es sei denn für Halbfreie. Aber später, als größere Ungleichheit entstand, entwickelte sich aus der Hausgemeinschaft auch der »herrschaftliche« Typ: die Dienstleistung durch Freie, die allerdings ihren freien gesellschaftlichen Status nicht unbedingt aufzugeben brauchen[3].

Durch die Betonung, daß Begriffe wie »Treue« und »Ehre« bei den germanisch-rechtlichen Dienstverhältnissen eine zentrale Stellung einnehmen – und zwar im Gegensatz zur juristischen Gleichsetzung von Lohndienst mit Sklavenmiete im römischen Recht –, suggeriert die deutsch-rechtliche Schule, daß die Germanen von Haus aus eine höhere Bewertung der Arbeit gekannt hätten. Diese Vorstellung erscheint ziemlich anfechtbar. Erstens ist die primitive germanische Stammesgemeinschaft hinsichtlich höherer geistiger, von Freien verrichteter Arbeit und von selbständiger wirtschaftlicher Arbeit keineswegs mit der zivilisierten römischen Gesellschaft vergleichbar. Und zweitens hat der Germane die Arbeit soweit wie möglich durchaus auch Sklaven überlassen. Gierke räumt sogar ein, daß auch im deutschen Recht die Arbeit – gemeint ist wohl die Handarbeit – ursprünglich eine Sache Unfreier war[4]. Wie dem auch sei, die spätere Entstehung ganz anderer Dienstverhältnisse als der aus römischer Rechtskonzeption steht in keinem nachweisbaren Zusammenhang mit einer gänzlich abweichenden, ursprünglich germanischen Arbeitsethik.

Wenn sich in der europäischen Kulturwelt auf den Übergang vom Weströmischen zum Fränkischen Reich ein allgemeiner Anstieg der sittlichen Auffassungen hinsichtlich der Handarbeit feststellen ließ, so war das ein Prozeß, der einerseits bereits in der Entwicklung der spätantiken Kultur begründet war, andererseits nicht von der Rasse her, sondern durch eine Entwicklung des religiösen Bewußtseins entscheidend beeinflußt worden sein wird. Die wertvollsten Elemente in den sittlichen und rechtlichen Überzeugungen, die zugleich eine Erneuerung

[3] Gierke, *Genossenschaftsrecht* I, S. 91.

[4] Otto von Gierke, *Die Wurzeln des Dienstvertrages*. In: Festschrift für Heinrich Brunner. Leipzig-München 1914, S. 40.

bringen und sich als solche deutlich von der heidnischen Vorzeit absetzen, sind akzidentell germanisch, aber essentiell christlich. So hat das Christentum die mühselige Handarbeit als ein göttliches Gebot begriffen, als eine Strafe für den Sündenfall, aber auch als eine Buße, durch die der Mensch zur Teilhabe an der Erlösung erhoben werden kann. So konnte auch der Sklave dadurch zu menschlichem Maß unter dem Licht des übermenschlichen, göttlichen Mysteriums aufsteigen, daß der Sohn Gottes sich zur Annahme der Gestalt eines »Sklaven« erniedrigt hat.

In ihrer positiven Einstellung zur Arbeit haben die abendländischen Kirchenväter Ambrosius, Hieronymus und Augustinus bereits viel frühere Vorgänger gehabt[5]. Eine allgemeinere Verbreitung dieser frühchristlichen Auffassungen ist aber vor allem der Entwicklung des Klosterwesens zuzuschreiben. Besonders als um 630 die Regel des heiligen Benedikt im Frankenreich eingeführt wurde und sich dort sehr ausbreitete, brachte das faktisch ein völlig neues Element in die Auffassungen über den moralischen Wert der Arbeit. Diese Regel verpflichtete ja die Mönche neben der Kontemplation auch zur Verrichtung von Handarbeit und intellektueller Arbeit[6], so daß der Abstand zwischen »höherer« und »niederer« Arbeit geistig überwunden wurde. Zwar wurde diese Mönchsarbeit nicht um irdischen Lohn geleistet, und ebensowenig läßt sich die freiwillige Annahme der Klosterregel mit einem arbeitsrechtlichen Subordinationsverhältnis, wie dieses in der ökonomischen Gesellschaft besteht, vergleichen. Doch eine Infiltration dieser Gesellschaft mit dem neuen geistigen Arbeitsethos war offenkundig, wodurch – zwar erst mit der Zeit – sowohl die Ehrsamkeit der Handarbeit um des Lebensunterhaltes willen als auch die Menschenwürdigkeit des Unterordnungsverhältnisses in der täglichen Arbeit anerkannt werden konnte. Bereits in frühesten Zeiten hat das Christentum die Ehre der Arbeit gepredigt. Im Hochmittelalter wird Thomas von Aquin darauf weiterbauen, wenn ihm jede Arbeit als sittlich gute Tat erscheint und er die Berufsarbeit als ein *officium* auffaßt, als eine Tätigkeit im Dienst des Allerhöchsten[7]. Endemann, der viel

[5] Arthur T. Geoghegan, *The attitude towards labor in early christianity and ancient culture*. Washington 1945, S. 194.

[6] F. Vercauteren, *De middeleeuwen (Wereldgeschiedenis II)*. Utrecht [2]o. J., S. 287.

[7] Johannes Haessle, *Das Arbeitsethos der Kirche nach Thomas von Aquin und Leo XIII*. Freiburg i. Br. 1923, S. 33.

Nachdruck auf die formaljuristische Anerkennung der Rechtsinstitution der Sklaverei legt[8], gibt auch zu, daß die christliche Lehre, als sie das ökonomische Leben zu bestimmen begann, das römische Recht überwand, indem sie behauptete, die Arbeit sei immer ihren Lohn wert und erniedrige die Persönlichkeit des freien Mannes niemals[9].

Diese Vorstellungen können auch bei den christianisierten Germanen Eingang gefunden haben. Es ist jedenfalls denkbar, daß diese sie mehr ansprachen als die Auffassungen, es gebe einen essentiellen Unterschied zwischen würdiger und unwürdiger Arbeit, eine Auffassung, die weniger eine primitive als eine überzivilisierte Gesellschaft charakterisiert. Das soll natürlich keineswegs heißen, daß daraus in der Praxis bereits alle Konsequenzen gezogen wurden. Nur soweit die gesellschaftlichen Umstände dazu Anlaß boten, wird sich die Ideologie realisiert haben. Jedenfalls war es ein sehr allmählicher Prozeß, der die Sklaverei erleichterte und zurückdrängte, die menschliche Freiheit also in relativem Sinne steigen ließ. In relativem Sinne, ganz gewiß, denn gleichzeitig mit der Entwicklung des ursprünglich Unfreien, wuchs die Gebundenheit des einfachen Freien in der nun entstehenden feudalen Gesellschaft. Es zeichnete sich eine Entwicklung ab, in der der Mensch nicht von vornherein »frei« war, in der er vielmehr ein relatives Maß von Freiheit genoß. Dieses Maß konnte für verschiedene Personen sehr unterschiedlich sein. Aber gleichzeitig war man in zunehmendem Maße im allgemeinen einem Herrn hörig.

Wir wollen zunächst einmal sehen, was in den *leges barbarorum* alles über Freiheit und Unfreiheit festgelegt ist. Wir müssen vorweg bemerken, daß es oft schwierig ist, genau herauszufinden, auf welche Zeit sich ein bestimmter Text bezieht. Die ›Lex Salica‹ etwa wird als eine von klösterlicher Seite erfolgte Aufzeichnung von Gewohnheitsrecht betrachtet, die zum Teil noch aus der Zeit Chlodwigs vor dessen Taufe (694) datiert. Die ältesten erhaltenen Handschriften stammen aber aus dem 8. Jahrhundert, und in der Zwischenzeit wird man zweifellos Veränderungen vorgenommen haben. Das ursprüngliche Recht setzt sich aus Weistümern der Volksrechtsprechung zusammen, aber über die *Capitulari* gelangte Königsrecht dazu. Die

[8] W. Endemann, *Die Behandlung der Arbeit im Privatrecht*. Jena 1896, S. 27.
[9] Endemann, S. 32.

›Lex Visigothorum‹ enthält Volksrecht aus der Zeit um 475; daneben ist die auch in Burgund und der Provence übernommene ›Lex Romana Visi-Gothorum‹ vermutlich unter Alarich II. 506 verfaßt worden. Das wichtige angelsächsische Gesetz von Alfred dem Großen (871–901) hat keinen volksrechtlichen Charakter, aber geht es deswegen in keinem Punkt auf ältere Quellen zurück?

Die ›Lex Salica‹ behandelt in Titel 10 Diebstahl von *servi* und widerrechtliche Tötung, Verkauf oder Freilassung des *servus* eines anderen. Bei Verbrechen gegenüber dem *servus* scheint weniger das diesem zugefügte Leid als vielmehr der Schaden zu zählen, den der Herr dadurch erleidet. Ihm ist der Täter Rechenschaft schuldig, und der Knecht wird also durchaus nicht als Persönlichkeit betrachtet, sondern als Teil der Haushaltung des Herren, ja mehr noch als ein in Geldwert auszudrückender Teil. Das bedeutet andererseits wiederum nicht, daß das menschliche Verständnis für Untergeordnete nicht schon zugenommen hätte. Das Strafrecht war zwar, was sie betrifft, nicht eben sanftmütig. Geißelung ist hier an der Tagesordnung. Die Schläge – selbst für eine *ancilla* – variieren zwischen 120 und 240. Man sollte dabei aber bedenken, daß das alte Strafrecht auf Abschreckung beruhte. Die Lex bestimmt weiterhin ausdrücklich, daß der Herr die Geißelung seines Untergebenen abkaufen kann, was Hermesdorf als Mitleid interpretiert, weil das Gesetz offensichtlich von der Annahme ausgeht, daß der Herr nur unter bestimmten Umständen von dieser Möglichkeit Gebrauch machen wird[10].

An zahlreichen anderen Stellen der ›Lex Salica‹ werden die *servi* erwähnt, und zwar so, daß sich daraus ableiten läßt, daß tatsächlich von Sklaverei – wenn auch in gemilderter Form im Vergleich zum Altertum – die Rede ist. So wird in einem späteren Capitularium als offensichtlicher Rechtsbrauch festgestellt, daß der Freie, der sich mit einer *ancilla* einläßt, selbst zum Knecht wird[11]. Es gibt natürlich auch Bestimmungen über Freilassung[12] und über die Haftung des Herrn für strafbare Handlungen seiner Knechte[13]. Dagegen vernehmen wir nichts darüber, was auf ein zweiseitiges Rechtsverhältnis zwischen dem

[10] B. H. D. Hermesdorf, *De volksaard der Salische Franken uit eigen rechtsoptekening benaderd*. Eindhoven 1951, S. 36–37.

[11] *Lex Salica*, Capitularium IX, c. 3, hrsg. v. Geffken, S. 87–88.

[12] *Lex Salica*, titel XXVI, hrsg. v. Geffken, S. 23–24.

[13] *Lex Salica*, titel XL, hrsg. v. Geffken, S. 38–40.

Herrn und seinen einfachen Dienstleuten hinausliefe. Das Verhältnis war offensichtlich ein einseitiges Autoritätsverhältnis, wobei das Wohlergehen des Untergebenen keine Rechtsgrundlage besaß, sondern ausschließlich von den moralischen Auffassungen des Herrn abhing. Das macht deutlich, daß die Bestimmungen aus einer älteren Zeit stammen. Auch bei anderen Gesetzen ist das in der Regel so. Selbst wenn in späteren Gesetzen der Verkauf von Knechten außer Landes verboten wird, kann man sich die Frage stellen, ob das aus humanitären oder handelspolitischen Gesichtspunkten geschah[14]. Ein solches Verbot, ausgenommen im Falle der Schenkung, galt schließlich auch für Pferde[15].

Der hochgestimmte Prolog des angelsächsischen Gesetzes Alfreds I.[16] ist durchtränkt von alttestamentarischen sittlichen Normen. Die Todesstrafe wird hier für Abgötterei gefordert, und man liest dort die Ermahnung, Fremdlinge nicht zu unterdrücken, »weil du selbst Fremdling warst in Ägypten«. So wird hier auch in Nachfolge des biblischen Gesetzes bestimmt, daß ein christlicher Sklave nach sechs Jahren Dienstbarkeit freigelassen werden muß. Es erscheint aber höchst zweifelhaft, ob diese Norm sich im wirklichen Leben auch hat durchsetzen können. Aus allen anderen *leges* gewinnt man den nachhaltigen Eindruck, daß, wer unfrei war, es in der Regel auch bleibt. Bis auf eine einzige Ausnahme – wie im Falle des zweimal ins Ausland verkauften und doch wieder zurückgekehrten Knechtes, der dadurch automatisch frei wird[17] – ist die Freilassung vom Willen des Herrn abhängig. Etwas anderes ist es, wenn es sich, wie ein langobardisches Gesetz es ausdrückt, um einen freien Mann »handelt, der in den Dienst der Haushaltung des Königs oder seiner Getreuen getreten ist«[18]. So jemand ist nämlich zwar dienstbar geworden, aber er kann nicht gegen seinen Willen in Dienstbarkeit gehalten werden.

Dem freien Status wird offensichtlich prinzipiell großer Wert beigemessen. Dennoch stellt sich hier die Frage, ob die Theorie der Praxis immer entsprach.

[14] J. Grimm, *Deutsche Rechtsalterthümer*. Göttingen 1828, S. 609.

[15] *Aethelstan* I, 18, in: F. Liebermann, *Die Gesetze der Angelsachsen*, I. Halle 1903, S. 159.

[16] Liebermann, S. 25ff.

[17] Jacob Grimm, S. 609.

[18] *Ratchis*, 11, VII: »si enim quiscumque liber homo in servitio de gasindio regio, aut eius fidelis introierit«. In: F. Bluhme, *Edictus Ceteraeque Langobardorum Leges*. Hannover 1869, S. 158–59.

Ein anderes langobardisches Gesetz[19] bringt eine Gegenüberstellung verschiedener Fälle: »Wenn sich ein Mann zum eigenen Wohl einem Richter oder einer anderen Person dienstbar macht, und er hat diesem, seinen Söhnen oder seinen Enkeln eifrig gedient, und jemand will ihn danach auf Grund der Tatsache in Dienst halten, daß er ihm oder seinen Eltern dreißig Jahre lang gedient hat, obwohl klar zu erkennen ist, daß die Vorfahren der betreffenden Person alle frei waren, dann kann er ihn auf Grund dieses Besitzes nicht halten, denn es ist unmöglich und gegen göttliches Gebot, jemanden, der freiwillig in Dienstbarkeit gegangen ist, einzig auf Grund der faktischen Verfügungsgewalt in Dienstbarkeit zu halten, während seine Vorfahren alle frei waren.« Demgegenüber muß derjenige, der »auf Grund von Diebstahl oder eines anderen Vergehens« in Dienstbarkeit geraten ist, in Dienstbarkeit bleiben. Aber gesetzt den Fall, jemand, dessen Eltern auch dienstbar waren, fordert für sich die Freiheit: Wie wird er seine Forderung begründen können? Er wird, so sagt das Gesetz, eine Akte der Freilassung besitzen oder durch eine Erklärung freier Menschen oder gesetzmäßig erworbenen Besitz seine Freiheit nachweisen müssen.

Die ›Lex Frisionum‹ behandelt ebenfalls die prozessuale Frage: Freiheit oder Unfreiheit[20]. Ob es sich nun um einen Menschen handelt, der »aus eigenem Willen oder vielleicht notgedrungen sich persönlich in Dienstbarkeit zu einem Edlen begibt, einem freien Mann oder sogar einem Hörigen« oder um einen erblich Dienstbaren, in beiden Fällen wird der Betreffende als *litus* bezeichnet. Ein Text nimmt den Fall an, daß Zweifel besteht, ob jemand sich in Dienstbarkeit begeben habe. Streitet er es ab, so kann er sich mit Hilfe von Eidgenossen freischwören. Schwört er nicht, dann kann derjenige, der vorgab, ihn in Besitz zu haben, mit Hilfe seiner Eidgenossen ihn sich hörig machen, »und er wird ihn wie die übrigen Hörigen besitzen«[21].

Ein zweiter Text handelt von dem Freigelassenen, dessen Freilassung hinterher vom Herrn bestritten wird. Hier ist der Herr prozessual im Vorteil, denn sein Wort, durch Eidgenossen bekräftigt, hat primären Wert, und erst wenn der Kläger nicht

[19] *Ahistulf*, 22, XIII, in: Bluhme, S. 170.

[20] *Frision*, XI, I und II, in: B. J. Lintelo de Geer, *De Lex Frisionum*. Uitgegeven en toegelicht door Karl Freiherr von Richthofen. Leeuwarden 1866, S. 12–13.

[21] »et habeat illum sicut ceteros litos suos«.

schwören will, kann der Freigelassene sich mit Hilfe seiner Eideshelfer freischwören. Es ist übrigens auch möglich, den Prozeß ohne Eideshelfer abzuwickeln. In diesem Fall schwört nur die eine Partei, die andere bestreitet, und der gerichtliche Zweikampf gibt dann den Ausschlag.

Aus diesen prozessualen Regeln geht hervor, daß man einen Unterschied in der Rechtsposition zwischen ursprünglich Freien und ursprünglich Dienstbaren macht. Aber der Unterschied ist relativer Art. Auch der ursprünglich Dienstbare, dessen Freiheit von dem früheren Herren bestritten wird, kann rechtlich gegen ihn auftreten und sogar die Waffen gegen ihn erheben. Obwohl seine Freiheit, rechtlich gesehen, noch nicht feststeht, wird er also vom Recht als eine Person behandelt. Es ist übrigens denkbar, daß die Bedeutung des Unterschieds zwischen erblicher und freiwilliger Dienstbarkeit mit der Zeit abgenommen hat. Faktisch haben die Umstände, unter denen man lebt, für den persönlichen Status Gewicht. Wenn man als Freier stets im Kreise Unfreier verkehrt und keinen Umgang mit seinesgleichen hat, so wird man auf die Dauer als Unfreier betrachtet. Für diese Wahrheit gab es einen bildhaften Ausspruch: »Die Luft macht eigen.«[22] Nach dem Aufstieg der Städte bekam dieser Ausspruch ein Gegenstück in dem Spruch: »Stadtluft macht frei.« Beide zeigen, wie das Recht aus dem wirklichen Leben erwächst: Der Mann, der in freiwillige Dienstbarkeit ging, wird nach einer gewissen Zeit kaum mehr von den erblich Dienstbaren zu unterscheiden gewesen sein und seine Nachkommen schon gar nicht mehr. Dem stand aber gegenüber, daß der Hörige zum Besitz einer relativen Freiheit aufstieg.

Hörigkeit war schließlich die fast allgemeine Situation der Arbeitskräfte in dem agrarisch gefärbten Produktionssystem. Das gilt sowohl für die Handwerker wie für die Bauern. Von Belgien berichtet Pirenne, daß dort seit Anfang des 10. Jahrhunderts nirgends mehr freie Bauern existieren konnten außer in dem sumpfigen flämischen Küstenstreifen, den Heidegebieten der Kempen und den Bergsümpfen der Ardennen. Überall sonst außer in diesen wenig fruchtbaren und schwer zugänglichen Gebieten waren die *pauperes liberi homines* einem weltlichen oder geistigen Herrn hörig geworden[23]. Damit ist nicht gesagt, daß zwischen all diesen Hörigen auch ein großes

[22] Grimm, S. 327.

[23] H. Pirenne, *Histoire de Belgique*, Brüssel 1929, I. S. 143.

Maß an Gleichheit der Bedingungen bestand. Im Gegenteil, die Rechtslage war an verschiedenen Orten und für verschiedene Personen unterschiedlich. Aber die stärksten Unterschiede haben sich mit der Zeit doch verwischt. Nicht nur ist die ursprünglich »echte« Sklaverei rückläufig. In der Periode, die der fränkischen Kolonisierung folgte, verschwand auch allmählich der völlig freie und selbständige Bauer.

Nach der »freibäuerlichen« Theorie ist das ein katastrophaler Bruch in der Geschichte. Die »grundherrschaftliche« Theorie, die sich von spätrömischen Zuständen inspirieren ließ, hat darin eher eine normale Entwicklung gesehen. Sie haben wohl beide teilweise recht, die erste für die germanischen Randgebiete, die zweite für die bereits früher in den Kulturkreis aufgenommenen Kernländer des Frankenreichs. Von welchem Gesichtspunkt man auch immer ausgeht, die Resultate weichen nicht allzu weit voneinander ab. Die frühmittelalterliche Gesellschaft entwickelte ein sowohl im politischen wie im Wirtschaftsleben angewandtes Herrschaftssystem, das für die Massen eine Mischform von persönlicher Freiheit und situationsbedingter Gebundenheit bedeutete. Es liegt vermutlich weniger an diesem früheren System als an unserem heutigen differenzierten Freiheitsgefühl, daß uns im allgemeinen mehr dessen Gebundenheit als dessen Freiheit ins Auge springt. Wie dem auch sei, es war ein wesentlicher Bestandteil der feudalen Autoritätskonzeption, wie diese mittels dessen, was man in der Regel als »Lehnssystem« bezeichnet, jahrhundertelang gesellschaftliche Gestalt gewonnen hat.

Das Lehnssystem: Indem wir dieses Phänomen erwähnen, sprechen wir ein großes Wort gelassen aus. Was darüber geschrieben wurde, könnte eine Bibliothek füllen. Wir müssen uns hier mit einer einzigen summarischen Bemerkung begnügen. Das Lehnssystem ist nach gängiger Vorstellung der Dinge aus einer Verschmelzung zweier Elemente entstanden: der Vasallität und dem Benefizwesen. Eine Form von Vasallität war bereits in der spätrömischen Zeit bekannt. Es war ein freiwillig eingegangenes Verhältnis von Herr und Knecht, wobei letzterer sich zu Dienst und Gehorsam verpflichtete, während der Herr Lebensunterhalt und Schutz garantierte. Bei den germanischen Stämmen war ursprünglich die militärische »Gefolgschaft« bekannt, wobei Führer und Gefolgsmann im Prinzip Gleiche waren, die einander Treue schworen. In der späteren fränkischen Vasallität findet sich dieses Gleichheitselement unter anderem noch in der Verpflichtung, dem Herrn nicht mehr zu dienen, sondern ihm mit Rat und Tat beizustehen. Nachdem die Stämme fest angesiedelt waren und die Ungleichheit zunahm, hat aber eine gewisse Unterordnung das Übergewicht erlangt. Man sah nichts Unehrenhaftes darin, sich einem Reichen und Mächtigen für längere Zeit durch Dienst zu verbinden. Im Gegenteil, gerade durch solch einen Dienst konnte man auch selbst Ehre und Ansehen erlangen. Und bald erlangte man dadurch auch Besitz, denn vermutlich im 6. Jahrhundert hat sich der Brauch entwickelt, Dienste dadurch zu belohnen, daß man ein Landgut zu Lehen gab, dessen Ertrag dann zugleich dazu diente, es dem Vasallen finanziell zu ermöglichen, seine Dienste auch weiterhin zur Verfügung zu stellen. Das Benefizialwesen wurde dadurch möglich, daß die fiskalischen Güter in den früheren römischen Provinzen von den germanischen Fürsten übernommen worden waren. Es wurde notwendig, als die Verpflichtungen des einfachen freien Mannes in der Volksversammlung, bei Gericht und Heer zu drückend wurden. Im Krieg begann die mobile schwerbewaffnete Reitertruppe das frühere Volksheer zu ersetzen. Um die Kosten für Pferd, Rüstung und Geleit zu bestreiten, erhielt der berittene Krieger ein Landgut zu Lehen, das heißt in Nießbrauch[24]. Aber nicht Güter, auch Ämter und Rechte wie Zinsen, später sogar Hoheitsrechte wie Gerichtsherrlichkeit, an die sich wesentliche Einkünfte knüpften, wurden denen zu Lehen gegeben, deren persönliche Treue und Lehensdienste man sich sichern wollte. Wenn sie auch unabhängig voneinander denkbar sind, so verbanden sich doch die Gerichtsherrlichkeiten in den meisten Fällen mit Grundherrlichkeit. In der Merowinger- und Karolingerzeit ist das Lehnswesen gewiß »eine Folge der Naturalwirtschaft. Der Herr war nicht imstande, seine Gefolgsleute und Beamten mit Geld zu entlohnen, er mußte das in Land oder in den Erträgen des Landes vornehmen«.[25] Lehnsleute können ihr Lehen ihrerseits wieder in Unterlehen geben. So entsteht ein Netz von Rechtsverhältnissen, das letztlich auf der Verfügung über den Grund beruhte, und diese Verfügungsgewalt verlieh auch öffentliche Autorität.

Das Lehnssystem war nicht überall gleich stark verbreitet,

[24] RUD. KÖTSCHKE, *Bauer, Bauerngut und Bauernstand.* In: Handwörterbuch der Staatswissenschaft. Jena [4]1923–29, II, S. 366.

[25] B. H. SLICHER VAN BATH, *De agrarische geschiedenis van West-Europa, 500–1850.* Utrecht 1960, S. 41.

aber in den wichtigsten Gebieten des damaligen Europa läßt sich seine Bedeutung für die gesellschaftliche Formgebung kaum überschätzen. Die ganze staatliche Organisation, militärisch, verwaltungsmäßig und richterlich, bestand mit der Zeit aus lehnsrechtlichen Beziehungen. Es war ein aristokratisches System, denn die ursprünglich königliche Befugnis ging faktisch in die Hände einer Klasse territorialer Lehnsleute über, die in ihrem Gebiet selbst Fürst werden konnten und damit auch wieder Lehnsleute mit erworbenen und erblich gewordenen Rechten auf Ländereien und öffentliche Ämter unter sich hatten. Dieses aristokratische System, wie immer es auch erlebt wurde, basierte ursprünglich nicht weniger auf der Idee des »Dienens« als der des »Herrschens«. In dem System dezentralisierter Macht überschnitten sich beide Begriffe gleichsam. Die Relativität menschlicher Freiheit und Selbständigkeit wurde dadurch bestätigt. Die Rechtsverhältnisse bezüglich der Arbeit waren gleichfalls von dieser Konzeption durchdrungen. Der noch schwankende Bau der Gesellschaft brauchte menschliche Bindungen dauerhafterer Art, bleibende Abhängigkeiten, die wenigstens eine gewisse Existenzsicherheit garantieren konnten. In den unteren Bereichen der Gesellschaft war es die erblich bestehende oder »freiwillig« angenommene und in folgenden Geschlechtern dann doch wieder erblich gewordene Hörigkeit, durch welche die bleibenden Autoritätsverhältnisse verwirklicht wurden. Außer der Dienstbarkeit selbst war auch die Freiwilligkeit beim Antritt von Dienstbarkeit relativ. Wie wir sahen, war sich bereits die ›Lex Frisionum‹ dessen bewußt. Dem Einzelnen fehlte nämlich nicht selten die Kraft, sich in einer isolierten Stellung zu behaupten. Mit der Zeit wird der Stand der freien Bauern denn auch kaum von den Unfreien und Kolonen zu unterscheiden gewesen sein, die seit je auf den Landgütern saßen und dort Schutz genossen. Wir erwähnten bereits, daß die Pflichten des freien Mannes, dem König und der Gemeinschaft im Heer, in der Rechtsprechung und in der Verwaltung zu dienen, allmählich zu schwer wurden. Vor allem im Kriegsfall, wo er alles zurücklassen mußte, konnte er ruiniert werden. Darum zog er es vor, sich einen »Herren« zu wählen, sich in ein Rechtsverhältnis zu diesem zu begeben, durch welches er seine Verpflichtungen auf ihn abwälzen konnte. Sein Gut gab er dem Herrn, der es ihm gleichzeitig als Lehen zurückschenkte. Er bezahlte dem Herrn einen Zins – viel niedriger als die gegenwärtige Pacht –, mit dem er das Recht des Herren anerkannte. Das Lehnssystem machte den freien Bauern also in gewissem Sinne unfrei, aber es gewährte ihm mehr wirtschaftlichen Schutz, indem es ihn seiner schweren gesellschaftlichen Verpflichtungen enthob.

Um zu begreifen, wie diese relative Unfreiheit gerade als Freiheit erlebt werden konnte, müßte man eine Analogie zu unserer eigenen Zeit ziehen. Das 19. Jahrhundert glaubte, den Arbeiter befreit zu haben, aber alsbald kamen die Sozialreformer mit dem Argument, daß mit der formalen gesetzlichen Freiheit nichts gewonnen war, solange die Existenzbasis so schmal und die Macht, sie zu verbreitern, so gering blieb, daß der Arbeiter die ihm zuerkannte Freiheit faktisch nicht verwirklichen und erleben konnte. Erst die Verbesserung des Lebensstandards und vor allem die Erhöhung der sozialen Sicherheit haben trotz der damit parallel laufenden Ausbreitung gesetzlicher Gebundenheit – auch des Arbeiters selbst – beträchtlich zum Bewußtsein beigetragen, als Mensch in Freiheit zu leben. So ist es vorstellbar, daß der frühmittelalterliche Mensch gewisse soziale Bindungen jener Unfreiheit, die dem Schwächeren Notdurft, Unsicherheit und Ungesichertheit auferlegte, vorzog. Auch letzteres; denn das Lehnssystem gewährte dem einfachen Mann nicht nur wirtschaftlichen Schutz, sondern bot ihm auch Schutz im physischen Sinn, nämlich gegen die in der Merowingerzeit, den Klagen geistlicher Autoren zufolge, häufig vorkommenden Gewalttätigkeiten mächtiger Nachbarn. Es wird wohl kein Zufall sein, daß man sehr häufig Schutz bei den Klöstern suchte; das Ersuchen um Rückschenkung des Nutzrechtes an den früheren Besitzer nach der Übergabe nannte man dann *precaria*[26].

Wir sollten beachten, daß diese lehnsrechtliche Transaktion auf einem sachrechtlichen Verhältnis, dem Recht auf den Grund, basiert. Der frühere freie Bauer verlor damit zwar einen Teil seiner Freiheit, aber es handelte sich keineswegs um persönliche Verknechtung, also Leibeigenschaft. Außerdem waren die grundherrschaftlichen Rechte und Freiheitsbegrenzungen sehr unterschiedlich und differenziert[27]. In der wirtschaftlichen Abhängigkeit hat man unterschieden zwischen Dienst- und Zinsland. Viele mußten nur Zins, und manchmal

[26] Josef Kulischer, *Allgemeine Wirtschaftsgeschichte*. München-Berlin 1928–29, I, S. 42.

[27] P. Boissonnade, *Le travail dans l'Europe chrétienne au moyen âge*. Paris 1921, S. 168.

nur einen Anerkennungszins, bezahlen, während andere in größere Unfreiheit gerieten und zu Frondiensten verpflichtet wurden. Es gab auch verschiedene andere Rechte wie das Weidegeld, das Recht der Kummende oder Sterbesteuer – wonach sich der Herr das beste Stück aus dem Nachlaß nehmen durfte –, Rechte bei der Ehe usw. Schließlich konnten die Hörigen auch zu Hand- und Spanndiensten verpflichtet sein, also zu persönlichen Leistungen unter Beibringung von Gerätschaft und Gespann. Am Hoftag wurde festgestellt, ob jeder seinen Verpflichtungen nachgekommen war.

Die Nivellierung der Bevölkerung im agrarischen Produktionssystem ging nicht so weit, daß es überhaupt keine Sklaverei mehr gegeben oder daß außerhalb des Adels überhaupt kein Freier mehr existiert hätte. In starkem Maß war aber für das agrarische Arbeitssystem des Frühmittelalters ein Zustand charakteristisch geworden, der die Menschenwürde des Arbeiters anerkannte und ihm zugleich eine Bindung auferlegte. Es fällt uns, die wir gleichsam an einen absoluten Freiheitsbegriff gewöhnt sind, schwer, uns in diese Situation zu versetzen, geschweige denn sie positiv zu werten. Und doch ist die im 18. Jahrhundert entstandene moderne Freiheitsidee eher als spekulativ denn als realistisch zu bezeichnen. Sie verlangt, daß das Individuum nicht weiter in seinen Handlungen eingeengt werden darf, als das dieselbe Handlungsfreiheit aller anderen erfordert. Diese Auffassung war zuvor völlig unbekannt. Wenn man in früherer Zeit von Freiheit sprach, dann hatte man immer etwas Relativeres im Auge. Es betraf vorwiegend eine konkrete Situation. »Jede Institution, jede Person kann eine eigene Freiheit besitzen. Daher, daß in mittelalterlichen Urkunden häufig der Plural Freiheiten, *libertates*, verwendet wird und daß mittelalterlich ›Freie‹ manchmal Unfreie heißen müßten. Man kannte keine ›Freiheit zu etwas‹, bei der sittliche Verpflichtungen auf dem Individuum ruhten, sondern eine ›Freiheit von etwas‹, bei der die Freien gewisse Freiheiten genossen und die Unfreien durch Unfreiheit in ihren Handlungen beschränkt wurden und dabei unter dem Druck bestimmter Lasten und Verpflichtungen standen. Der mittelalterliche Freiheitsbegriff wechselt seine Bedeutung je nachdem, auf wen sich eine bestimmte Freiheit bezieht.«[28]

[28] B. H. Slicher van Bath, *Boerenvrijheid*. Groningen 1948, S. 4–5.

4. Die karolingische Arbeitsordnung

So wie Gesellschaft und Staat der Karolingerzeit aus einer Mischung gallisch-römischer und germanischer Elemente entstanden ist, war dies auch bei der Arbeitsordnung jener Zeit der Fall. Bei Vermischungen sucht man oft vergeblich nach der Reinheit der Bestandteile. Trotzdem lassen sich im Komplex der frühmittelalterlichen Arbeitsverhältnisse bestimmte Formen erkennen, die als neue Schöpfungen einen typisch germanischen Akzent aufweisen. Daneben haben sich die römischrechtlichen Strukturformen wenigstens so erhalten, wie sie im römischen Gallien bereits verändert wurden und wie sie sich in der fränkischen Zeit weiterentwickelten. Diese letzte Kategorie hätte sich auch ohne Eindringen germanischer Stämme in das Grundgebiet des Römischen Reiches unter Einfluß des Christentums und der veränderten wirtschaftlichen Umstände in eine Richtung entwickelt, die von den rein klassischen Auffassungen abwich. Dennoch ist darin ein Grundzug sichtbar, der sich wesentlich unterscheidet von jenem, der die original geschaffenen Arbeitsverhältnisse beherrschte. Man könnte von zwei nebeneinander bestehenden Systemen sprechen, deren eines noch stets das römische Ideal der individuellen Freiheit widerspiegelt, während das andere ein Abbild des germanischen Sinns für kollektive Gebundenheit und Hierarchie ist.

Auch dort, wo wir uns hauptsächlich auf die Situation in der Karolingerzeit beschränken, von der man sich eine ziemlich klare Vorstellung machen kann, bleibt also die Schwierigkeit, daß sich für diese Periode kein uniformes Schema von Arbeitsverhältnissen erstellen läßt. Immer trifft man auf diesen Dualismus in den Grundauffassungen. Er macht sich in der Entwicklung bestimmter Charakteristika bemerkbar und würde bei einer ungetrennten Behandlung überlieferter römischer und neuer germanischer Rechtsfiguren zu schwer vergleichbaren Typisierungen führen. Wollten wir also, wie dies für die Arbeitsverhältnisse der römischen Zeit geschehen ist, auch für jene der Karolingerzeit ein Typenschema aufstellen, so müßten wir von vornherein eine Zweigleisigkeit anerkennen. Was den einen Teil betrifft, so können wir von dem klassischen Schema ausgehen, das mutatis mutandis auch für Gallien gültig war. Der andere Teil wird eine Wiedergabe einiger bei den Franken üblich gewordener neuer Formen sein müssen. Obwohl die Typologien nicht allzu statisch aufgefaßt werden dürfen, wollen sie doch hauptsächlich ein Bild von der Situation um das Jahr 800 geben. Was sich im Arbeitssystem der Gesellschaft, die das Erbe des spätrömischen Reiches antrat, veränderte, ist dann gewiß deutlich zu erkennen. Retrospektiv können die Komponenten des Schemas zugleich eine gewisse Einsicht in den historischen Prozeß vermitteln, der die verschiedenen Typen veränderte oder entstehen ließ.

Beginnen wir mit dem aus römischer Zeit Überlieferten. Zunächst scheint überhaupt kein Zweifel daran zu bestehen, daß zwischen der Arbeit von Freien und Unfreien ein wesentlicher Unterschied zu treffen ist. Die unfreie Arbeit ist rechtlos und also auch rechtlich undifferenziert. Nur auf der Grundlage freier Arbeit können Rechtsverhältnisse konstruiert werden. Nun hatte sich in späterer Zeit eine scharfe Trennung bereits einigermaßen verwischt. Diese Tendenz hat sich fortgesetzt, so daß zwar einerseits die Sklaverei nicht verschwand, aber doch stark zurückging, und andererseits eine gemäßigtere Form von Unfreiheit breite Gruppen ursprünglich Freier mit umschloß. Bezüglich einer solchen Situation ist die Frage erlaubt, ob die persönliche Freiheit noch als eine absolute Vorbedingung für das Eintreten in arbeitsrechtliche Verhältnisse gelten kann. In der Literatur wurde bereits allgemein die Auffassung vertreten, daß die Annahme persönlicher Freiheit als Voraussetzung wirtschaftlicher Selbständigkeit ein essentieller Fehler wäre. Die Wirklichkeit würde eher das Gegenteil beweisen[1]. Diese Auffassung ist gewiß interessant genug, eine nähere Untersuchung zu rechtfertigen. Wir müssen uns hier damit begnügen, als wahrscheinlich anzunehmen, daß der persönliche Status von Freiheit im Fränkischen Reich keine notwendige Vorbedingung mehr für eine gewisse Handlungsfreiheit war, wenn man sich in ein Arbeitsverhältnis begab.

Dennoch bleibt der Status persönlicher Freiheit ein wesentliches Element, das faktisch meistens dem freiwillig eingegangenen Arbeitsverhältnis zugrunde liegt. Obendrein scheint die Freiheitsideologie noch immer in bestimmten Strukturmerkmalen durch. So etwa in der Unterscheidung zwischen selbständiger Arbeit und Arbeit im Dienstverband. Diese Unterscheidung ist zwar so allgemeiner Art, daß sie praktisch in je-

[1] A. Zycha, *Über die Anfänge der kapitalistischen Ständebildung in Deutschland.* In: Vierteljahresschrift für Sozial- und Wirtschaftsgeschichte. (1938), S. 108.

dem Arbeitssystem angetroffen wird. Aber eine Arbeitskultur wie die der klassischen Zeit verband mit dem faktischen Sosein ein solches Werturteil, daß sich die unselbständige Arbeit rechtlich nur schwer entwickeln konnte. Vor allem die Römer beharrten, wo sie Rechtsformen für die Arbeitsverhältnisse entwickelten, auf dem alles beherrschenden Gegensatz zwischen Freien und Sklaven. Die unselbständige Arbeit beachteten sie kaum. Die Skala der Möglichkeiten beschränkte sich fast ausschließlich auf die Arbeit, die als selbständig gelten konnte. Wie sah man das in jener Zeit, die uns nun beschäftigt? Wir dürfen wohl a priori annehmen, daß die relative Nivellierung zwischen Freiheit und Unfreiheit auch eine relative Distanzverminderung zwischen selbständiger Arbeit und Arbeit im Dienstverhältnis mit sich gebracht haben wird. Die Fakten bestätigen das auch. Für die Struktur der Arbeitsverhältnisse bleibt die Unterscheidung zwar von Bedeutung, aber sie ist nicht mehr so mit Werturteilen aufgeladen und wird deshalb weniger rigoros betont. Das Lohndienstverhältnis wird denn auch leichter akzeptiert. Das galt um so mehr für den Fall, wo sich die Anwendung in der Regel auf Taglöhnerverträge beschränkte, wobei die kurze Dauer der persönlichen Gebundenheit von selbst eine Grenze setzte.

Ein weiteres Kriterium zur Unterscheidung von Arbeitsverhältnissen, das bei den Römern eine Rolle spielte, betraf die Frage, ob es sich um höhere Arbeit handelte, die prinzipiell unentgeltlich geleistet werden mußte, oder um niedere Arbeit, für die Lohn gefordert werden konnte. Das unbesoldete Ehrenamt im öffentlichen Dienst und der freie Beruf als paraöffentlicher Dienst werden hier allen möglichen Formen von Arbeitsverhältnissen im Wirtschaftsleben gegenübergestellt. Diese Konstruktion kann den Germanen wenig angesprochen haben. Sie war übrigens faktisch bereits im Niedergang, als die barbarischen Völkerstämme mit der romanisierten Welt in Berührung kamen. In der fränkischen Zeit wird der im klassischen Geist formulierte Unterschied und sogar die realistischere Version »Dienste gegen Honorar oder gegen Lohn« ganz in den Hintergrund geraten sein. Während das Unterscheidungskriterium »selbständige oder unselbständige Arbeit« für das aufzustellende Schema noch Gültigkeit beanspruchen kann, ist das zwischen Honorar oder Lohn also unbrauchbar geworden.

Zwar ist der Unterschied zwischen »höheren« oder »niederen« Diensten relevant geblieben, auch wenn er seiner zusätzlichen Bestimmung, daß der erste mit Honorar, der zweite nur mit Lohn vergütet wird, entkleidet ist. Mit der Terminologie »höher« und »nieder« ist ein Gefühlswert verbunden, der auch der karolingischen Ritterkultur nicht unbekannt gewesen sein wird. Solche Bewertungen sind übrigens in gewissem Sinn allgemein menschlich, obwohl sie in der allgemeinen Handhabung wohl mehr einem einigermaßen fortgeschrittenen Stadium der Kulturentwicklung angemessen erscheinen. Es ist auch möglich, den Unterschied in anderen Begriffen auszudrücken, wie etwa »gewöhnliche« und »besondere« Dienste. Für das primitivere germanische Vorstadium verdient das zweifellos auch den Vorzug. Ein Unterschied zwischen Tätigkeiten tritt erst dann, als Ausnahme des Besonderen vom Normalen, zutage. Das Normale ist dann alles, was zur agrarisch gefärbten Lebenssphäre gehört. Zunächst kann dort kaum von irgendeiner Spezialisierung auf dem Gebiet der Dienstverleihungen gesprochen werden. In gewisser Hinsicht kann das aber der Fall sein bei den Diensten von Priestern, Wahrsagern und Medizinmännern. Das Handwerksgewerbe bleibt lange Zeit zum überwiegenden Teil innerhalb der Familiengemeinschaften der landbauenden Bevölkerung organisiert.

Erst als sich bestimmte Tätigkeiten aus dieser Gebundenheit befreiten, war – jedenfalls in technischer Hinsicht – die besondere Dienstverleihung geboren. Zunächst brauchte das spezialisierte Handwerk aber noch nicht als selbständiger Betrieb ausgeübt zu werden. Es konnte an die Dorfgemeinschaft oder, in späterer Zeit, an die Hoforganisation gebunden sein. Erst mit der ganzen oder teilweisen Abtrennung vom traditionellen Gruppenganzen entstand die besondere Dienstverleihung als Differenzierung eines neuen Typs von Arbeitsverhältnis. In einem solchen Entwicklungsstadium des Wirtschaftslebens galten die Handwerke aber nicht mehr als etwas Außergewöhnliches, so daß diesbezüglich kein Anlaß besteht, den Unterschied zwischen normalen und besonderen Diensten als Unterscheidungskriterium für verschiedene Arten von Arbeitsverhältnissen zur Sprache zu bringen.

Hinsichtlich des Handwerks macht es also für die Karolingerzeit keinen Unterschied, wie man das Unterscheidungskriterium zu formulieren wünscht. Die hier auftretenden Typen gehören auf alle Fälle sowohl zu den normalen wie zu den niederen Tätigkeiten. Wie aber steht es um den Vertreter des freien Berufs? Er wird, auf den Resten der zerfallenden klassischen Kultur dahinvegetierend, eine seltenere Erscheinung gewesen sein. Am auffälligsten wird wahrscheinlich die Figur des Fremden-Arztes[2] gewesen sein, der, ob aus dem Osten stammend oder nicht, sich eines orientalischen Pathos befleißigte. Aber wurde er auf die Dauer noch so hoch eingeschätzt? Das militärisch-feudale Denken der Zeit stellte zweifelsohne andere Wertmaßstäbe hinsichtlich gesellschaftlicher Rangordnungen auf als eine intellektualistische Bürgerkultur. Die Verwässerung des Begriffes *honorarium* läßt bereits vermuten, daß die berufsmäßige Ausübung »höherer« Dienste sich nicht ganz auf der früheren Ebene gesellschaftlichen Ansehens hat behaupten können.

Zusammenfassend sind wir geneigt, bezüglich der Verhältnisse in der Karolingerzeit der Unterscheidung zwischen besonderen Diensten und normaler Handarbeit einen leichten Vorzug gegenüber der zwischen höheren und niederen Diensten im Sinne der klassischen Zeit einzuräumen. Die andere Formulierung dieses Kriteriums eröffnet einerseits die Möglichkeit, eine gewisse Degradierung dessen, was früher hoch angeschrieben war, zu artikulieren, aber zugleich den Prozeß relativ steigender Wertschätzung für die normale Handarbeit. Neben »Selbständigkeit oder Unselbständigkeit« ist hier also ein zweites Unterscheidungskriterium bewahrt, an dem sich die aus der spätrömischen Zeit überlieferten Arbeitsverhältnisse messen lassen. Damit können wir uns für diesen Teil des aufzustellenden Schemas begnügen. Wenig relevant sind schließlich die beiden letzten für die römische Zeit gebrauchten Kriterien, wie wir nun noch kurz zeigen wollen.

Der Unterschied zwischen Tätigkeiten, die im öffentlichen oder para-öffentlichen Sektor verrichtet werden, kann den Germanen nicht angesprochen haben. Der starke Unterschied zwischen öffentlicher und privater Sphäre war ihm sogar unbekannt. Anfänglich waren die wenigen öffentlichen Ämter, die mit der Kriegführung und der Aufrechterhaltung des »Friedens« (Rechtsprechung) zu tun haben, nicht spezialisiert. Solange es keine große Ungleichheit zwischen den germanischen Stammesmitgliedern gab, verwaltete jeder in erster Linie seinen eigenen Hof, auch der Vornehmere, der Fürst oder der König[3]. Später, als sich Macht und Reichtum der Großen ausbreiteten, wurden öffentliche Funktionen noch immer als ein

[2] Volrad Deneke, *Die freien Berufe*. Stuttgart 1956, S. 28.

[3] Otto von Gierke, *Das deutsche Genossenschaftsrecht*. Graz [2]1954, I, S. 90.

privates *mundium* ausgeübt, zunächst noch über Stammesgenossen, danach aber sogar über all jene, die sich auf dem Territorium befanden. Das, was man als das karolingische Staatswesen bezeichnet, ist keineswegs ein Staat im Vollsinn des Wortes, sondern – abgesehen von dem, was in der Überzeugung eines einzelnen noch als ein Nachhall der römischen Staatsidee lebte – ein wenig geordneter Komplex privater Machtausweitung[4].

Und wie ist es mit dem Unterschied zwischen der Tätigkeit, die von finanziellem Erfolg gekrönt wird, und der, welche nur einen bescheidenen Ertrag abwirft, bestellt? Diese Überlegung scheint kaum zeitgebunden zu sein. Und doch wird sie in der sich nivellierenden Wirtschaftsgesellschaft nach dem Fall des Weströmischen Reiches weniger aktuell geworden sein. In der römischen Stadtkultur spielte sie eine starke Rolle, aber doch mit keinem eigentlich deutlichen Ergebnis für die Struktur der Rechtsverhältnisse. Großunternehmer und kleine Handwerksleute verwandten unterschiedslos die Rechtsform *locatio conductio operis*, wenn sie für einen Auftraggeber arbeiteten. Soweit dennoch Unterschiede sozialer Art bestanden, werden sich diese in der fränkischen Gesellschaft verwischt haben. In den Städten, selbst in denen des Südens, muß sich die Betriebsamkeit zurückentwickelt haben[5]. Das 8. Jahrhundert kennt keine risikotragenden Bauunternehmer mehr, sondern nur Handwerksmeister. Die ganze Bautätigkeit ist übrigens nicht sehr bedeutsam, angesichts der Tatsache, daß die Steinbautechnik so gut wie verlorengegangen ist[6].

Nun müssen wir unsere Aufmerksamkeit bestimmten Formen von Dienstverrichtungen zuwenden, die, obwohl in der spätrömischen Zeit nicht ganz unbekannt, doch gewiß nicht in den Rahmen der klassischen Freiheitsauffassungen einbezogen werden können. Sie stammen aus einer kollektiven Lebenssphäre, die den germanischen Stämmen von Haus aus eigen war. Die Familienhaushaltung, die Sippe, der Klan, regten Konstruktionen von Arbeitsverhältnissen an, die auf soziale Gebundenheit, nicht auf individuelle Freiheit zielten. Der Gegensatz zur klassischen Vorstellungswelt spitzt sich noch mehr zu, wenn man auf den Umstand achtet, daß die rechtliche

[4] Gierke, *Genossenschaftsrecht*, I, S. 149.

[5] E. Levasseur, *Histoire des classes ouvrières et de l'industrie en France avant 1789*. Paris 1900, I, S. 176.

[6] Jean Gimpel, *De bouw van een kathedraal*. Utrecht 1960, S. 41.

Kreativität der Germanen einem hierarchischen Prinzip entsprang, das, an der Idee des geschlossenen Familienverbandes orientiert, positiv eingeschätzt wurde und als solches keinerlei minderwertige Einschätzung im Vergleich zur selbständigen Arbeitsverrichtung erfuhr. Zum Verständnis dieser Auffassungen muß man sich zwei Dinge einprägen. Erstens, daß die familiäre Hierarchie bei den Germanen keineswegs die persönliche Würde des Untergeordneten antastete, und zweitens, daß die neuen Formen von Dienstverhältnissen, von denen wir hier sprechen, jedenfalls teilweise, einem hohen, zumindest hochgeschätzten Niveau gesellschaftlichen Lebens, vor allem bei der militärischen Organisation, entsprangen.

Bereits zur Zeit von Tacitus ist das Familienoberhaupt der Germanen kein römisch-rechtlicher *pater familias*, also kein absoluter Souverän, sondern vielmehr ein allgemeiner Lenker der Familie, zugleich Priester und Richter, vor allem aber Schützer. Dieser Schutz erstreckte sich auf Frau und Kinder, aber auch auf Sklaven, Freigelassene, *clientela* und Gäste. Das *mundium* (Vormundschaft), wie die Schutzmacht angedeutet wird, enthält stets eine Idee von Autorität und Schutz gleichermaßen[7]. Im germanischen Familienrecht – das in Frankreich mindestens bis zur Loire vorgedrungen ist – lag das Hauptgewicht auf dem Prinzip des Schutzes, während die römische Familie mehr auf dem Prinzip der Autorität aufbaute. Die väterliche Autorität wurde bei den Römern zugunsten des Vaters selbst ausgeübt, bei den Germanen zugunsten des Kindes[8]. Dieses germanische Prinzip des *mundium* konnte seine volle Auswirkung natürlich nur in einer Gesellschaft finden, deren Struktur stark durch die Familienhaushaltung geprägt war. Das Personal bildete dort einen Teil der Familie. Bis in unsere Zeit können wir verfolgen, daß sich dieses System am nachhaltigsten in ländlichen agrarischen Lebensverhältnissen behauptet, wo nämlich Produktions- und Verbrauchshaushaltung ungetrennt sind.

Trotzdem hat sich, wie gesagt, die Anwendung des hierarchischen Prinzips auf Freie zuerst im militärischen Lebensbereich vollzogen. Tacitus berichtet, daß bei den Germanen ein militärisches Gefolgswesen *(comitatus)* in Form eines freiwilligen Bundes von Eidgenossen bestand *(comites* bedeutet Kom-

[7] E. Glasson, *Histoire du droit et des institutions de la France*. Paris 1887–1903, II, S. 42.

[8] Glasson, III, S. 2.

pagnons, Mitgesellen). Es muß sich um eine Art geschlossener militärischer Ritterschaft gehandelt haben. Junge Männer, die aufgenommen werden wollten, mußten zuerst eine Zeitlang als Anwärter dienen. Sie werden also wohl auch Einweihungsriten durchgemacht haben. Im spätrömischen Kaiserreich existierten solche Organisationen gleichfalls, aber gerade sie waren möglicherweise von den Barbaren übernommen. So war die Leibwache des Kaisers ein freiwilliger militärischer Verband. Als die Merowinger ganz Gallien eroberten, muß das mit Hilfe solcher Spezialtruppen geschehen sein. Der militärische Treueverband hieß nun fortan *trustis*. »Seine Mitglieder, die *antrustiones*, bildeten das merowingische Gefolge, die königliche Tafelrunde. Ihr Ansehen läßt sich im Schutz durch erhöhtes Wehrgeld und im Großgrundbesitz ablesen. Sie stellten einen militärischen Adel dar.«[9]

Als das Eindringen der Franken in das alte römische Gebiet gewissermaßen zur Ruhe gekommen war, befanden sich an den Königshöfen noch immer freie Gefolgsleute, die gleichsam das stehende Heer bildeten und als solches allmählich zur Haushaltung des Königs gehörten. Neben und vielleicht auch teilweise aus diesem militärischen Adel bildete sich ein Hausadel, der weniger wehrhafte, sondern mehr auf Verwaltungsebene liegende Funktionen erfüllte. Es lag auf der Hand, daß der familienrechtliche Akzent bei diesen Dienstverhältnissen im Vergleich zum ursprünglichen Gefolgschaftswesen zunahm. Das um so mehr, wenn man feststellt, daß die ansehnlichen Leute, aus denen sich der Hausadel zusammensetzt, gewiß nicht ausschließlich aus dem Stand der Freien hervorgegangen sind. In der Haushaltung angestellte Sklaven steigen ebenso wie die ursprünglichen Mitgesellen des Herrn in Position und in Macht. Ihre unfreie Herkunft wird mit der Zeit vergessen, und sie beginnen die Ränge des Hausadels zu füllen. Dieses Steigen auf der gesellschaftlichen Leiter spiegelt sich in der Benennung der Funktionen wider. Marschall *(mariscalc)* bedeutet ursprünglich Pferdeknecht, Seneschall Senior der Knechte oder Oberknecht[10]. Man bedenke dabei, daß *scalc* oder im Gotischen *skalks*, ebenso wie *servus* und *manicipium*, eine schärfere Form von Knechtschaft, von Leibeigenschaft darstellt als das mildere *diorna* oder *thiarna*, wovon sich *diounst* oder Dienst her-

[9] E. J. J. van der Heijden, *Aanteekeningen bij de geschiedenis van het oude vaderlandsche recht*. Nijmegen-Utrecht ²1934, I, S. 87.

[10] Heinrich Geffken, *Lex Salica*. Leipzig 1898, S. 116.

leitet[11]. Man nennt dieses Hauspersonal, sowohl Freie wie Unfreie, *gasindii* (Gesinde, Hausleute, Leute, die dem Herrn Hausdienste leisten) und später, wenn sie mit dem Herrn in Ansehen und Reichtum gestiegen sind, *ministeriales*. Im Lauf der Zeit findet man sie außer am Königshof auch im Dienst anderer weltlicher Großer.

Neben der sich aus dem militärischen Gefolgswesen entwickelnden Ausweitung des Schutzverbandes der Familie über Personen, die nicht kraft Blutsverwandtschaft dazugehören, war bereits bei den Kelten eine viel weiter verbreitete Institution bekannt, die die Römer – sie haben sie vermutlich von den Barbaren übernommen – als *clientela* bezeichneten. Obwohl es sich auch hier um Dienstleistung handelte, darf man diese Form, jedenfalls anfänglich, doch nicht in erster Linie als Unterordnung mit sich bringendes Arbeitsverhältnis sehen. Unterordnung war genug darin enthalten, aber viel eher als von einem Arbeitsvertrag könnte man von einem »contrat social«, einer gesellschaftlichen Institution sprechen, die versuchte, die ganze Lebenssituation zu umspannen. Dazu gehörte auch das Verrichten von Diensten; aber wenn der Klient sich mit seinem ganzen Besitz unter den Schutz eines mächtigen Herren begab, dann war es offenkundig, daß nur ein kleiner Teil des Arbeitsvermögens des Untergeordneten zugunsten des Herrn angewandt werden mußte. Gerade in dem Verrichten seiner Arbeit zum eigenen täglichen Lebensunterhalt konnte der Klient selbständig bleiben, wenn man auch unmittelbar hinzufügen muß, daß ihm diese Selbständigkeit wenig in dem Bestreben nützte, zu höherem Wohlstand zu gelangen. Die *clientela* ist also eine Rechtsfigur, die einen allgemeineren Typus gesellschaftlicher Gruppenbildung darstellt.

Die schon früh romanisierten Gallier kannten die Institution offensichtlich sehr gut. Burckhardt hat in diesem »merkwürdigen Zuge des alten gallischen Nationalcharakters, welcher aus Liebe zu Parteiungen aller Art, später dann natürlich aus Not, beständig auf Verhältnisse der Klientel, des Schutzes Geringerer durch Mächtige, hindrängt«, eine der Ursachen für den wirtschaftlichen Verfall gesehen. Schon Cäsar, so berichtet er, stieß auf diese weitverzweigte Institution; die Masse war damals bereits ganz dem Adel unterworfen. »Aber ein halbes Jahrtausend nach ihm kehrt dieselbe Klage fast unverändert

[11] J. Grimm, *Deutsche Rechtsalterthümer*. Göttingen 1828, S. 301.

wieder, Salvian bejammert das Los der kleinen Grundbesitzer, welche aus Verzweiflung über den Beamtendruck und die ungerechten Richter den Großen des Landes sich und ihre Habe zu eigen lassen. Dann ist ihr Grundstück die Landstraße (wenn ›Fundos viarum quaerunt‹ so zu übersetzen ist) und sie sind die Kolonen der Reichen! Der Sohn erbt nichts, weil der Vater einmal Schutz nötig gehabt hat.«[12]

Es läßt sich denken, daß die Akkumulation von Grundbesitz in späteren Jahrhunderten zu einer Situation geführt hat, in der es auch Freie ohne Grund gab, der bearbeitet werden mußte, und daß der Rückgang der Städte selbständige Handwerker in die großen Landwirtschaftsbetriebe ziehen ließ. Jedenfalls kannte die Karolingerzeit eine Anwendung der *commendatio* oder Übertragung, wobei neben dem Schutzverband gleichzeitig ein vollwertiges Dienstverhältnis entstand. In einer geschlossenen Agrargesellschaft, in der für den schwachen einzelnen sowieso schon wenig wirtschaftliche Existenzsicherheit und so gut wie keinerlei Schutz gegen äußere Gewalt vorhanden war, hatte der besitzlose freie Mann nicht immer die Möglichkeit, seine Selbständigkeit zu behaupten. In bestimmten Fällen wird er wohl umständehalber gezwungen gewesen sein, sich einer mehr oder minder autarken agrarisch-ökonomischen Einheit anzuschließen. Das Arbeitsverhältnis, in das er dadurch geriet, wies gewisse übereinstimmende Züge mit dem der Diener fürstlicher Personen auf. Aber natürlich befand er sich – was immer die Art seines Dienstes gewesen sein mag – auf einer niedrigeren gesellschaftlichen Stufe.

Wir stoßen hier also auf ein erstes Charakteristikum, das die Arbeitsverhältnisse germanisch-rechtlicher Signatur voneinander unterscheidet. Das Gefühl für Hierarchie, das sich durch den frühmittelalterlichen Feudalismus verstärkte, hat – anders als bei den älteren Konstruktionen – den Begriff für »höher« oder »nieder« bei den neugeschaffenen dauerhaften persönlichen Dienstverhältnissen deutlich entwickelt. Der Akzent liegt hier aber anders als in der klassischen Vorstellungswelt. Wenn sich dort das Hohe oder Niedere auf die Art der Tätigkeit bezog – in dem Sinne, daß vorwiegend Intellektualität und Hygiene für die Beurteilung entscheidend waren –, so wurde der germanische »Treuedienst« im Niveau mehr nach sozialen Gesichtspunkten unterschieden. So wurde die persönliche Bedienung fürstlicher Personen, was früher Sklaven vorbehalten

[12] Jacob Burckhardt, *Die Zeit Constantins des Großen*, Wien o. J., S. 64.

war, nach frühmittelalterlicher Vorstellung immer hoch bewertet und galt als ehrenhaft für den freien Mann.

Ein anderes Unterscheidungsmerkmal schließt sich hier an. Während die Formen römisch-rechtlichen Ursprungs in späterer Zeit kaum mehr den Schein eines Unterschieds in der Motivation des Arbeitenden widerspiegelten, gelangte dies bei den germanisch-rechtlichen Strukturen durchaus wieder zum Ausdruck. Der militärische Gefolgsmann und auch der spätere Diener und Vasall auf hoher Ebene dachte nicht so sehr in Lohnbegriffen. Was er suchte, war Abenteuer, Ehre, Ansehen, Macht und *fortune*. Was auf Grund der Dienstverleihung vom Herrn erwartet wurde, war Rangerhöhung und Gunstbeweis. In dieser Werteskala stand das Materielle nicht an erster Stelle. Aber es war wohl darin enthalten. Auch wo es als Element einer Strukturform schärfer präzisiert wurde, formulierte man es doch nicht als rechtlich einforderbaren Lohn, sondern als Wohltat, *beneficium*. Das schließt nicht aus, daß – wie es beim römisch-rechtlichen *honorarium* für *operae liberales* der Fall war – die Gegenleistung für den Dienst eine Tendenz zunehmender Verpflichtung aufwies.

In der Karolingerzeit hatte sich das Benefizwesen sehr stark entwickelt. Um im folgenden Schema die Erinnerung an frühere Gefolgschafts- und Vasallenverhältnisse auszudrücken, in denen der Gedanke an eine Gegenleistung noch kaum entwickelt war, wurde dort aber nicht von Benefiz, sondern von Gunst gesprochen. Die logische Alternative zur Gunst ist der einforderbare Lohn. In der geschlossenen agrarischen Haushaltung dieser Zeit wurde Zahlung in Geld aber soweit wie möglich vermieden. Der Dienstmann hatte übrigens auch ein großes Bedürfnis nach Aufnahme in die Gruppe – noch immer als eine Aufnahme in den Familienverband des Herrn erlebt –, wodurch ihm für immer Unterhalt und Schutz gewährt war. Darum läßt es sich verantworten, das Unterscheidungskriterium, das sich auf die Motivation des betreffenden Dienstverleihers bezieht, als »um Gunst« und »um Unterhalt« zu formulieren. Dennoch gab es in begrenztem Ausmaß auch eigentliche Lohnzahlung – in Geld oder in natura – für geleistete niedere Dienste. Dieser niedere Lohndienst von Mietlingen (im Friesischen *esna*) war bei den Germanen seit je allgemein bekannt[13]. Im Gegensatz zur vorher erwähnten Form niederer Dienstverleihung ging dieser nicht mit Aufnahme in

[13] ZYCHA, S. 133.

die Hausgemeinschaft parallel. Hier stoßen wir also auf ein drittes Kriterium, nach welchem sich die Arbeitsverhältnisse, die nach dem hierarchischen Prinzip eingegangen werden, unterscheiden lassen. Für die höheren Dienste war dieses Prinzip jedoch nicht relevant, weil die zunächst dabei wohl übliche Aufnahme in die Hausgemeinschaft in späterer Zeit entfiel.

Schema der Organisationsformen von Arbeit

nach dem hierarchischen Prinzip:

höheres Niveau (+)	um Gunst (+)	Hausgemeinschaft (+)
niederes Niveau (—)	um Unterhalt (—)	keine Hausgemeinschaft (—)
	um Lohn (O)	
+	+	
—	—	+
—	O	—

nach dem Prinzip individueller Freiheit:

selbständig (+)	spezielle Dienste (+)	
unselbständig (—)	Handarbeit (—)	
+	+	
+	—	
—	—	

Der obere Teil des Schemas gibt zunächst zwei Erscheinungsformen der germanisch-rechtlichen Konstruktion des »Treudienstvertrags« wieder. Die ersten beiden Unterscheidungskriterien, die hier angegeben sind, korrelieren miteinander, so daß die Formen + – und – + nicht als real gelten können. Man muß sich aber vor Augen halten, daß das zweite Charakteristikum als subjektives Motiv des Dienstverleihers gedacht ist. Beim ursprünglichen Gefolgschaftsvertrag kann Unterhalt nämlich auch ein Element sein, aber dort tritt es nicht als selbständiges Motiv, sondern als selbstverständlicher Ausfluß des Verhältnisses auf. Weiterhin sei nochmals daran erinnert, daß das Gunstmotiv im Lauf der Zeit der Entwicklung unterworfen war, und zwar hin auf das Benefizialwesen. Die dritte hier erwähnte Strukturform ist die germanisch-rechtliche Auslegung des zeitlichen Lohndienstverhältnisses und als solche mit der dritten Form des unteren Teiles des Schemas vergleichbar.

Dieser untere Teil stellt die ursprünglich römisch-rechtlichen Strukturformen in ihrer vereinfachten Gestalt dar: den freien Beruf, das Handwerk und das Lohndienstverhältnis. Zwischen diesen Formen bestehen fortan weniger ausgeprägte Unterschiede, was in der Vereinfachung der Unterscheidungskriterien zum Ausdruck gebracht wurde. Die fehlende Figur – + ist faktisch immer noch nicht recht denkbar. Auf die sechs Typen, die das Schema im ganzen aufweist, wollen wir in den folgenden Kapiteln näher eingehen, da, wo es angemessen erscheint, im direkten Vergleich.

5. Gefolgschaft und Vasallität

Aus dem germanischen Gefolgschaftswesen hat sich ein militärischer Adel entwickelt. Dieser und vielleicht zum größeren Teil das unfreie Hauspersonal fürstlicher Personen hat einen Hausadel hervorgebracht. Sowohl militärischer wie Hausadel bedeutet Verbundenheit mit dem Herrn und Dienst am Herrn. Im merowingischen Staatswesen ist also auf der Grundlage eines strikt privaten Verhältnisses etwas entstanden, was man einen Beamtenstaat nennen könnte. Zunächst wurden diese Beamten in die Hausgemeinschaft des Fürsten aufgenommen. Sie verliehen dem Herrn Beistand bei der Verwaltung. Bei der Verwaltung wessen? In erster Linie natürlich wohl des Haushaltes und der königlichen Besitzungen. Man kann sich eine Verwaltung durch Kriegsleute, die sich im Waffenhandwerk übten und mit dem König jagten, wohl kaum anders vorstellen, als daß die Verwaltungshandlungen vom Sattel aus betrieben wurden. Sofern damit Papierkram zusammenhing, gab es glücklicherweise auch noch die anderen, ursprünglich unfreien Leute. Den spezifischen Fähigkeiten des militärischen Adels gemäßere Dienste konnten auf politischem, juristischem und diplomatischem Sektor gelegen haben.

Aus der ›Lex Salica‹ geht deutlich hervor, daß das Gefolgswesen bei den salischen Franken eine rein königliche Angelegenheit geworden war. Nicht das Gesetz selbst, sondern ein ihm angefügtes Kapitularium, das also kein Volksrecht, sondern Königsrecht enthält, trägt den Titel ›De antrustione‹. Was ist ein *antrustis?* Hier heißt es: »qui in truste dominica fuit«

(lat. *trustis*, got. *trusti* bedeutet Schutz, Hilfe, im abgeleiteten Sinn »die Gehilfen, Gefolgen, Gefolgschaft, Schar«)[1]. Nun bezieht sich *dominicus* in der ›Lex Salica‹ immer auf den König, so daß der zitierte Text also frei übersetzt lauten könnte: Mitglied des königlichen Gefolges.

An anderer Stelle sprechen die Kapitularien auch einfach von *antruscio*. Aber nach Geffken ist das dem Umstand zuzuschreiben, daß im Reich der salischen Franken die Befugnis, ein Gefolge zu halten, schon so frühzeitig auf den König und die Königin beschränkt war, daß die ausdrückliche Erwähnung überflüssig erschien.

Der Inhalt der Rechtsregelungen hinsichtlich des Antrusciats täuscht. Man erfährt hier zum Beispiel weder, auf welche Weise die Verbindung zustande kam und wie sie eventuell endete, noch welche Rechtsfolgen es für die betreffenden Personen hatte. Titel 8 des Kapitularium V handelt ausschließlich von der Art des Vorgehens dieser Leute untereinander[2]. An anderer Stelle des Gesetzes findet man zwar noch das eine oder andere über sie, zum Beispiel über das ihnen zustehende höhere Wehrgeld (wie das hinsichtlich all dessen der Fall war, was den königlichen Hof betraf) und über das Verhindern amtlicher Spurensuche (Untersuchungsbeamter), aber nichts über das eigentliche Verhältnis zum Herren.

Man könnte fast sagen, daß das Recht hinsichtlich so stark aneinander gebundener, aufeinander angewiesener Personen nichts festlegen konnte, weil man das Recht noch ausschließlich als Mittel erlebte, Gegensätze und Konflikte zu lösen, die man sich im Gefolgschaftswesen nicht vorstellen konnte. Der Gefolgsmann war seinem Herrn schließlich bedingungslos ergeben, er machte keinerlei persönlichen Vorbehalt. Er verhielt sich in gewissem Sinne wie die Apostel am See von Genezareth, von denen geschrieben steht: »Alsobald verließen sie ihre Netze und folgten ihm nach.«[3]

Die Bedingungslosigkeit der Selbsthingabe im adeligen Dienstverhältnis tritt uns aus alten Sagen und Heldenliedern entgegen. Siegfried, aber ebenso Hagen von Tronje oder der alte Hildebrand sind Vorbilder ritterlicher Treue zum Fürsten. Die viel später verfaßten Ritterromane, jedenfalls die fränkischen Ursprungs, bewahren die für die Volksvorstellung ver-

[1] Heinrich Geffken, *Lex Salica*. Leipzig 1898, S. 162.
[2] *Lex Salica*, Capitulare V, titel 8; hrsg. v. Geffken, S. 74–76.
[3] *Markus*, I, 18.

goldete Erinnerung an diese heroische Epoche voller Streit, Verrat und Vergeltung, aber auch von Rittertugend und Treue. Blutsverbundenheit ist Grundstimmung sowohl der Rache wie der Treue. »Wi hebben onse geslachte lief«, sagt ein Ritter, der gegen Charlemagne und Roland kämpft[4]. »Die Magschaft, dieser stets reich fließende Brunnen von Freude und Schmerz ›verdoemd moete de maechscap sijn! Ay, maegscap, wat hebdi mi gedaen‹ (Aiol., 391–2), treibt die Helden an im rauhen Kampf, in die unversöhnliche Blutrache, geschlechterlang, bis zur höchsten Tragödie. Treue, unverbrüchliche, unwandelbare Treue dem König, weil er der König ist, beseelt sie zu den heldenhaftesten Taten im Heiligen Krieg gegen die Sarazenen und hält sich sogar noch bei dem vom Kaiser unrechtmäßig Verbannten, dem vogelfrei Erklärten.«[5]

Die Treue war also die zentrale Tugend, die das Verhältnis des Vasallen zu seinem Herrn beherrschte. Es war eine Treue auf Gegenseitigkeit, um die es sich hier handelt, aber im Recht scheint ein besonderer Akzent auf jene Treue gelegt werden zu müssen, die der Untergebene schuldete. Die Selbstverständlichkeit konnte nicht so ausgeprägt sein, denn die westsächsische Gesetzgebung Alfreds I. spricht an verschiedenen Stellen darüber. Die Einleitung, die den Ton des mosaischen Gesetzes imitiert, sagt: »Lästere nicht Deinen Herrn und fluche nicht dem Fürsten des Volkes.«[6] Im Gesetz selbst wird verschiedentlich das Verraten oder Verfolgen des Herrn als ein außerordentlich schweres Verbrechen behandelt[7]. Das alles schließt durchaus nicht ein, daß der Gefolgsmann gegenüber seinem Herrn rechtlos gewesen wäre. Mochte er auch für seine geleisteten Dienste keine Forderungsrechte besitzen und das Gnadenbrot essen, das Persönlichkeitsrecht stand ihm als freiem Mann durchaus zu. Das heißt, daß der Herr die Pflicht übernommen hatte, die Rechte seines Mannes voll zu verwirklichen. Das spielte sich im Rahmen des *mundium* des Familienoberhaupts ab, das ja bezweckte, die Interessen der Abhängigen zu schützen.

Damit ist das germanisch-rechtliche Beamtenverhältnis eine seltsame Erscheinung, die keinerlei Ähnlichkeit mit der Figur

[4] J. van Mierlo, *De letterkunde van de middeleeuwen tot omstreeks 1300; Geschiedenis van de Letterkunde der Nederlanden*, I. 's-Hertogenbosch-Brussel o. J., S. 122.

[5] van Mierlo, S. 128–29.

[6] F. Liebermann, *Die Gesetze der Angelsachsen*, I. Halle 1903, S. 41.

[7] Liebermann, S. 47, 51.

des römisch-rechtlichen öffentlichen Amtes aus der Zeit der Republik aufweist. Die Idee des öffentlichen Interesses war den germanischen Vorstellungen ja völlig fremd. Mehr Verwandtschaft könnte man mit der Bürokratie unter dem Kaisertum entdecken; aber der Gefolgsmann wurde nicht besoldet. Was ihn bewegte, war das ritterliche Pathos. Die Unselbständigkeit war kein Hemmnis für die hohe Vorstellung, die man von der Beziehung zum Herrn hegte. Weil der Herr mächtig war, wirkte sie sich eher nach oben als nach unten aus. Gierke hat eine lebendige Beschreibung der neuen Anschauung gegeben, die schon früh besonders die Jüngeren ergriffen hatte, im Gefolge des Königs oder eines anderen Großen Ruhm und Ansehen in Funktionen zu erwerben, die strenge militärische Dienstbarkeit voraussetzten. Es war nicht das bürgerliche Ideal von Freiheit und persönlicher Selbständigkeit, das sie ansprach. Sie suchten die Identifizierung mit dem, was hoch und edel schien, und stiegen mit dem Herrn, dem sie dienten, auf zur Macht[8].

Ganz allgemein ist es keineswegs als unverständlich zu bezeichnen, daß man, wenn man einer erfolgreichen Laufbahn sicher sein will, die Dienstbarkeit bei einem Mächtigen einem bescheidenen Platz als kleiner Selbständiger vorzieht. Voraussetzung für eine solche Wahl ist aber, daß man die geeignete Mentalität dazu besitzt. Das aristokratische Bewußtsein der römischen Republik eignete sich dazu nicht. Kaufmännisches Denken wird manchen in der Kaiserzeit mehr dahin haben neigen lassen. Wie der freie Germane freiwillig eine Position als Gefolgsmann annehmen konnte, zwar nicht immer lebenslänglich, aber trotzdem nicht willkürlich kündbar, eine Position, welche ihn obendrein der vollen Verfügungsgewalt eines Herrn auslieferte, der ihn genauso wie das einfache Hauspersonal körperlich züchtigen durfte[9], läßt sich vielleicht nur aus einem gewissen kollektivistischen Wesenszug erklären. Zunächst wird die Unterordnung für den germanischen Freien kein wirkliches Problem dargestellt haben. In der primitiven Arbeitsordnung bestand eine ziemliche Gleichheit der Bedingungen. Aber dennoch läßt sich die Selbständigkeit des agrarischen Systems nicht mit einer statisch gefärbten individuellen Unabhängigkeit vergleichen, aus der die Römer ihren Freiheitsbegriff ableiteten. Der Germane war mit allen Fasern seines

[8] Otto von Gierke, *Das deutsche Genossenschaftsrecht*. Graz [2]1954, I, S. 97–99.
[9] Ebd., S. 98.

Wesens an sein Geschlecht, seinen Stamm gebunden. Auch die persönliche Rechtsstellung und die wirtschaftliche Existenz hingen davon ab. Er mag in seinem eigenen Haus als Familienoberhaupt das *mundium*, die vollkommene Macht und Vertretungsgewalt besessen haben, hinsichtlich des gesellschaftlichen Milieus erfuhr seine Selbständigkeit eine enge Begrenzung in der Zugehörigkeit zum Stammesganzen. Sollte dieser Situation keine Bedeutung für die Erklärung des Gefolgswesens zukommen?

In die Theorie Gierkes scheint ein solcher Gedankengang nicht zu passen. Dieser Theorie zufolge sind gerade alle »genossenschaftlichen« Tendenzen im gesellschaftlichen Leben auf die Strukturform des Geschlechts zurückzuführen, während die »Herrschaftsverbände« von der Idee der häuslichen Macht des Familienoberhaupts inspiriert sind[10]. Das ist zweifellos eine sehr hypothetische Konzeption, die unkompliziert genug ist, um suggestiv zu wirken. Aber kann sie eine Institution wie das Gefolgswesen außer von der Seite des Herrn auch von der des Gefolgsmannes erklären? Von der Seite des »Herren« aus gesehen, zeigt es sich deutlich genug, daß das Verhältnis als eine Ausweitung der familiären Verfügungsgewalt aufgefaßt werden kann. Die Frage, die wir uns stellten, war aber die, wie sie sich mit den Auffassungen des »Mannes« vertrug, der sich ja freiwillig verband. Nun, aus seinem Blickwinkel muß das Unterordnungsverhältnis viel mehr eine psychologische Projektion der Idee von Geschlechtsverbundenheit auf den Herren gewesen sein. Die Ehre des Geschlechts, das man unter Einsatz der Person und seines Gutes verteidigen und notfalls rächen mußte, wurde auf die Ehre dessen transponiert, dem man diente.

Dienstbarkeit ist also offensichtlich ein Begriff, der nach germanischen Auffassungen unter gewissen Umständen positiv erlebt werden konnte. Mit dem Entstehen eines christlichen Arbeitsethos ist er bestimmt nicht verwandt; er hat nichts mit Selbstverleugnung als religiösem Ideal zu tun. Auch der christianisierte Ritter suchte in der Dienstbarkeit nach Selbstbestätigung. »Er weiß sich als Berufener, als Geweihter zu einem hohen Auftrag, der in ›schildes ambet‹ lebt, das Schwert im Dienst seines Lehnsherren, das heißt im Dienst der Gerechtigkeit trägt. Darin fühlt er sich frei und ausgezeichnet,

[10] Ebd., S. 90.

unabhängig von, ja erhoben über die anderen Stände.«[11] Wenn die frühesten Jahrhunderte außer durch das Leben streitbarer Zucht auch durch die Veränderungen im wirtschaftlichen System eine Relativierung der Gegensätze zwischen Selbständigkeit und Unselbständigkeit haben erkennen lassen, so handelt es sich um eine ganz andere Erscheinung, die wieder aus anderen Bewußtseinslagen entsprang und eine weitere Entwicklung dessen bedeutete, was bereits im romanisierten Gallien vor dem Aufstieg der Franken vorbereitet war.

Wir wollen unsere Aufmerksamkeit zunächst dem Dienstverhältnis auf hoher Ebene zuwenden, wo nie von einer Minderwertigkeit die Rede war. Mit der Zeit hat sich diesbezüglich zwar eine Veränderung ergeben in dem, was man mit einem anachronistischen Wort als Arbeitsvoraussetzungen bezeichnen könnte. Es ist nicht ausgeschlossen, daß die Merowinger ihre Getreuen für erwiesene Dienste gelegentlich mit Bargeld oder mit Geschenken in Mobilien belohnt haben. Aber es ist keineswegs so, daß in diesem primitiv gegliederten Staat ein regelmäßig besoldetes Beamtentum entstanden wäre. Die Aufnahme in die Hausgemeinschaft und das Sitzen an der königlichen Tafel war selbstverständliche Folge dieser Beziehung. Weitere Belohnung konnte höchstens freiwillig aus der Gutgesinntheit und Freigebigkeit des königlichen Herrn fließen. Je mehr die Geldwirtschaft der Naturalwirtschaft wich und das Benefizialwesen sich durchsetzte, fand eine gewisse Versachlichung der Beziehung statt. Man diente dem Herrn fortan, um ein Benefizium zu erwerben oder um das einmal erworbene zu behalten, denn das Benefizium blieb – wie das Wort sagt – essentieller Gunstbeweis und konnte, jedenfalls solange die Macht des Herrn unangetastet blieb, wieder eingezogen werden. Zweifelsfrei läßt sich das aus dem ableiten, was der westsächsische König Ine bestimmt: »Wenn ein Mann aus dem Gefolgsadel aus dem Lehnsgut abzieht, dann darf er seinen Amtmann und seinen Schmied und seine Kinderfrau mitnehmen. Wenn er das Lehnsgut gezwungen verläßt, dann darf ihm die Ernte der von ihm bebauten Äcker nicht genommen werden.«[12] Es liegt in der Natur der Sache, daß der Besitz eines Benefiziums den Vasallen oft aus der Hausgemeinschaft des Herrn herauslöste, wodurch die persönliche Verbundenheit auf familienrechtlicher Basis schwand. Das Va-

[11] J. J. Mak, *De geboorte der moderne Westerse beschaving.* Arnhem 1954, S. 156.
[12] Liebermann, S. 119.

sallitätsverhältnis, beherrscht von dem Gedanken gegenseitiger Treue, blieb zwar als persönliches Band bestehen, aber dessen Unterpfand war die Belehnung mit einem sachlichen Gut. Das lehnsrechtliche Verhältnis hat also die Idee der Belohnung stärker entwickelt. Noch immer aber lag ein Lohndienstverhältnis noch weit außerhalb der Denk- und Gefühlssphäre der Betroffenen.

Ob nun der Diener von freier oder unfreier Herkunft war, er gehörte einer Kategorie von Personen an, die vielleicht lebenslänglich, wenn auch nicht stets dazu verpflichtet, Dienste nicht alltäglicher Art verrichteten, dem Fürsten in seiner Haushaltung und außerhalb zur Seite standen, und deren Leistungen bereits infolge der Hoheit des Herrn angesehen waren. Belohnung paßt zwar in diese Struktur, aber nur als Wohltat des Herrn, nicht als abzwingbares Recht des Dieners. Die ursprüngliche prinzipielle Gleichheit freier Leute im Gefolgschaftsverhältnis ließ den Gedanken an einfachen Lohndienst nicht aufkommen. Eine solche Auffassung ist ebenso unbrauchbar, als sich später eine hierarchische Strukturform deutlicher abzeichnet. Im ersten Fall war es unter der Würde des Dienenden, Lohn zu fordern, im zweiten Fall trat eine solche Forderung der absoluten Hoheit des Herrn zu nahe. Es ist aber begreiflich, daß solche Ideen nur in höheren gesellschaftlichen Kreisen lebensfähig sind.

Das Benefizialwesen muß sich im 7. Jahrhundert entwickelt haben. Natürlich läßt sich das Kulturbild jener Zeit keineswegs mit dem des klassischen Altertums vergleichen. Aber wenn man in diesem Lohnsystem dennoch etwas zu entdecken glaubt, was an das römisch-rechtliche *honorarium* erinnert, so tut man gut daran, sofort zu bedenken, daß es zur Belohnung ganz anderer Dienste als der, worauf das *honorarium* Anwendung fand, diente. Das Benefizium trat eigentlich an die Stelle des Unterhalts, den der im Haus des Fürsten lebende Gefolgsmann genossen hat[13].

Nach einer gewissen Zeit weitete es sich aber auch nach unten aus. Weniger große Herren konnten, auch wenn sie selbst Vasallen waren, ihrerseits Vasallen im Tausch für Dienst und Treue in den Besitz eines Benefiziums stellen. Noch immer vollzog sich dann der Prozeß auf gehobener gesellschaftlicher Ebene. Ein Benefizium war die Administration und der Ge-

[13] Heinrich Brunner, *Grundzüge der deutschen Rechtsgeschichte*. Leipzig ²1903, S. 66.

brauch eines nutzbringenden Gutes oder Rechts. Solch eine Belohnungsart – und wenn man will, kann man darin eine psychologische Parallele zur Honorarform entdecken – erfolgte in der einigermaßen feierlichen Atmosphäre ehrenvoller persönlicher Übergabe, wodurch sich die Belohnung deutlich von dem großzügig hingeworfenen Trinkgeld unterschied. Dennoch war das Benefizium, genauso übrigens wie das *honorarium*, keine zufällige Gabe. Man diente wohl in der gewissen Erwartung, sich damit ein Benefizium erwerben oder das erhaltene Benefizium behalten zu können.

Diese Entwicklung führte offensichtlich mit der Zeit zu einer Situation, in der der Vasall ein gewisses Anrecht auf das erworbene Benefizium zu haben glaubte. Da die Einkünfte faktisch der Verfügungsgewalt über einen Vermögenswert entstammten, konnte die enge Verbindung mit der dauernden Dienstleistung für das Bewußtsein leicht verlorengehen. Mächtig gewordene Lehnsleute haben sich tatsächlich häufig aus ihrer Dienstbarkeit gelöst. In der Karolingerzeit war das aber noch unüblich. Wie dem auch sei, die Entwicklung, die das Benefizium weniger als Gunst, sondern eher als Recht auffaßt, hat die Auffassung, es werde für einen Dienst auf hoher Ebene verliehen, nicht geändert. Der Gefühlswert, der sich dahinter verbarg, entstammte der Vorstellungswelt des Dienstadels. Der berufsmäßige Ausüber von Diensten intellektueller Art hat als solcher darauf keinen Einfluß gehabt. Seine Dienstleistung – auch wenn er persönlich zur grundbesitzenden Klasse gehörte, und das wird meistens der Fall gewesen sein – vollzog sich in einer anderen Kategorie. Der Honorarcharakter intellektueller Leistungen schien mehr und mehr zu verfallen: Sie wurden mit Lohn vergütet.

Aber auch die germanische Strukturform ist nicht ausschließlich in höheren Regionen zu Hause. Die Idee dauerhafter persönlicher Bindung war für die Verhältnisse in der agrarischen Wirtschaft geeignet. Hier, vor allem im Hofsystem, hatte man schließlich Bedarf an einem lang dauernden, möglichst bleibenden Dienstverhältnis. Die Freien, die keine Chancen sahen, ihre Selbständigkeit zu behalten, hatten auch ihrerseits Interesse an einer Beziehung, die nicht als willkürlich kündbarer Leistungsvertrag, sondern vielmehr als eine das ganze Leben umspannende Verbindung erfahren wurde. Es ging ihnen gewiß nicht um erhabene Gefühle des Dienstethos, noch weniger um die Aussicht auf Karriere und Macht. Der einfache Mann wird auch ohne ritterliche Ideale etwas von der Treue begriffen haben, die Herrn und Diener verband: Sein Dienstverhältnis wurde genauso wie das in den höheren Bereichen der Gesellschaft als »Treudienst« aufgefaßt. Was er für sich persönlich davon zu erwarten hatte, lag natürlich auf seiner eigenen Ebene. Also Lohn? Wohl kaum. Denn Lohn versteht sich als Äquivalent für Arbeitsleistung, aber der Mann, der sich in die Münze eines Herrn begab, trug sich mit seiner ganzen Person und seiner ganzen Habe einem Herrn an, er gehörte dem Herrn fortan fürs Leben zu. Geldlohn sagte dem Herrn übrigens auch in dieser Zeit der schrumpfenden Geldwirtschaft nicht zu. Die Gegenleistung bestand in Unterhalt und Schutz. Man kann das als Formen von Naturallohn bezeichnen, und der Dienstmann hatte darauf zweifelsohne auch ein festes Recht, wenn sich auch die Größe nur schwer festlegen ließ. Aber die ganze Struktur des Verhältnisses ist doch so anders als der eigentliche Lohndienstvertrag, daß die begriffliche Unterscheidung zwischen Unterhalt und Lohn doch sinnvoll erscheint.

Mittels *commendatio* ist es also auch möglich geworden, daß Freie auf einer niederen gesellschaftlichen Stufe in den Dienst eines anderen freien Mannes traten. Die dadurch geschaffenen Verhältnisse hatten mit der Gefolgschaft und der lehnsrechtlichen Vasallität gemein, »daß sie durch Übereinkunft entstanden und Autorität über Freie verliehen. Darauf deutet die ›Lex Ribuaria‹[14], wenn sie über den *homo ingenuus in obsequio alterius* spricht. Im 8. Jahrhundert werden alle, die in einem solchen Schutz- und Dienstverband stehen, als *vassi* (Verkleinerungsform *vasalli*) bezeichnet.«[15] Daß das Dienstverhältnis von Freien auch für die Verrichtung einfacher oder niederer Arbeit gelten konnte, geht deutlich genug aus Ines Gesetzesbestimmung über Sonntagsarbeit hervor: »Wenn ein Sklav am Sonntag arbeitet auf seines Herrn Geheiss, werde er frei, und der Herr gebe 30 Schill. zur Strafe. Wenn aber der Sklav ohne Mitwissen desselben arbeitet, verliere er seine Hant (oder Hantgeld). Wenn aber der Freie an jenem Tage arbeitet ohne

[14] Gemeint ist hier vermutlich der Text: »Quod si homo aut ingenuos in obsequium alterius inculpatus fuerit...« (Wenn sich ein freigeborener Mann im Dienste eines anderen untadelig betragen hat...) aus der Lex Ribuaria XXXI; Vgl. L. Sohm, *Lex Ribuaria et lex Francorum Chamavorum*. Mon. Germ. Hist., Hannover 1883, S. 60.

[15] E. J. J. van der Heijden, *Aanteekeningen bij de geschiedenis van het oude vaderlandsche recht*. Nijmegen-Utrecht [2]1934, I, S. 87–88.

seines Herrn Geheiss, verliere er seine Freiheit (oder 60 Schill.; und ein Priester sei doppelt schuldig)«.[16]

Das Zustandekommen all solcher Autoritätsverhältnisse vollzog sich in der Art förmlicher Gesten, wie es im germanischen Recht bei Rechtshandlungen allgemein üblich war. Möglicherweise war die älteste Gelöbnisform die des Kusses, die ja eine gewisse Gleichwertigkeit der Partner voraussetzt. Er kam nicht nur bei feudalen Verhältnissen vor[17]. Dem Herrn die zusammengelegten Hände darzubieten, der sie zwischen die seinen nahm, war eine die Hierarchie stärker symbolisierende Geste, gewiß dann, wenn man kniend die Hände den Füßen des sitzenden Herrn darbot[18]. Beim Übereinkommen auf niederem gesellschaftlichen Niveau war auch eine Gabe des Herrn an den Dienstmann üblich. Dieses formale Element hat sich bei Arbeitsverträgen lange Zeit erhalten, auch nachdem die Darbietung und die Annahme der Hände als veraltetes Zeremoniell in Vergessenheit geraten war.

Das Zusammenlegen der Hände und der Kniefall müssen von alters her üblich gewesen sein, auch unter Freien und Edlen. Man sah nichts Erniedrigendes in einer solchen Unterwerfungsgeste[19]. Sie gehört zum normalen Protokoll bei lehnsrechtlichen Huldigungen.

Der sogenannte »Treudienstvertrag«, der Dienstverhältnisse auf höherem und niederem gesellschaftlichen Niveau umfaßt, ist vor allem von Otto von Gierke wiederholt ausführlich beschrieben worden[20]. Und nicht nur beschrieben; denn es lag ihm daran, zu beweisen, daß der Lohndienstvertrag in den deutschen Ländern auf der Grundlage einer völlig eigenen »deutschrechtlichen« Entwicklung entstanden sei. Sein Gedankengang war, daß die Idee der germanischen militärischen Gefolgschaft durch die Institution der *commendatio* im Prinzip unverändert in das normale agrarisch wirtschaftliche Leben integriert worden sei und daß daraus später vor allem im 12. und 13. Jahrhundert, infolge gewisser Strukturänderungen in der Wirtschaftsgesellschaft – und keineswegs also aus römischrechtlichen Vorstellungen –, der Lohndienstvertrag hervor-

[16] LIEBERMANN, S. 91.

[17] JACOB GRIMM, *Deutsche Rechtsalterthümer*. Göttingen 1828, S. 143.

[18] GRIMM, S. 139.

[19] GRIMM, S. 348.

[20] OTTO VON GIERKE, *Deutsches Privatrecht*, III. München-Leipzig 1917, S. 593–94; ders., *Die Wurzeln des Dienstvertrages*. In: Festschrift für Heinrich Brunner. Leipzig 1914, S. 37ff.

gegangen sei. Diese Theorie hat großen Einfluß ausgeübt. Sie hatte zweifellos etwas Attraktives, weil damit das Vorhandensein eines personenrechtlichen Elements im vermögensrechtlichen Arbeitsverhältnis einer späteren Zeit annehmbar gemacht werden konnte. Dieses personenrechtliche Element sei darin nämlich als Rückstand der ursprünglich germanischen Strukturform enthalten geblieben.

Der »Treudienstvertrag« wird von Gierke also als ein personenrechtlicher Vertrag dargestellt, im Gegensatz zur römisch-rechtlichen *locatio conductio operarum*, die als vermögensrechtliche Übereinkunftsform der Persönlichkeit des Arbeiters keinen Platz einräumte. Der zentrale Begriff »Treudienstvertrag« ist der der gegenseitigen Treue. Der personenrechtliche Charakter schließt nicht aus, daß aus ihm auch eine Reihe vermögensrechtlicher Folgen erwachsen: Sowohl der Herr wie der Diener ist auf Grund der Verbindung zu bestimmten Leistungen verpflichtet. Der eigentliche Zweck des Vertrags sei aber gewesen: die Schaffung einer mehr oder minder ständigen Bindung, um eines inneren Wertes, namentlich der Lebensgemeinschaft der sich einander verbindenden Personen, willen. Die spätere Entwicklung des Lohndienstvertrags habe den Dingen eine andere Richtung dahingehend gegeben, daß fortan als primärer Zweck genannt werden konnte: die Schaffung einer mehr oder minder zeitweiligen Beziehung, um eines äußeren Wertes, um eines Austauschs konkreter Leistungen willen.

Bei allem Respekt für die interessante Konzeption Gierkes und die historische Gründlichkeit, auf der sie beruht, sind wir doch der Meinung, daß sie nicht als akzeptabel gelten kann. Es ist gewiß unbestreitbar, daß Arbeit und Arbeitsgemeinschaft im frühmittelalterlichen Weltbild stärker in der ganzen Existenz von Mensch und Gruppe integriert waren, als das bei einer differenzierteren und urbanen Zivilisation der Fall zu sein pflegt. Die Motive der beiden Vertragsparteien werden denn auch minder bewußt in Begriffen der wirtschaftlichen Vorteile gefaßt sein. Dennoch läßt sich das menschliche Streben nach eigenem Vorteil oder Wohlergehen auch hier nicht eliminieren. Die subjektiven Motive sind bei einem Organisationsverhältnis ebenso real wie das objektive Ziel. Was hätte der militärische Gefolgsmann bei aller Verbundenheit zu seinem Herrn sonst gesucht als Ruhm, Ehre und fortune? Der Herr konnte ihm vielleicht nicht alles unmittelbar verschaffen, aber der Dienstmann durfte doch voraussetzen, daß es ihm durch den Dienst am Herrn auf diese oder jene Weise zuteil werden würde.

Wir dürfen annehmen, daß der Lebensunterhalt, den der in die Haushaltung des Herrn aufgenommene Gefolgsmann beanspruchen konnte, für diesen eine Nebensächlichkeit war, in der Tat eher eine selbstverständlich angenommene Folge der Beziehung als ein Motiv, um sich in das Dienstverhältnis zu begeben. Anders wurde es vermutlich, wenn die Verleihung eines Benefiziums an die Stelle des Unterhalts trat. Auch wenn der Dienstmann kein ausgesprochenes Forderungsrecht auf das Benefizium erhielt, so wird doch der Hauptbeweggrund für die Verleihung seiner Dienste in der sicheren Erwartung eines Benefiziums gelegen haben. Im Lauf der Geschichte ist das einmal erworbene Lehen, für das der Lehnsmann noch immer Dienst schuldet, übrigens dann so fest in seine Hand gekommen, daß eigentlich wenig Zweifel an seiner wirklichen Intention bestehen konnte. Und was schließlich den »Treudienstvertrag« betrifft, der in den niederen Regionen des einfachen Wirtschaftsgefüges durch *commendatio* zustande kam: Man wird doch nicht ernstlich annehmen wollen, daß es den Parteien dabei um die Lebensgemeinschaft als solche ging. Der *dominus* brauchte ganz einfach die Arbeitskraft des *commendatus*, und dieser trat in den Familienverband ein, um seinen eigenen Lebensunterhalt zu sichern. Wenn kein Geldlohn ausbezahlt wurde – beim Eingehen der Bindung war eine Gabe wohl angebracht –, dann deshalb, weil die agrarische Haushaltung so weit wie möglich autark war. Es war also mehr eine Auswirkung der Naturalwirtschaft als des Bewußtseins. Das soll nicht heißen, daß mit der Handhabung des »Treudienstvertrags« in der agrarischen Haushaltung das entstanden wäre, was eine spätere Zeit als Lohndienstvertrag bezeichnen würde. Der Unterschied ist beträchtlich. Aber es scheint wenig befriedigend, ihn so zu umschreiben, daß es sich im einen Fall um einen personenrechtlichen Vertrag mit seinen gesetzlichen Folgen handelt und im anderen um eine vermögensrechtliche Bindung, an der als historischer Rückstand noch immer gewisse personenrechtliche Züge haften. Jedes persönliche Unterordnung mit sich bringende Arbeitsverhältnis ist eine Mischform, die weder im Personenrecht noch im vermögensrechtlichen Vertragsrecht ihren adäquaten Platz hat. Zu verschiedenen Zeiten kann der Akzent sicher sehr verschieden gesetzt werden. Was aber den »Treudienstvertrag« vom gewöhnlichen Lohndienstvertrag wesentlich unterscheidet, ist weniger ein juristischer Akzent als die gesellschaftliche Struktur, die dahintersteht. Das durch die *commendatio* geschaffene Verhältnis soll auf Lebenszeit bestehen. Es war zwar möglich, daß es abgebrochen wurde, aber ein Bruch lag doch nicht im Sinn der Sache und wird faktisch wohl auch selten vorgekommen sein. Die lebenslange Dauer fügte sich ganz in das Bild dieser statischen Zeit, in die Naturalwirtschaft, in die geschlossene Gesellschaft, die nur Gewißheit und Sicherheit bot, wenn man sich in einem starken Gruppenverband geborgen wußte. Die Dauerhaftigkeit der Bindung vertrug sich nicht mit der Idee individueller Freiheit, sondern verwies unentrinnbar in Richtung auf eine hierarchische Gebundenheit. Es ist denn auch weiter nicht erstaunlich, daß sich auf der Grundlage des »treuen Dienstes« eine Arbeitsordnung entwickelte, die sich als ein unerschütterliches Gemeinschaftsgefüge darbot, das den freien Arbeitsvertrag für seinen Fortbestand mit der Zeit viel weniger zu benötigen schien.

6. Das Handwerk

Die primitive germanische Wirtschaft war eine agrarische und eine autark familiäre. Das heißt, daß die gewerbliche Arbeit der Urproduktion untergeordnet war und im Rahmen des Stammesverbandes ausgeübt wurde. Bestimmte Betätigungszweige behielten bis ins Hochmittelalter hinein die Form von Hausarbeit. Andere emanzipierten sich früher als spezialisiertes Handwerk, aber das muß nicht heißen, daß ihre Vertreter sofort auch selbständig niedergelassene Handwerker sind, die den Beruf auf eigene Rechnung und Gefahr ausüben. Zur Zeit der sogenannten Völkerwanderung haben die germanischen Stämme vielleicht nur den Schmied – und dabei vor allem den Waffenschmied – als technischen Spezialisten gekannt. Wie das aber auch bei anderen primitiven Kulturen der Fall gewesen ist – unter anderem auch im Griechenland vor der Entwicklung der städtischen Kultur – waren solche Arbeiter weder wirtschaftlich Selbständige, noch standen sie im Dienst einer bestimmten Person. Sie gehörten gleichsam der Dorfgemeinschaft, die ihnen einen Teil der Ernte im Tausch für die Dienste überließ, die sie den Dorfgenossen leisteten[1]. Der letzte Nachfahre dieses Typs – und nicht der älteste Lohnarbeiter, wie oft behauptet wurde[2] – ist wahrscheinlich der gemeinschaftliche Dorfhirte, der häufig im Mittelalter und auch noch in späterer Zeit auftrat.

Erst wo die Gemeinschaftsorganisation ihre kollektiven Züge verlor und individualistischere Kennzeichen aufzuweisen begann, konnten sich der selbständige Handwerksbetrieb und der freie Handwerksvertrag entwickeln, wie das in den romanisierten Gebieten der Fall war. Außer in den Städten, wo sich die gallo-römische Tradition auch in dieser Hinsicht, wenn auch auf niedriger Stufe, erhalten hatte[3], konnte das ebenso auf dem Lande der Fall gewesen sein. Doch wird hier, besonders bei der Domänenorganisation, die Entwicklung eines starken wirtschaftlich selbständigen Handwerksbetriebs nur sehr langsam gediehen sein. In technischer Beziehung dagegen gab es offensichtlich eine Entwicklung. Das Hofpersonal, dem wir im salischen Gesetz begegnen, verrichtete offensichtlich bereits differenzierte Tätigkeiten, teilweise fachlich spezialisierter Art.

»Außer über die Mitglieder der eigenen Familie verfügte der salische Franke, der dessen bedurfte und sich die damit verbundenen Ausgaben leisten konnte, über einen ausgedehnten Stab von Arbeitskräften.«[4] Frauen waren außer im Wohnhaus auch in der *screna*, der Webhütte, tätig. Das Gesetz erwähnt den Hirten, den Weinbergarbeiter, den Schweinehüter, den Jäger, den Stallknecht, den Oberknecht, den Tafeldiener, den Schenk – also landwirtschaftliches und Haushaltspersonal –, aber auch den Müller, den Zimmermann, den Schmied, den Goldschmied und den nicht näher definierten Handwerker *(artifex)*. »Dieses Personal besteht aus älteren und jüngeren Leuten, sogar aus Kindern beiderlei Geschlechts. Da bestimmte Handschriften neben dem ›maior‹ die ›maiorissa‹ erwähnen, ist es nicht allzu gewagt anzunehmen, daß ersterer dem männlichen, letztere dem weiblichen Personal vorstand.«[5]

[1] M. W. F. Treub, *Hoofdstukken uit de geschiedenis der staathuishoudkunde.* Haarlem 1919, S. 100–01.

[2] A. Zycha, *Über die Anfänge der kapitalistischen Ständebildung in Deutschland.* In: Vierteljahresschrift für Sozial- und Wirtschaftsgeschichte (1938), S. 217.

[3] E. Levasseur, *Histoire des classes ouvrières et de l'industrie en France avant 1789.* Paris ²1900, I, S. 179–80.

[4] B. H. D. Hermesdorf, *De volksaard der Salische Franken uit eigen rechtsoptekening benaderd.* Eindhoven 1951, S. 13.

[5] Hermesdorf, S. 13.

Man darf also wohl unterstellen, daß die Konzentration der Landwirtschaftsproduktion innerhalb der Fronhöfe der großen Grundherren eine Vorbedingung für das Entstehen einer gewissen Spezialisierung von Tätigkeiten und somit auch für ein technisch spezialisierteres Handwerkswesen geschaffen hat. Dennoch blieb der Kontakt mit der Landwirtschaft häufig erhalten: »Die kleineren hörigen Höfe werden vorwiegend mit Leuten besetzt, die irgendein Handwerk verstehen und damit dem Fronhof zu dienen haben, für die also die Landwirtschaft ein Nebenberuf ist, um sich darauf den notwendigen Lebensunterhalt, jedenfalls teilweise zu verschaffen... Man findet dort Müller, Bäcker, Bierbrauer, Jäger, Fischer, Kleidermacher, Schuhmacher, Netzmacher, Zimmerleute, Grobschmiede, Waffenschmiede usw.«[6]

Mehr als die technische Spezialisierung interessiert uns hier aber die Beziehung, in der diese Handwerksleute auf Grund ihrer Funktion zu anderen standen. Darf man sagen, daß sich die Dienstbarkeit für das Dorfkollektiv auf die Dienstbarkeit für den Feudalherrn übertragen hat? Ist, wie auch immer, das Handwerk im grundherrschaftlichen System eine Funktion der hierarchisch organisierten Gruppe geworden, so daß nur der Domänenherr oder dessen Verwalter, der Meier, über die Arbeitskraft des Handwerkers verfügen konnte? Man ist geneigt, das aus den Rechtsquellen und den wirtschaftlichen Fakten abzuleiten. Auf die Unterordnung all derer, die innerhalb der Domäne lebten, wurde in der Literatur denn auch größter Nachdruck gelegt. Damit scheint sich die Konzeption eines selbständigen Handwerksbetriebs nur schwer zu vertragen.

So fährt Hermesdorf in seiner bereits zitierten Darstellung der ›Lex Salica‹ folgendermaßen fort: »Die Position all dieser Menschen muß eine solche der Abhängigkeit gewesen sein, denn der Titel, der sie erwähnt, trägt die Überschrift: ›De servis vel manicipiis furatis‹ (Über Diebstahl von Hörigen, von Untergeordneten). Außer im Text kommen auch anderswo im Volksrecht dauernd Worte vor, die diese Abhängigkeit unterstreichen. Wir nennen: ancilla, servus, ministerialis, ancilla ministerialis, laetus.« Wirtschaftshistoriker haben nachdrücklich darauf verwiesen, daß jede Domäne eine geschlossene Welt im Kleinen bildete, autark und beinahe ohne wirtschaftlichen Verkehr mit der Außenwelt[7], in der auch die Handwerker ein-

[6] Treub, S. 103–04.

[7] Henri Pirenne, *Histoire de Belgique*. Brüssel 1929, I, S. 148.

geschlossen saßen. »Auch der Schmied, der Wagner, der Ledergerber usw. waren Bauern der Domäne. Alle produzierten nur für den lokalen Bedarf. Wo auch hätten sie Abnehmer gefunden? Die einzelnen Bewohner der Städte lebten gleichfalls aus dieser oder jener domanialen Ökonomie der Umgebung, die sie besaßen oder an die sie als Hörige gebunden waren, beauftragt mit einem speziellen Dienst in der ›Stadt‹. Mehr noch! Selbst wenn die Landbauproduzenten dieser Zeit oder die Handwerker der Domänen entgegen aller Wahrscheinlichkeit versucht hätten, Abnehmer zu suchen, wäre ihnen das doch schier unmöglich gewesen.«[8]

Und doch können diese Betrachtungen nicht zwingend zu dem Schluß führen, daß ein selbständiger Handwerksbetrieb – einmal abgesehen von dem, was in den Städten rudimentär vorhanden geblieben war – während dieser Periode ein Ding der Unmöglichkeit gewesen wäre. Erstens herrschte die Domänenwirtschaft nicht in jedem Gebiet absolut vor, wenn auch zuzugeben ist, daß sie sich im Lauf der Zeit ausgebreitet hat. Aber überdies läßt sich aus der Geschlossenheit der Domäne nicht ableiten, daß sich in ihrem Bereich jeder wirtschaftliche Verkehr auf der hierarchischen Linie Hof – Hufe vollzog. Es ist durchaus nicht auszuschließen, daß wirtschaftliche Transaktionen auch unter den Bewohnern der Domäne vorgenommen wurden. Und überdies sollte man bedenken, daß Hörigkeit zwar wirtschaftliche Folgen hatte, aber deshalb noch nicht a priori mit wirtschaftlicher Unselbständigkeit gleichgesetzt werden darf.

Dieser letzte Einwand scheint von gravierender Bedeutung, und darum wollen wir darauf etwas näher eingehen. In der Tat hat das Bild von Unfreiheit, das diese Periode in gewisser Weise doch wohl heraufbeschwört, nicht selten die Einsicht in die damals herrschenden Arbeitsverhältnisse getrübt. Wir neigen nämlich allzu sehr zu einem Kultivieren der aus römischer Zeit stammenden Vorstellung, daß wirtschaftliche Selbständigkeit nur dort auftreten kann, wo juristische Freiheit besteht. Diese enge Beziehung zwischen Freiheit und Selbständigkeit ging schon deswegen in der fränkischen Zeit nicht mehr auf, weil – so sehr die Rechtsquellen auch den Unterschied zwischen dem freien Mann und dem Unfreien herausarbeiten – die Freiheit selbst ein relativer Begriff geworden

[8] C. Verlinden, *De dubbele cyclus der economische evolutie*. Antwerpen-Brussel-Gent-Leuven 1950, S. 46.

war. Zu Recht wurde denn auch, unter anderem auch von Zycha, die Behauptung, daß der Hörige per definitionem keine selbständige Arbeit hätte verrichten können, zurückgewiesen. Persönliche Freiheit, so stellt er fest, ist keine notwendige Voraussetzung für wirtschaftliche Selbständigkeit; die historische Wirklichkeit läßt eher das Gegenteil erkennen[9]. Er schließt sich damit der Auffassung von Belows an, der schon in seiner Ablehnung der hofrechtlichen Theorie für den Ursprung der Städte festgestellt hat, daß persönliche Gebundenheit mit wirtschaftlicher Freiheit – besonders mit freier Handwerkerarbeit – parallel gehen konnte. Was für das 10. und 11. Jahrhundert festgestellt werden konnte, soll nach von Below auch schon, wenn auch in geringem Maß, in der fränkischen Zeit gegolten haben.

Die Reaktion auf eine frühere Theorie, nach der alle freie wirtschaftliche Aktivität aus den Städten stammt, ging sogar so weit, daß man auch den Lohndienst Unfreier für möglich gehalten hat. Die Grundherrlichkeit als Zentrum von Produktion und Bedarf mit ihrem Arbeitszwang sei auf der ganzen Linie die Durchgangsstation für die neue Arbeitsfreiheit gewesen. Obwohl von der Arbeit im Lohndienst erst im nächsten Kapitel gesprochen werden soll, mag hier doch erwähnt werden, daß diese allzu konsequente Theorie nicht akzeptabel erscheint. In den romanisierten Gebieten hat der freiwillige Dienstvertrag in einer begrenzten Zahl von Fällen möglicherweise noch eine Zeitlang als Relikt aus spätrömischer Zeit fortgelebt. Aber es ist kaum denkbar, wie auch der Unfreie aus eigenem Willen und mit Zustimmung seines Herrn in ein echtes Dienstverhältnis zu einem Dritten hätte treten können. Niemand kann zwei Herren dienen. Die streng hierarchische Gesellschaft wird auch die profane Wahrheit dieses Bibelwortes sehr gut erkannt haben.

Zum Handwerk zurückkehrend, stellen wir zunächst fest, daß Selbständigkeit zunächst nicht die Regel gewesen sein muß. Es ist sogar offenkundig, daß sich die ersten Handwerksleute auf dem flachen Land in der eigentlichen Hoforganisation befunden haben und nicht auf den umliegenden Höfen. Sie gehörten in diesem Fall also zum Hofpersonal, und der unfreie Status war für sie denn auch der nächstliegende. So gesehen ist es dann erklärlich, daß viele Autoren die wirt-

[9] Zycha, S. 108.

schaftliche Unselbständigkeit als eine notwendige Folge der persönlichen Unfreiheit gesehen haben. Aber in etwas späterer Zeit braucht es nicht unmöglich gewesen zu sein, daß es auch weniger eng an die Haushaltung des Herrn gebundene Handwerksleute gab. Sie konnten freier oder unfreier Herkunft sein, waren aber jedenfalls hörig. Als solche hatten sie gewisse Dienstverpflichtungen dem Herrn gegenüber; darüber hinaus konnten sie aber ebenso wie die hörigen Bauern – was sie zum Teil übrigens selbst auch waren – einen selbständigen Betrieb haben.

Haben diese selbständigen Handwerker Vereinbarungen zur Annahme von Arbeit getroffen? Man kann das Rechtsverhältnis, in welches sie zu Auftraggebern traten, zwar so nennen, doch ist dabei zu bedenken, daß die Umstände seit der Zeit der römisch-rechtlichen *locatio conductio operis* viel primitiver geworden waren. Die vorherrschende Naturalwirtschaft, die geringe Kaufkraft des Klientels und der Brauch, daß der Auftraggeber die zu bearbeitenden Grundstoffe selbst lieferte, waren Ursache für eine nur oberflächliche Entwicklung des Unternehmerverhältnisses. So ist es auch zu erklären, daß es zahllosen Autoren nicht gelungen ist, irgendeinen Unterschied zwischen dem Handwerker festzustellen, der »im Lohn« zu arbeiten pflegte, und dem, der gegenwärtig »Lohnarbeiter« genannt wird. Das ist um so begreiflicher, wenn nicht gar zu motivieren, weil nur ein gradueller Unterschied zu dem Verhältnis besteht, das jene eingehen, die als »Taglöhner« bezeichnet werden. Diese Leute, die sich ja nicht an einen Arbeitgeber binden, sondern all jenen kurzfristige Dienste leisten, die Bedarf dafür haben, können zwar pro Tag bezahlt werden, aber auch von ihnen erwartet man vielfach, daß sie innerhalb dieser festgesetzten Spanne eine genau umschriebene Arbeitsleistung vollbringen. Mit anderen Worten, der Zeitlohn hat noch nicht die Bedeutung, die er in viel späterer Zeit erhalten wird: als Lohn zu gelten für das persönliche Sich-Zur-Verfügung-Stellen, während der Arbeitgeber selbst wissen muß, wie er seine Verfügungsgewalt einsetzt. Der Taglöhner ist eine noch mehr oder minder selbständige Persönlichkeit, die eine leicht überschaubare Arbeitsleistung verrichtet und sich dafür nach Zeit bezahlen läßt. Bei den Römern war es bereits Brauch, in solchen Fällen soviel wie möglich das Rechtsverhältnis *locatio conductio operis*, also das des selbständigen Ausübers von Betriebsarbeit anzuwenden.

Wenn der Handwerker schon in spätrömischer Zeit oft »im Lohn« gearbeitet hat und der Lohn für die Ausführung seines Auftrags nach Zeit bemessen werden konnte[10], so besteht kein Zweifel, daß sich dieser Brauch im Frühmittelalter fortgesetzt hat. Sogar in den Städten war das der Fall. Die verfallende urbane Wirtschaft hat immer weniger große Geschäftsleute gekannt, die bei Arbeitsübernahme das volle Betriebsrisiko tragen konnten. Auf dem Bausektor, wo der Unternehmenscharakter für unser heutiges Vorstellungsvermögen wohl am ausgeprägtesten vorhanden war, enthalten die langobardischen Gesetze Texte, die das Bestehen einer Übergangssituation vermuten lassen. Man kannte offensichtlich *magistros commacinos*, die ganz im Sinne der klassischen Auffassung *conductores* beim Unternehmervertrag *(locatio conductio operis)* waren. Sie nahmen das Risiko auf sich, jedenfalls im vertraglichen Verhältnis; Haftung gegenüber Dritten bestand für sie ebensowenig wie für den Auftraggeber. Aber daneben erwähnt ein anderer Text Baumeister, die keine Arbeit annahmen, sondern selbst »angenommen« wurden, um die Arbeit zu leisten. Es erscheint merkwürdig, daß sie, obwohl sie vom Auftraggeber nicht das Arbeitsrisiko übernommen haben, bei Unfällen dennoch gegenüber Dritten haftbar waren. Vielleicht läßt sich aus diesen Bestimmungen ablesen, daß man weder vom echten Bauunternehmer noch vom Auftraggeber erwartete, daß sie stets auf der Baustelle anwesend waren; dann ist es schließlich zu erklären, daß sie nicht wie der mit der Aufsicht betraute Baumeister für den Schaden haftbar gemacht wurden, den Dritte dadurch erlitten. Eine andere Erklärung für den ungleichen Inhalt der Bestimmungen wäre die, daß sich der erste Text ausschließlich auf Fremde bezieht, die mit dem Bauwerk nichts zu tun hatten, während der letzte deutlich auf Unfälle zielt, die Arbeitern zustießen.

Wir wollen uns hier nicht länger beim Inhalt dieser Bestimmungen aufhalten. Wir erwähnen sie nur, weil aus ihnen klar hervorgeht, daß in der Rechtsbeziehung zwischen Baumeister und Prinzipal zwei ganz verschiedene Formen unterschieden werden können. Der erste Text lautet folgendermaßen: »Von den Baumeistern: Wenn ein Baumeister mit seinen Gesellen es auf sich genommen hat, ein Haus gegen eine vereinbarte Bezahlung wiederherzustellen oder zu bauen, dann ist weder

[10] Vgl. Teil I, Kapitel 7.

der Besitzer des Hauses noch der Baumeister mit seinen Gesellen – falls jemand durch das betreffende Haus oder durch fallendes Material oder Steine zu Tode kommt – gehalten, für den Unfall mit tödlichem Ausgang oder für den Schaden aufzukommen; wenn nämlich jemand im Hinblick auf Gewinn eine Arbeit auf sich nimmt, ist er nach gängigem Brauch für den Schaden, für den er keine Schuld trägt, nicht verantwortlich.«[11] Hier wird unmißverständlich auf *locatio conductio operis* gezielt. Ein ›Memoratorio de mercedes comacinorum‹ gibt übrigens eine ebenso klare wie knappe Definition, die keinen Zweifel an der Bekanntheit dieser Rechtsform bestehen läßt, nämlich: »Baumeister waren freie Männer, die es auf sich nahmen, Arbeiten gegen eine bestimmte Bezahlung zustande zu bringen.«[12] Man vergleiche damit die Formulierungen in einem folgenden caput: »Von gesuchten oder angenommenen Baumeistern: Wenn jemand für das Bauen eines Hauses oder einer Hütte einen oder mehrere Baumeister gesucht oder in Dienst genommen hat, um die Arbeit zu leiten oder sich um die Auszahlung des Taglohns an seine Untergebenen zu kümmern, und es kommt jemand von den Bauleuten zu Tode durch dieses Haus, dann ist der Besitzer dieses Hauses nicht verantwortlich. Denn wenn ein fallender Baum oder Stein von sich aus einen draußen befindlichen Arbeiter tötet oder ihm irgendeine Verletzung zufügt, liegt die Schuld nicht beim Herrn, sondern der, der die Leitung hat, ist für den Schaden verantwortlich.«[13]

Kann man nun sagen, daß der »angenommene« oder »in Dienst genommene« Baumeister einen Vertrag geschlossen

[11] *Edict. Rothari*, 144, in: F. Bluhme, *Edictus Ceteraeque Langobardorum Leges*. Hannover 1869, S. 29. Der ursprüngliche Text lautet:
»De magistros commacinos. Si magister commacinus cum collegantes suos cuiuscumque domum ad restaurandam vel fabricandam super se, placitum finito de mercedes, susceperit, et contigerit aliquem per ipsam domum aut materium elapsum aut lapidem mori, non requiratur a domino, cuius domus fuerit, nisi magister commacinus cum consortibus suis ipsum homicidium aut damnum conponat; quia postquam fabulam firmam de mercedis pro suo lucro suscepit, non inmerito damnum sustinet.«

[12] Bluhme, S. 147, Anmerkung. Der ursprüngliche Text lautet:
»Magistri commacini sive commacinorum homines leberi erant, qui opera pro certe mercede facienda conducebant«.

[13] *Edict. Rothari*, 145, in: Bluhme, *Langobard. Leges*, S. 30. Der Text lautet:
»De rogatos aut conductos magistros. Si quis magistrum commacinum unum aut plures rogaverit aut conduxerit ad opera dictandum aut solatium diurrum prestandum inter servus suos, domum aut casa sibi facienda, et contegerit per ipsam casam aliquem ex ipsis commacinis mori, non requiratur ab ipso cuius casa est. Nam si cadens arbor aut lapis ex ipsa fabrigam occiderit aliquem extraneum, aut quodlibet damnum fecerit, non repotetur culpa magistris, sed ille qui conduxit, ipse damnum susteneat.«

hat, der mit der römisch-rechtlichen *locatio conductio operarum*, dem Lohndienstvertrag, verwandt ist? Vermutlich hat eine solche Struktur doch nicht vorgelegen. Er war ja kein Dienstknecht, zu dem der Herr sagte, »tu das«, und er tat es, »laß das«, und er ließ es. Seine Dienste wurden zwar über eine längere Zeit und für einen bestimmten Auftraggeber geleistet, aber sie standen in Zusammenhang mit einer bestimmten Arbeit, für deren Zustandekommen der Baumeister noch immer eine gewisse persönliche Verantwortung trug. Sofern auch der Schein von Abhängigkeit bestand, wurde dieser doch von der Wirklichkeit überwunden, die dem Baumeister eine Stellung als Vertreter des Prinzipals, aber trotzdem auch eine bei der Organisation der Arbeit und der Aufsicht über die Arbeiter selbständige Stellung zuwies. War er also eine Art *maior*? Nein, auch das nicht, denn dafür waren seine Stellung und seine Funktion wiederum nicht dauerhaft genug. Vielmehr könnte er als Verrichter einiger qualifizierter Dienste bezeichnet werden – vielleicht fertigte er Entwürfe an, jedenfalls gehörte Organisieren und Mitführen zu seiner Aufgabe. Dagegen spricht aber wieder, daß die Garantie für das Zustandebringen des Endresultats doch auch bei ihm lag. Diese Garantie geht jedoch nicht so weit, daß er die Arbeit mit allen damit verbundenen Risiken übernahm. Dafür war er nicht kapitalkräftig genug. Der Auftraggeber beschaffte selbst die Materialien oder ließ sie auf seine Rechnung vom Baumeister einkaufen. Die Löhne für die Arbeiter erhielt der Baumeister zur Auszahlung periodisch vom Auftraggeber. Seine Stellung hielt in etwa die Mitte zwischen einem Bauunternehmer und einem dienstleistenden Architekten; zunächst und vor allem war er aber der geschulte Handwerker mit Führungsqualitäten, einem komplizierten Auftrag gewachsen, der die Schaffung einer Zusammenarbeitsorganisation verlangte. Es steht außer Zweifel, daß auch die Römer eine solche Aufgabe nicht unter die Rechtsform des niederen Lohndienstvertrages eingeordnet hätten.

Man darf also annehmen, daß der vertragliche Verkehr selbständig operierender Handwerker mit Auftraggebern bestehen blieb, daß aber die Risikoübernahme, wie sie für die ursprüngliche Vertragsform bei größeren Unternehmen gebräuchlich ist, rückläufig gewesen sein wird. Nicht nur bei den Resten der städtischen Wirtschaft, sondern auch bei dem Domänensystem auf dem Land stößt man auf den Handwerksvertrag.

Der Handwerker braucht prinzipiell nicht einmal den freien Status zu besitzen, um – zunächst hin und wieder, später regelmäßig – gegen Bezahlung etwas für andere zu verrichten. In zwar verkleinerndem, fast beschwichtigendem Sinne drückt sich dies in einem angelsächsischen Gesetz (Aelfred, c. 43) aus, das von den freien Tagen spricht. Alle freien Leute des Königs haben einen ausgedehnten Urlaub: 12 Tage zu Weihnachten, an dem Tag, da Christus den Teufel besiegte, am Gregoriustag, 7 Tage zu Ostern und 7 Tage danach, an Peter und Paul, eine volle Woche im Herbst, vor Mariä Lichtmeß und an Allerheiligen. Die unfreien Leute waren weniger gut dran; sie bekamen nur frei an den vier Mittwochen in den vier Quatemberwochen, und dabei wird dann das erwähnt, worauf es uns hier ankommt: »um dem, der ihnen der liebste ist, etwas davon hinzugeben, was entweder ihnen irgend jemand in Gottes Namen schenkt, oder sie selbst in einigen freien Augenblicken verdienen können«.[14]

Von weiterreichender Bedeutung ist eine Bestimmung aus dem Gesetz der Burgunder, das folgendermaßen lautet: »Wenn jemand seinem Sklaven, er sei Goldschmied, Silberschmied, Eisenschmied, Kupferschmied, Reparateur oder Flickschuster, zugestanden hat, das ihm zugewiesene Handwerk öffentlich auszuüben, und dieser hat das angenommene Werk möglicherweise zerstört, dann muß sein Herr dafür Schadenersatz leisten, oder kann, wenn ihm das lieber ist, den Sklaven selbst abstehen.«[15] Daraus läßt sich, wie Zycha bemerkt, ablesen[16], daß die grundherrlichen Kleinwirtschaften mit ausdrücklichem oder stillschweigendem Konsens des Grundherrn – aber natürlich nicht gegen dessen ausdrücklichen Willen – wirtschaftliche Beziehungen zu Außenstehenden angeknüpft haben, auch wenn es Unfreie waren, die in den Kleinbetrieben saßen. Man glaubte früher, den Text so interpretieren zu müssen, daß der Herr auch für den Fall haftbar gemacht wurde, daß er seine Zustimmung zur Arbeit für andere gegeben hatte; das würde also eine Ausdehnung einer bereits bestehenden Regel der Haf-

[14] F. Liebermann, *Die Gesetze der Angelsachsen*, I. Halle 1903, S. 73.

[15] *Lex Gundebaba*, 21, 2, in: F. Bluhme, *Burgundionum Leges*. Mon. Germ. Hist., Hannover 1863, S. 542. Der ursprüngliche Text lautet:
»Quicumque vero servum suum aurificem, argentarium, ferrarium, fabrum aerarium, sartorem vel sutorem in publicum adtributum artificium exercere permiserit, et id quod ad faciendam operam a quocumque suscepit, fortasse everterit, dominus eius aut pro eodem satisfaciat, aut servi ipsius, si maluerit, faciat cessionem.«

[16] Zycha, S. 120–22.

tung des Herrn bedeuten. Es ist aber eine Ausnahme von einer allgemeinen Regel der Nicht-Haftbarkeit gemeint. Im allgemeinen war der Herr für die Folgen seiner von unfreien Leuten eigenmächtig eingegangenen privatrechtlichen Beziehungen zu anderen nicht verantwortlich, wenn aber anzunehmen war – ausdrücklich oder stillschweigend –, daß er seine Zustimmung zu einer öffentlichen Berufsausübung gegeben hatte, dann mußte er auch mit seiner eigenen Haftung dahinterstehen. Um den Herrn heranziehen zu können, war es also, ehe man wirtschaftliche Beziehungen zu Unfreien anknüpfte, notwendig, sich zu vergewissern, ob der Beruf auch mit Zustimmung des Herrn ausgeübt wurde. Es ist durchaus keine so besondere Entdeckung, daß unfreie Handwerksleute im Frühmittelalter bereits Arbeit für Dritte haben leisten können und dabei als wirtschaftlich Selbständige auftraten. Eine solche Situation gab es ja auch schon bei den Sklaven der klassischen Zeit. Ebenso wie damals wird auch der spätere Herr in der Regel diese Arbeit zugelassen haben, weil er darin auch für sich selbst einen gewissen Vorteil erblickte. Das erklärt dann, daß bei schlechter Leistung die Haftung auf dem Herrn lag. Man muß aber wohl daran denken, daß es sich hier nicht um einen Lohndienstvertrag handelt, sondern um eine allerdings wenig entwickelte Form eines Werkvertrags. Bei den betreffenden Handwerkern ist anzunehmen, daß sie ihre Arbeit als Selbständige verrichteten. Eine andere bemerkenswertere Form vertraglichen Verkehrs unfreier Bauern und Handwerker mit Dritten, die gleichfalls möglich war, ist noch zu erwähnen, nämlich der wirtschaftliche Verkehr dieser hörigen Leute mit dem Domänenherrn selbst.

Diese Form haben ältere Autoren im allgemeinen wenig beachtet. Die Ursache liegt vielleicht in dem Umstand, daß sie sich eigentlich nicht mit der Geschichte der arbeitsvertraglichen Verhältnisse beschäftigt haben, sondern nur mit der der »Arbeitsverfassung«[17], das heißt dem organisatorischen Ganzen, in dem die Arbeit des Individuums inkorporiert war. Und doch ist es offenkundig, daß, abgesehen von einer globalen, funktionalen Einordnung der verschiedenen Gruppen von Arbeitern und den damit zusammenhängenden korporativen Regelungen, die tägliche Praxis auch – selbst innerhalb der Domänenorganisation – Bedarf an gelegentlichen Vereinba-

[17] Zycha, S. 106.

rungen und Transaktionen gehabt hat. Zunächst brauchten diese nicht durch bewußte Vereinbarungen gedeckt zu sein; ein arbeitsrechtliches Verhältnis konnte aus der Wirklichkeit erwachsen. So verweist Schmieder darauf, daß das Arbeitsrecht schon lange, ehe die öffentliche Autorität es zu regeln begann, innerhalb der verschiedenen Berufsgruppen zur Entwicklung gelangt war[18]. Sogar bei den unfreien Dienstbeziehungen ist gewissermaßen die Existenz bestimmter »Arbeitsvoraussetzungen« denkbar; sie werden dann aber ziemlich unentwirrbar mit der totalen Lebenssituation des freien Knechtes verflochten gewesen sein. Der »selbständige« Bauer oder Handwerker aber konnte, auch wenn sein Status unfrei war, einen echten vertraglichen Rechtsverkehr mit seinem Herrn eingehen.

Die Arbeitsbeziehung zwischen dem Hof, auf dem der hörige Handwerker saß, und dem Herrenhof braucht also nicht ausschließlich in dem Umstand bestanden zu haben, daß der Hörige ohne Vergütung bestimmte Herrendienste zu leisten hatte. Wenn er neben seinen verrichteten grundherrlichen Verpflichtungen selbständig am Wirtschaftsverkehr teilnehmen konnte, dann steht der Annahme nichts im Wege, daß dort, wo ein Bedarf vorhanden war – zu welchem Zeitpunkt dieser Bedarf entstanden oder in beträchtlichem Maß gewachsen ist, wollen wir hier nicht näher untersuchen –, auch der Herr gegen Bezahlung von seinen Diensten Gebrauch machen konnte. In einem Edikt Karls des Kahlen aus dem Jahr 864, dem sogenannten ›Edictum pistense‹, wird bestimmt: »In den Städten, Ortschaften und Märkten sollen die öffentlichen Beamten dafür sorgen, daß diejenigen, die Brot oder Fleisch nach dem Denar oder Wein nach der Kanne verkaufen, die Ware nicht verfälschen noch im Gewicht verkürzen. Sondern wieviele ausgewogene Brote in jeglicher Stadt aus einem rechten Scheffel des Bischofs, des Abtes oder Grafen den Ministerialen von ihren Bäckern geliefert werden, ebenso viele ausgewogene Brote sollen die Ministerialen aus einem billigen Scheffel von den Bäkkern, die Brot verkaufen, herstellen lassen.«[19] Eberstadt hat angenommen, daß diese Urkunde den unumstößlichen Beweis liefere, daß unter Hofrecht stehende Handwerker schon im

[18] Eberhard Schmieder, *Geschichte des Arbeitsrechts im deutschen Mittelalter*, I. Leipzig 1939, S. 23.

[19] Zitiert bei Rudolf Eberstadt, *Der Ursprung des Zunftwesens und die älteren Handwerkerverbände des Mittelalters*. München-Leipzig 1915, S. 259.

9. Jahrhundert an jedermann verkaufen konnten, ja sogar, daß der Gewinn der grundherrlichen Handwerksleute maßgebend für die Regelung für alle entsprechenden Handwerksbetriebe war. Das ist vielleicht etwas euphemistisch gesehen. Das Edikt ist als eine Vorschrift für die Ministerialen oder Fürsten zu verstehen, darauf zu achten, daß sie, falls sie (vielleicht ausnahmsweise) bei freien Bäckern backen lassen müssen – die also auch Brot verkaufen –, aus einem Scheffel des an die Bäcker gelieferten Mehls genauso viele Brote erhielten, wie sie gewöhnlich von ihren eigenen Bäckern bekamen, die also zur Grundherrlichkeit gehörten. Aber liegt es da nicht auf der Hand, daß die Vereinbarungen über die Anzahl Brote aus einem Scheffel, die für die »eigenen« Bäcker galten und offensichtlich hinreichend feststanden, implicite oder explicite zugleich eingeschlossen haben, was der eigene Bäcker an dieser Backarbeit für den Herrn verdienen durfte? Auch ohne Beweis ist Vergütung des Herrn für bestimmte durch Hörige verrichtete Arbeitsleistungen sicher genauso früh eine mögliche Form wie die Teilnahme Höriger an einem freien Marktverkehr mit Dritten.

So wie es im Frühmittelalter – wenn auch sicher nicht mehr zahlreich – freie Handwerker gegeben hat[20], und daneben allmählich mehr und mehr auch hörige Handwerker als selbständige Unternehmer aufzutreten begannen, sind freie Verbindungen zwischen solchen Leuten auch nicht undenkbar gewesen. Die Zunft mit ihrem Eigenrecht ist gleichfalls ein korporativer Organisationstyp, der in der städtischen Wirtschaft des Hochmittelalters erst zur vollen Blüte gelangen konnte. Allgemein wird angenommen, daß die spätrömischen Korporationen mit der Verländlichung der Gesellschaft verschwunden waren. Manche haben nun doch nach einer gewissen historischen Kontinuität geforscht, indem sie die Quellen, aus denen das Zunftwesen entstanden sein kann, in der hofrechtlichen Organisation suchten. Trotzdem konnte man nicht überzeugend darlegen, daß die historische Linie von dort zur städtischen Zunftfreiheit führt. Zweifellos wird der Fronhof eine zunächst globale, später differenziertere handwerkliche Einteilung gekannt haben, durch die die Vertreter eines bestimmten Berufs oder einer Gruppe von Berufen zu einer Verwaltungseinheit wurden. Ein solches Handwerk wird als *ministerium* oder *officium* bezeichnet, womit die funktionale Zielset-

[20] Auf das gleiche Edikt von Pistense verweist: ALFONS DOPSCH, *Die Wirtschaftsentwicklung der Karolingerzeit vornehmlich in Deutschland*. Weimar 1921–1922, II, S. 167.

zung im ganzen der hofrechtlichen Organisation wohl klar zum Ausdruck kommt. Daneben konnten aber auch Bruderschaften unter Leuten entstehen, die dasselbe Handwerk ausübten. Das ist aber eine genossenschaftliche Form, welche die Berufsausübung selbst nicht berührt, sondern ihr Ziel in religiösen und karitativen Werken hat. Trotzdem kann die Bruderschaft jenen Geist geweckt haben, der für die Entstehung der Zunft förderlich war.

Es läßt sich nun sehr gut denken, daß die Handwerker der Fronhöfe mit den sich lockernden hofrechtlichen Verhältnissen späterer Zeit eigene Handwerksherren bekamen, die eine selbständigere Stellung einnahmen. Der Begriff *magisterium* kam erst zur Mitte des 12. Jahrhunderts in der speziellen Bedeutung einer weiteren Entwicklung des hofrechtlichen Handwerksgewerbes auf, das nämlich unter Leitung eines eigenen magister gestellt wurde und also »eigenes« Recht besaß[21]. Diese Entwicklung liegt folglich auf der zeitlichen Schwelle der augenblicklich behandelten Periode. Ob indessen im *magisterium* in historisch genetischem Sinne ohne weiteres der Übergang des Handwerks zur späteren Zunft gesehen werden darf[22], ist eine Frage, deren positive Beantwortung man nur mit größtmöglicher Zurückhaltung erwägen sollte.

7. Das Lohndienstverhältnis

Während der Periode, mit der wir uns hier beschäftigen, sind zwei Konstruktionen des Lohndienstverhältnisses denkbar. In erster Linie wird – natürlich nur in den romanisierten Gebieten – die römisch-rechtliche Form *locatio conductio operarum* (Miete und Vermietung von Diensten) bestehen geblieben sein. Im Frühmittelalter, wie übrigens auch am Ende der römischen Zeit, wird diese Konstruktion den niederen Klassen, das heißt den Besitzlosen, nicht mehr so unannehmbar erschienen sein. Daneben steht aber eine germanisch-rechtliche Auffassung, die also besonders in den typisch germanischen Gebieten des Karolingerreichs Bedeutung gehabt haben kann. Der Akzent wird dabei nicht auf den Dingcharakter der Arbeit, sondern

[21] Eberstadt, S. 219.
[22] Eberstadt, S. 248.

auf das persönliche Unterordnungsverhältnis gelegt, in dem sie geleistet wird. Diese germanische Konstruktion ist nämlich in Analogie zu den »herrenrechtlichen« Verhältnissen getroffen, die hinsichtlich Unfreier bestanden[1]. Im ersten Fall handelt es sich also um eine vermögensrechtliche Beziehung; prinzipiell beruht sie auf Freiheit, aber in der Wirklichkeit kann sie die Freiheit des Lohnarbeiters natürlich nur in sehr relativem Maß realisieren. Im zweiten Fall wird Freiheit gar nicht erstrebt, sondern gerade eine klare Hierarchie; der temporäre Charakter der Unterordnung impliziert aber, daß – jedenfalls solange diese zeitliche Begrenzung gewahrt bleibt – keine starken Bindungen zwischen Arbeitgeber und Arbeitnehmer entstehen können.

Über die Lohndienstverhältnisse nach dem Prinzip der individuellen Freiheit haben wir schon im letzten Kapitel das eine und andere bemerkt. Im besonderen ist daraus wohl deutlich geworden, daß die Grenze zum handwerklichen Arbeitsverhältnis, ursprünglich als *locatio conductio operis* (Annahme von Arbeit) aufgefaßt, nicht ganz klar gezogen werden kann. Ebenso wie die Römer es in der späteren Zeit bereits getan haben, versuchte man auch in der fränkischen Periode, die handwerkliche Dienstleistung so weit wie möglich als selbständige Arbeitsleistung zu begreifen. Selbst bei sogenannten Taglöhnern ist nicht unmittelbar an ausgesprochene Unselbständigkeit zu denken. Der Umstand, daß der Taglöhner in bestimmten Fällen gewisse Fachkenntnisse besaß, die zum Gelegenheitscharakter seines Dienstes für ein zahlreicheres Klientel kamen, garantierte gleichsam seine Selbständigkeit. Erst wenn es um echte gelegentliche Hilfskräfte (etwa bei der Ernte) ging, die für eine bestimmte Zeit, wenn auch gegen Taglohn, ihre Arbeit für nicht immer denselben Arbeitgeber, im allgemeinen aber doch für eine sehr begrenzte Gruppe von Arbeitgebern verrichteten, ist ein deutliches Merkmal des Lohndienstvertrags zu erkennen. Ein Merkmal, wohlgemerkt, denn das typische Verhältnis von Rechten und Pflichten, das uns den Lohndienst vor allem als ein Zusammenarbeits- oder Organisationsverhältnis begreifen läßt, war in diesem Frühstadium noch keineswegs vorhanden. Solch eine voll entwickelte Konzeption des Lohndienstverhältnisses konnte erst in einer späteren Zeit, als sich

[1] Eberhard Schmieder, *Geschichte des Arbeitsrechts im deutschen Mittelalter*, I. Leipzig 1939, S. 21. A. Zycha, *Über die Anfänge der kapitalistischen Ständebildung in Deutschland*. In: Vierteljahresschrift f. Sozial- und Wirtschaftsgesch. (1938) S. 134–35.

das Bild der wirtschaftlichen Gesellschaft entscheidend geändert hatte, entstehen. Der frühe Taglöhnervertrag – selbst wenn damit also nicht der Handwerksvertrag gemeint ist – kann erst als eine sehr rudimentäre Form einer Lohndienstbeziehung gelten.

Die germanisch-rechtliche Auffassung auf der Linie des hierarchischen Prinzips bleibt indessen ebenso rudimentär. Deutsche Autoren nehmen an, daß es die »Tagelöhner« oder *dagewerchten* seit je in der germanischen Welt gegeben hat. Sie seien prinzipiell frei gewesen, aber von niederem Stand. Im späteren ›Sachsenspiegel‹ stehen sie hinsichtlich Buße und Wehrgeld noch unter den Hörigen[2]. Dem Arbeitgeber wird es also nicht schwergefallen sein, sie für die Dauer des Dienstverhältnisses auf eine Stufe mit seinen *servi* zu stellen. Die Analogie mußte nicht in Identifizierung übergehen, weil eine eigentliche Hausgemeinschaft des Arbeitgebers mit dem Lohnarbeiter im allgemeinen nicht beabsichtigt war. Wo das möglicherweise der Fall war, beim Personal für persönliche und häusliche Dienste etwa, traten natürlich die Faktoren Lebensunterhalt und persönlicher Schutz stärker in den Vordergrund. Diese Form, die bereits unter dem Begriff »Treudienstvertrag« behandelt wurde, wird hier nochmals erwähnt, weil es denkbar ist, daß sie nicht, wie Gierke annahm, in allen Fällen als niedriger angesetzte Nachfolgerin der höheren *commendatio* verstanden werden kann. Die *commendatio* erfolgte ja durchwegs auf Lebenszeit und galt nur für Dienste *ingenuili ordine*, worunter zwar auch Dienste auf niederer gesellschaftlicher Ebene, nicht aber der allerniedrigsten Art verstanden worden sein können. Die häusliche Arbeit auf der Ebene der unfreien Knechte konnte Freien aufgetragen werden, aber das erfolgte nach fränkischem Recht dann auf eine andere Weise, nämlich durch *obnoxiatio* des Status, durch ein – eventuell temporäres – »Dienstbarmachen« des Betroffenen[3].

So verschieden nun auch die römisch-rechtlichen und die germanisch-rechtlichen Ausgangspunkte für die juristische Konstruktion eines Lohndienstverhältnisses gewesen sind, bleibt doch die Frage, ob das in der Praxis eigentlich von großer Bedeutung war. Man muß möglicherweise wohl eine Ausnahme machen für das »Gesinde« (das Hauspersonal), weil hier das persönliche Autoritätsverhältnis die ganze Beziehung doch

[2] Jacob Grimm, *Deutsche Rechtsalterthümer*. Göttingen 1828, S. 319.
[3] Zycha, S. 132.

ziemlich stark durchdrungen haben wird. Aber andererseits ist es offenkundig, daß die feudale Wirklichkeit hinsichtlich des sogenannten freien Hauspersonals mehr auf eine lebenslange Bindung zielte, so daß man den Prototyp des freien Lohndienstvertrags auch nicht in diesem frühen »Gesindevertrag« suchen darf. Was die wirklichen zeitlichen Arbeitsverträge angeht, so wird es für die Gestaltung wenig ausgemacht haben, ob die theoretische Basis in der vermögensrechtlichen oder in der »herrenrechtlichen« Sphäre lag. Das Vermögen – der Grund – ist nun einmal in Händen der Herren, und diese Tatsache bestimmt wesentlich ihre Einsichten bezüglich der Beziehung, in der sie zu den Arbeitskräften stehen.

Vor allem in etwas späterer Zeit ist es wohl sehr zweifelhaft, ob zwischen den freien Lohndienstverträgen in den früh romanisierten Gebieten und denen in den rein germanisch gebliebenen Gebieten eigentlich viel Unterschied bestanden hat. Man kann sich kaum vorstellen, daß die Dienstleistung des eigentlichen Taglöhners eine wirklich bedeutsame Beziehung zwischen ihm und dem Arbeitgeber geschaffen haben kann. Manchmal wird, auch in den deutschen Landen, kaum ein Unterschied zur Annahme von Arbeit (soweit man davon noch sprechen kann) bestanden haben, wenn nämlich eine bestimmte, umschriebene Arbeit geleistet werden mußte. Auch in diesem Fall hat der Arbeitgeber – wie sich noch heute zeigt – oft den Eindruck, einem Knecht gegenüberzustehen. Aber selbst wenn eine echte zeitliche Dienstbeziehung besteht und die Unselbständigkeit des Arbeiters also zweifelsfrei feststeht, so wird diese oft mehr durch die Eigentumsverhältnisse und andere gesellschaftliche Faktoren bestimmt als durch die Abhängigkeit von einem bestimmten Arbeitgeber und der wirksamen Ausübung der Herrenautorität.

Die Form »Gelegenheitsarbeiter«, dessen Status eine seltsame Mischung von gesellschaftlicher Untergeordnetheit und einer Art persönlicher Ungebundenheit aufweist und dessen Kunst also darin besteht, Untertänigkeit mit pekuniärer Sachlichkeit zu kombinieren, ist also zu allen Zeiten anzutreffen. Anstellung und Entlassung geschehen in aller Freiheit, sogar willkürlich; die Belohnung bestimmt sich durch Vereinbarung oder Brauch; die Rechtsregeln bleiben besonders allgemein. Dieser Typ Taglöhner ist in dem biblischen Gleichnis von den Arbeitern gemeint, die an verschiedenen Stunden des Tages und sogar zu elfter Stunde – weil sie da noch frei waren – in den Weinberg geschickt wurden und die alle den normalen Tagelohn in der Höhe eines Zehners (etwa 50 Pfennige) erhielten[4]. Es ist nicht anzunehmen, daß es sie in der Karolingerzeit nicht gegeben hat.

Aber ebensowenig gab es mehr als rudimentäre Züge eines Lohndienstvertrags, der temporär, aber doch für längere Dauer, möglicherweise für einen vorher festgelegten Zeitraum (zum Beispiel für ein Jahr), frei geschlossen wurde. Die größte Chance für eine solche Form lag wohl da, wo eine Zusammenarbeit verschiedener Handwerke zur Ausführung eines bestimmten Werkes organisiert werden mußte. Das war der Fall auf dem Bausektor. Sehen wir uns also die Situation dort einmal an. Der Leiter des Werkes, auch wenn er es nicht mit allen damit verbundenen Risiken »angenommen« hatte, sondern es »in Regie« ausführte, stand selbst nicht in einem Lohndienstverhältnis zum Bauherrn, wie wir das im vorigen Kapitel darzulegen versuchten. Wohl aber hatte er Arbeiter unter sich, die in eine Dienstbeziehung getreten waren. In den Dienst des Bauherrn oder des Baumeisters? Im Frühmittelalter und auch noch viel später hat der Bauherr häufig die Bauleute in seinen Dienst genommen und bezahlt. Nichtsdestoweniger hat man caput 145 des ›Edictus Rothari‹[5] so ausgelegt, daß es letztlich doch die Knechte des Baumeisters waren[6]. Eine solche dualistische Situation bestand, wenn man »suos« in dem dort verwendeten Ausdruck »servus suos« auf den Baumeister bezieht. Ebensogut läßt sich aber das Possessivpronomen auf den Bauherrn beziehen. Tut man das, dann wird jeder innere Widerspruch vermieden. Der Handwerksmeister, der keinen vollwertigen Werkvertrag schloß, hatte auch keine Arbeiter. Er bekam sie vom Bauherrn zugewiesen, mit dem er auch den Tagelohn absprach und für den er den Lohn auszahlte. Der kleine, keinerlei Betriebsrisiko tragende Handwerksmeister konnte sich den Luxus fest in seinem Dienst stehender Arbeitskräfte nicht erlauben. Seine Beziehung zu den Bauarbeitern beschränkte sich auf die Vertretung des Bauherrn und auf die Bauleitung. Aus dieser tätigen Leitung, nicht aus der Arbeitgeberschaft, leitete der Gesetzestext einen Titel für die Verantwortlichkeit bei Arbeitsunfällen ab.

[4] *Matthäus* 20.

[5] F. Bluhme, *Edictus Ceteraeque Langobardorum Leges*. Hannover 1869, S. 30. Der Text ist wiedergegeben in Anm. 13 von Kapitel 6.

[6] Zycha, S. 142.

Nun spielte es eigentlich keine große Rolle, in wessen Diensten der jeweilige Baufacharbeiter stand. Das wichtigste ist, daß wir in dem *servus* des langobardischen Gesetzes wieder Taglöhnern begegnen. Wir hatten uns aber gefragt, ob im Baugewerbe nicht ein Lohndienstvertrag auftreten konnte, der für längere Dauer und vielleicht für eine bestimmte Zeit geschlossen wurde. Diese Möglichkeit ist prinzipiell gewiß nicht auszuschließen, wenn wir sehen, daß das Gesetz noch einen anderen Ausdruck als *servus* verwendet, dem das *solatium diurnum* ausbezahlt wird. In caput 144 nämlich, wo klar von Arbeitsannahme die Rede ist, werden die Bauarbeiter *collegantes* (Gesellen) des *magister commacinus* genannt[7]. Es scheint ziemlich klar, daß der »echte« Unternehmer, der Betriebsrisiko trug und eine ganz andere Figur war als der »in Lohn« arbeitende Bauhandwerksmeister, wohl mit einem eigenen Kern von Fachleuten auf dem Arbeitsplatz erscheinen konnte. Was ist aber der Fall? Wie wir schon früher gesehen haben, war dieser selbständige Unternehmer von Bauten in fränkischer Zeit eine immer seltener werdende Erscheinung. Daraus scheint man den Schluß ziehen zu müssen, daß der Gesellenvertrag, obwohl er zunächst im Baugewerbe durchaus bekannt gewesen sein muß, in späterer Zeit nur noch sporadisch aufgetreten sein kann.

Es wird bis ins Hochmittelalter dauern, ehe das Lohndienstverhältnis, wie wir es heute kennen – auf eine gewisse Dauerhaftigkeit angelegt, aber nichtsdestoweniger die Freiheit des Arbeitnehmers garantierend –, sich als eine normal auftretende Erscheinung entwickelt. Man neigte aber oft dazu, nach Vorläufern dieses Lohndienstverhältnisses zu suchen, aus denen es durch allmähliche Entwicklung entstanden sei. Das kann eine spannende Beschäftigung sein, wenn man aber die historische Genese so weit treiben will, daß man die spätere Form aus einer bestimmten früheren Form erwachsen sehen kann, dann ist es doch eine unfruchtbare Beschäftigung. Der historische Prozeß verläuft nie so geradlinig. Verschiedene Formen aus einer älteren Vorstellungswelt können an der Entstehung eines neuen Organisationstyps mitwirken. Diese Erkenntnis darf aber nicht dazu führen, die Originalität neuer Konzeptionen zu übersehen. Die Vorstellung eines organischen Wachsens aus historischen Wurzeln mag verführerisch sein, aber sie führt leicht zur Verzeichnung der Wirklichkeit.

[7] Bluhme, S. 29. Der Text ist wiedergegeben in Anm. 11 von Kapitel 6.

Dem einflußreichsten Autor, der das freie Lohndienstverhältnis im Lauf des Mittelalters auf diese Weise wachsen zu sehen glaubte, Otto von Gierke, folgt man, nachdem seine Auffassung lange unbestritten blieb, heute nicht mehr. In seiner suggestiven Schrift über ›Die Wurzeln des Dienstvertrages‹[8] ging es ihm vor allem darum, aufzuzeigen, daß der freie Arbeitsvertrag keine Verwandtschaft zum römischen Recht aufweist, sondern in historischer Kontinuität aus germanischrechtlichen Wurzeln gewachsen ist. Die *commendatio* als Erscheinungsform des »Treudienstvertrags« sollte die Urform sein. Er legte dar, daß diese im Lauf des Mittelalters in zwei anderen Rechtsfiguren aufgegangen sei: in der lehnsrechtlichen Vereinbarung und dem eigentlichen Dienstvertrag. Was das erste betrifft, hat sich die Vasallität mit dem Benefizialwesen verschmolzen, wodurch weit eher das sachliche Verhältnis der Belehnung mit Gut zur Grundlage des doch noch immer personenrechtlichen Bandes zwischen Herr und Lehnsmann wurde. Hinsichtlich des Dienstverhältnisses soll die persönliche Bindung beim Dienstantritt allmählich lockerer geworden sein, was sich in der Verkürzung der Vertragsdauer zeigte. Den primären Inhalt des Vertrags bildeten dann fortan die Gelöbnisse von Dienstleistung und Vergütung. Auch hier verblieben personenrechtliche Elemente als Bestandteil, aber sie wurden sekundär. Nach Gierke ist der älteste – nämlich im 13. Jahrhundert – vollständig entwickelte Typ des eigentlichen »Dienstvertrags« der agrarische »Gesindevertrag«, der meist für die Dauer eines Jahres eingegangen wurde[9]. In seinen Betrachtungen findet sich aber kein Hinweis auf die Existenz einer Übergangsform. Er stellt die Existenz des »Treudienstvertrags« im 8. und 9. Jahrhundert und des »Dienstvertrags« im 13. Jahrhundert fest, aber die Verbindung zwischen diesen beiden Formen fehlt[10].

Man kann sich nur schwer des Eindrucks erwehren, daß die von Gierke angenommene Entwicklung eigentlich eine Degeneration eines deutsch-rechtlichen Idealtypus sein muß. Jedenfalls bewertet er die Wurzel nicht geringer als die Pflanze, denn sein »Treudienstvertrag« ist ebenso ein Vertrag, der zwischen freien Männern geschlossen wird. Als Gegenreaktion

[8] Otto von Gierke, *Die Wurzeln des Dienstvertrages*. In: Festschrift f. Heinrich Brunner. München-Leipzig 1914.

[9] Gierke, *Wurzeln*, S. 43ff.

[10] Heinrich Mitteis, *Deutsches Privatrecht*. München-Berlin 1950, S. 136.

wurde darauf verwiesen, daß man bezüglich der Vorzeit gerade nicht von einem freien Vertrag ausgehen darf. Die meisten Arbeitsverhältnisse bezogen sich im Mittelalter auf mehr oder minder Unfreie. Zunächst gab es keinerlei vertragliche Grundlage des arbeitsrechtlichen Verhältnisses dieser Unfreien zu weltlichen und geistlichen Herren, zu Städten und Klöstern, zu Bürgern und Bauern[11]. Die Arbeitsverhältnisse in der geschlossenen agrarischen Wirtschaft haben weit mehr den Charakter einer überlieferten und vererbten gesellschaftlichen Form, die mit dem persönlichen Status zusammenhängt, den man kraft Geburt besitzt, als daß sie durch einen immer wieder erneuerungsbedürftigen Vertrag zustande kämen. Soweit es die Arbeitsverhältnisse im Domänensystem betrifft, hat Pirenne diese Situation folgendermaßen beschrieben: »Zwischen dem Grundherrn und seinen Bauern bestand ein Verhältnis, das keineswegs mit dem eines Kapitalisten zu seinen Arbeitern vergleichbar ist; der Grundbesitz bedeutete ebensowenig eine Ausbeutung des Menschen als eine des Bodens; es war eine gesellschaftliche Einrichtung und keine Handelsunternehmung, und die Verpflichtungen entwickelten sich nicht aus persönlichen Vereinbarungen, sondern beruhten auf dem Recht und der Sitte. Jede Domäne besaß ihre eigenen Gesetze, die durch traditionelle Gebräuche bestimmt wurden. Denn der Grundherr war zugleich weniger und mehr als der Grundbesitzer im römischen oder modernen Wortsinn: weniger insofern sein Eigentumsrecht durch die Erbrechte seiner Bauern beschränkt wurde, und mehr, weil seine Macht über diese Bauern viel weiter ging als nur die eines Grundbesitzers.«[12]

In einer Zeit, in der die ganze gesellschaftliche Ordnung auf der Verfügungsgewalt über Boden beruht, ist es nicht erstaunlich, daß eine große Domäne mit einem anderen Wort Pirennes »nicht nur eine wirtschaftliche, sondern auch eine gesellschaftliche Institution mit zwingender Macht über das ganze Leben aller Bewohner war. Diese waren weit mehr als einfache Hörige ihres Herrn, sie waren seine Leute im vollsten Sinne des Wortes. Man hat sehr zu Recht bemerkt, daß die Macht des Herrn mehr auf seiner Qualität als Oberhaupt und Gebieter beruhte, die er als solcher hatte, als auf der des Grundbesitzes.«[13] Nun, dasselbe kann mutatis mutandis für jedes Arbeitsverhältnis

[11] Schmieder, S. 22–24.

[12] Henri Pirenne, *Histoire de l'Europe des invasions au XVIe siècle*. Paris [7]1936, S. 64.

[13] Henri Pirenne, *Historie économique et sociale du Moyen-Age*. Paris 1963, S. 52.

gelten, das persönliche Unterordnung mit sich bringt. Die patriarchalische Konzeption versteht sie als ein Teilstück der öffentlichen Ordnung, wie sie von altersher überliefert ist und durch heilige Gewohnheitsregeln aufrechterhalten wird. Das freie Willenseinverständnis zwischen zwei Parteien ist einer solchen Auffassung gänzlich fremd. Die Arbeit selbst freilich ist so in den Lebensablauf integriert, daß besondere diesbezügliche, von den weiteren zwischenmenschlichen Beziehungen unabhängige Abmachungen praktisch undenkbar sind. In der vorwiegend agrarisch gewordenen Gesellschaft zeigt der persönliche Status (»Stand«) weit mehr die Stellung im Rechtsleben der Arbeit an, als daß diese durch individuelle Rechtshandlungen bestimmt würde, die von einem persönlichen Wohlstandsstreben inspiriert werden.

Natürlich kann ein begrifflicher Unterschied zwischen Hörigkeit und Dienstbeziehung getroffen werden. Wenn ein Freier in eine Dienstbeziehung trat, dann hieß das faktisch, daß er seinen freien Stand aufgab und in Hörigkeit ging. Die sozialrechtliche Realität der Hörigkeit, die das ganze Leben umspannte, hat das arbeitsrechtliche Verhältnis zwischen Herrn und Untergebenen vollkommen beherrscht. Rechtlosigkeit des Untergebenen bedeutete das nicht im geringsten, auch wenn die Vorstellung eines Forderungsrechtes aus der Arbeitsleistung Unfreier nicht recht denkbar ist. Dem steht gegenüber, daß das Persönlichkeitsrecht des Arbeiters – ein Recht also, das nicht erzwungen, sondern faktisch realisiert wird – auf die Dauer gerade durch die Arbeit wuchs. Der Aspekt der Arbeitsverrichtung war also wohl doch für das Arbeitsverhältnis zwischen Herrn und unfreiem Knecht relevant. Wenn man diesbezüglich von einem vertraglichen Element sprechen wollte, muß man sich allerdings klarmachen, daß es sich auf seiten des Arbeitnehmers gewiß nicht um eine aus dessen freiem Willen entsprungene Aktivität handelte. Diese Situation ist als »Zwangs-Vertrags-Arbeit« richtig gedeutet[14].

Die Entscheidungsvollmacht lag hier durchaus einseitig beim Herrn. Er war es, der prinzipiell bestimmte, auf welche Weise er die Arbeitskraft des Hörigen einsetzte. Er konnte ihm eine gewisse Selbständigkeit auf einem Hof lassen, er konnte ihn als Handwerker auf dem Herrenhof beschäftigen oder ihm einen Platz als persönlichen Diener zuweisen. Der Herr war

[14] Zycha, S. 110.

es auch, der die Arbeitsbedingungen einseitig festlegen konnte. Indessen war die Willkür in der Realität auch wieder nicht so groß, denn das ganze Leben wurde durch feste Verhältnisse und Gewohnheiten beherrscht, die generationenlang standhalten konnten, ohne daß jemand daran dachte, sie verändern zu wollen. Es gab praktisch keine Arbeitsmobilität, und die Berufe gingen ganz selbstverständlich vom Vater auf den Sohn über. In dieser Situation mußte auf die Dauer sogar das Bewußtsein eines erblichen Rechts auf den Beruf bestehen. Bei den Dienstmägden war vielleicht noch am ehesten eine zeitlich mehr oder minder beschränkte Einstellung für eine bestimmte Arbeit möglich; aber auch hier wird man sich keine übertriebene Vorstellung über den vertraglichen Charakter einer solchen Handlung machen dürfen. Man schickte sich an »zu dienen«, nicht etwa, weil man dafür eine Vorliebe hatte, sondern weil es sich gesellschaftlich so gehörte und weil praktisch keine andere Möglichkeit bestand. Aber diejenigen, die im Gegensatz zur Auffassung Gierkes und zur konsequenten hofrechtlichen Theorie betont haben, daß das Lohndienstverhältnis schon früh bestanden hat und sich mit einem Zustand persönlicher Unfreiheit vertrug, haben noch einen anderen Trumpf in der Hand. Der Herr hatte auch Interesse an der eigenen Produktion seiner Leute. Darum ließ man nicht nur gelegentliche Dienste für andere zu, man ließ vielmehr diejenigen, die in der Umgebung nicht unmittelbar notwendig waren, manchmal sogar zeitweise in den Dienst zu anderen fortziehen. Die Römer haben das mit ihren Sklaven gleichfalls gemacht, und es ist klar, daß das auf die Dauer auch dem Status und der wirtschaftlichen Situation des Unfreien zugute gekommen sein muß. Wenn wir nun im Westgotenreich feststellen, daß unfreie Mietlinge im Dienst von *transmarini negotiatores*[15] sein konnten, so bedeutet das als solches noch nicht, daß es sich dabei um einen freien Arbeitsvertrag handelte. Der Herr, der daran interessiert war, wird wohl seine Hand im Spiel gehabt haben. Aus dem zitierten Text geht übrigens hervor, daß die Lohnzahlung an den Knecht von drei *Solidi* pro Jahr gewiß nicht die Vermutung auf Freiheit rechtfertigt. Deutlich wird gesagt, daß der Knecht nach Ablauf des Dienstes zu seinem Herrn zurückkehren muß. Aber doch scheint die Vermutung gerechtfertigt, daß ein herumziehender Mietling sich faktisch im Lauf der Zeit aus den

[15] *Lex Visigoth.*, XI, 3, 4, in: Karolus Zeumer, *Leges Visigothorum Antiquiores.* Hannover-Leipzig 1894, S. 295.

gebundenen Verhältnissen löste. Offensichtlich geschah es auch, daß sich ein Unfreier irgendwo anders als Freier ausgab und in Lohndienst trat. Wenn das herauskam, mußte der Arbeitgeber den durch den Knecht verdienten Lohn dessen rechtmäßigem Herrn ausbezahlen und diesem selbstverständlich auch wieder seinen Sklaven zurückgeben[16]. Es dürfte evident sein, daß sich bei solchen Auffassungen ein wirklich freier Arbeitsvertrag nur schwer entwickeln konnte. Es gab noch keine Stadtluft, die frei machte.

Wenn wir mit Planitz den Lohndienstvertrag als »auf Eingliederung des Arbeitspflichtigen in eine herrschaftlich geleitete Gesamtheit« gerichtet auffassen, dann können wir – soweit es sich um freie Verträge handelt – diesem Autor auch in seiner Meinung beipflichten, daß diese zuerst in den mittelalterlichen Städten entstanden sind, während die ältere Zeit den Bedarf an menschlicher Arbeit durch »Gewaltunterworfenheit« oder in Form vermögensrechtlicher Bindungen zu befriedigen wußte[17].

Es können allerlei Mischformen zwischen gesellschaftlicher Unterordnung und persönlicher Vereinbarung bestanden haben – sei es, daß die erste Figur eine gewisse Freiheit zur Anwendung der zweiten ließ, sei es, daß die zweite analog oder in Wirklichkeit die erste eintreten ließ –, ohne daß die Synthese zwischen Freiheit und Gebundenheit, die das moderne Lohndienstverhältnis prägt, bereits erreicht wurde. Die Anfechtung von Gierkes Theorie hat ans Licht gebracht, daß es außer dem »Treudienstvertrag« auch andere Wurzeln gab. Sie schlummerten aber in einer langen Nacht wirtschaftlicher Erstarrung und zunehmender Unfreiheit. Vom 9. bis 11. Jahrhundert fällt es schwer, eine geradlinige Verbindung, nicht nur zwischen personenrechtlichem »Treudienstvertrag« und vermögensrechtlichem »Dienstvertrag« nachzuweisen, sondern auch zwischen den Verträgen von Taglöhnern, Mietlingen und was dem mehr war und dem auf Zeitdauer und Gebundenheit zielenden, aber doch Freiheit gewährenden Lohndienst.

Sowohl Gierke wie Autoren, die einer anderen Meinung zugetan sind, haben sich auf eine allmähliche Entwicklung in den wirtschaftlichen und sozialen Zuständen berufen, durch die eine Evolution in den arbeitsrechtlichen Verhältnissen entstanden sein soll. Tatsächlich läßt sich nicht verkennen, daß jede gesellschaftliche Erneuerung mit einer gewissen Allmäh-

[16] *Lex Visigoth.*, IX, 1, 11, Ausgabe Zeumer, S. 265.

[17] H. Planitz, *Deutsche Rechtsgeschichte*, Graz 1950, S. 162.

lichkeit zustande kommt. Aber andererseits sollte man im Auge behalten, daß der historische Prozeß nicht nur Wachstum, sondern auch Absterben kennt. Ein solches Bild zeigen die letzten Jahrhunderte des ersten Jahrtausends. Die ganz auf Grundbesitz fundierte statische Gesellschaftsform nach der Karolingerzeit, in der der persönliche Status die Stellung im gesellschaftlichen Leben bestimmte und die wirtschaftlichen und sozialen Rechtsverhältnisse eine starke Verflechtung mit dem persönlichen Leben aufwiesen, bildete gewiß keinen günstigen Nährboden für das Entstehen arbeitsrechtlicher Verhältnisse, die zu einer dynamischeren und lockereren Gesellschaftsstruktur passen. Mag auch die nachklassische Zeit den Lohndienst bereits ermöglicht haben, so ist damit nicht gesagt, daß dessen Entwicklung geradlinig verlaufen wäre und ohne Unterbrechung zu den im Hochmittelalter anzutreffenden Formen geführt hätte.

Die Vorstellung einer allmählichen, fast unmerklichen Veränderung in der Rechtssituation der *commendatio* in der Weise, daß das persönliche und dauerhafte Element etwas mehr zurücktrat, die Zielrichtung auf äußere Güter und Zeitlichkeit dagegen mehr in den Vordergrund rückte, gilt als nicht mehr akzeptabel. Sie steht im Widerspruch zu klaren historischen Fakten; die *commendatio* – oder *obnoxiatio* – ist in der feudalen Hörigkeit verschwunden. Aber andererseits ist auch nicht erwiesen, daß das gesellschaftliche Klima nach der Karolingerzeit für ein Wachsen des freien Lohndienstverhältnisses aus anderen Wurzeln so günstig gewesen wäre. In seiner modernen Form kann es nur als Reaktion auf die persönliche Unfreiheit zustande gekommen sein. Eine solche Reaktion braucht nicht so weit zu gehen, daß sie alles Vorhergegangene leugnet. Die Geschichte lehrt, daß jede Reaktion, jede Revolution sogar, unbewußt immer wieder Elemente des Bestehenden übernimmt und bewahrt. Wo die persönlichen Bindungen im Feudalismus so stark waren, wäre es zum Beispiel unverständlich, wenn das personenrechtliche Element bei einer Gegenbewegung im Entwicklungsprozeß sofort aus den Dienstverhältnissen verschwunden wäre. Eine Reaktion also – wenn auch unter Beibehaltung bestimmter personenrechtlicher Züge – weit mehr als eine sehr langsame Evolution in der landwirtschaftlich feudalen Gesellschaft. Auch solch eine Reaktion braucht natürlich Zeit. Aber woraus sonst könnte sie erwachsen als aus dem Wiederaufleben des Welthandels, der auch der städtischen Struktur neue Impulse verlieh und Stimulans für tiefgreifende Veränderungen in der gesellschaftlichen und staatlichen Ordnung gewesen ist.

8. Intellektuelle und Künstler

Das Fränkische Reich in seiner größten Ausdehnung umspannte zwei Kulturen. Der früh romanisierte Süden Frankreichs bewahrte noch geraume Zeit die Tradition des römischen Rechts, während der Norden – bis zur Loire – natürlich mehr germanisch-rechtliche Züge aufwies. Doch muß gleichzeitig mit dem Verfall der alten Kultur im Laufe der Zeit und bis zu einem gewissen Grad eine Mischkultur entstanden sein, die, wenn überhaupt, dann doch vorwiegend in den Kreisen der höheren Kulturträger, Intellektueller und Künstler, wahrnehmbar gewesen sein muß. Nicht nur Wissenschaft und Kunst haben den Einfluß der Mischung der Kulturen erfahren, auch die gesellschaftliche und die rechtliche Position derer, die beruflich mit Kunst und Wissenschaft zu tun hatten, entstand als Legierung aus dem Schmelztiegel der Jahrhunderte, so wie es mit dem Recht im allgemeinen[1] und mit der Rechtsorganisation der Arbeit im besonderen der Fall war. Was das Bild kompliziert und einigermaßen verwirrt, ist die Existenz von Mischformen neben germanischen Relikten oder dem, was daraus hervorgegangen ist, und zugleich neben nicht mehr rein klassischen, sondern gallo-romanischen Erscheinungen.

Dazu kommt, daß das Bild sich noch dauernd verschob. Die karolingische Situation war eine andere als die merowingische. In der letzten fanden sich mehr Überbleibsel der gallo-romanischen Kultur. Die klarer auf agrarische Verhältnisse begründete karolingische Ordnung ließ den Einfluß und die Bedeutung der germanischen Bevölkerungsteile steigen. Zugleich bahnte sich in den höheren Bereichen der Gesellschaft, in Wissenschaft und Staatsführung, eine gewisse Klerikalisierung an. Während der merowingische König noch *rex Francorum* hieß, nennt sich der karolingische König *Deo gratia rex Fran-*

[1] E. Glasson, *Histoire du droit et des institutions de la France*. Paris 1887–1903, III, S. 223.

corum[2]. Geistliche waren hinfort beinahe die einzigen, die schreiben konnten. Nach der Merowingerzeit war Latein zur Gelehrtensprache geworden, unter gleichzeitiger Entwicklung der Nationalidiome zur Umgangssprache. Auf die angelsächsischen Missionare geht die sogenannte intellektuelle Renaissance unter Karl dem Großen zurück[3]. Seit dem 6. Jahrhundert war der kultivierte, kunstliebende und literarisch gebildete Laie fast ganz verschwunden. Aber auch die Kirche machte dann zeitweilig eine Periode kulturellen Verfalls durch. »Oft können auch höhere geistliche Würdenträger kaum lesen, und Gregor von Tours, der über diese Verhältnisse berichtet, schreibt selber ein ziemlich ungepflegtes Latein – ein Zeichen, daß die Sprache der Kirche im 7. Jahrhundert bereits tot ist.«[4] Aber die Kirchenschulen blieben wenigstens bestehen. Sie erzogen außer königlichen Würdenträgern auch Staatsfunktionäre. Als Karl der Große die größten Gelehrten seiner Zeit an seinen Hof zog, waren es wohl zum überwiegenden Teil Kleriker.

Als die gesellschaftliche Ordnung in der nachkarolingischen Periode eine neue Krise durchmachte, war es wiederum die Kirche, die die Fortexistenz von Wissenschaft und Lehre rettete[5]. Neben der Pflege der Wissenschaft und Didaktik nahmen sich die Klöster der Buchproduktion an, womit natürlich auch der künstlerische Aspekt des Buchschmucks verbunden war. So sehr fielen im Volksbewußtsein Gelehrsamkeit und geistliches Amt zusammen, daß das Wort *clerc (clericus)* im Sprachgebrauch auf den Gelehrten deutet. Im Frühmittelalter bereits entstanden die drei Stände, wobei der geistliche Stand als »Lehrstand« – neben »Wehrstand« und »Nährstand« – bezeichnet wurde. Und doch hatte das alles in erster Linie Bezug auf Wissenschaftspflege und Unterricht im Geist der *artes liberales*. Auf anderen Gebieten der Wissenschaft und besonders in den angewandten Wissenschaften hat der Klerus wohl nie das ganze Monopol besessen. Natürlich war das auch nicht hinsichtlich der künstlerischen Betätigung, auf literarischem wie auf handwerklichem Gebiet, der Fall. Sonst könnten wir uns eine Betrachtung der Organisationsformen intellektueller und künstlerischer Arbeit schenken. Denn wenn wir einmal von

[2] Henri Pirenne, *Mahomet und Karl der Große*. Frankfurt a. M. 1963, S. frz. 242.
[3] Ebd., S. frz. 250–53.
[4] Arnold Hauser, *Sozialgeschichte der Kunst und Literatur*. München 1953, I, S. 157.
[5] Henri Pirenne, *Histoire de Belgique*. Brüssel [3]1929–32, I, S. 161ff.

den Funktionen in der Staatsführung absehen, bleibt nicht mehr viel klerikale Arbeit übrig, die eine unmittelbare Beziehung zu einer Klientel zur Folge hätte.

Die Rechtsorganisation der intellektuellen Arbeit, die in der Blütezeit des römischen Rechts als frei charakterisiert wurde, was unter anderem einschloß, daß die Berufsausübung zugunsten anderer nicht unter das normale Vertragsrecht fiel, hat, wie anzumerken ist, sowohl durch den Niedergang des Römischen Reiches als auch durch das Aufkommen einer »barbarischen« Gesellschaftsordnung eine allmähliche Entwicklung erfahren. Und zwar in dem Sinne, daß sich die Grenzen zur gewöhnlichen Rechtsform der Gewerbeausübung beträchtlich verwischten. Wo in dem in Kapitel 4 erstellten Schema der Organisationsformen der Arbeit von speziellen Diensten die Rede ist, die von Selbständigen ausgeführt wurden, ist absolut keine scharfe Unterscheidung mehr zur selbständigen Handarbeit erkennbar, wie denn auch der Unterschied zwischen selbständiger und unselbständiger Handarbeit nicht ganz deutlich gemacht werden kann. In allen drei Fällen hat man die Vergütung für geleistete Arbeit als Lohn angedeutet, was zwar keine völlige Identität bedeuten muß, aber doch auf eine gewisse Verwischung der Grenzen weist. Ebenso wie die Annahme von Arbeit hatte die Form des freien Berufs ihre ausgeprägte Charakteristik verloren. Wo er von altersher ausgeübt wurde, konnte er sich unter dem Einfluß eines christlichen Arbeitsethos, das auch die Handarbeit in ein besseres Licht stellte, nur schwer in seiner »splendid isolation« behaupten. Übrigens wird auch der gesellschaftliche Rückgang in materieller Hinsicht dazu beigetragen haben, daß das vertragliche Leistungs- und Gegenleistungsverhältnis bei diesen speziellen Diensten mehr Gewicht bekam.

Die Arbeit Intellektueller – oder was dafür zu gelten hat – und von Künstlern blieb aber nicht nur nach dem Prinzip individueller Freiheit geordnet, sie läßt sich auch in Organisationsformen, die nach dem hierarchischen Prinzip gebaut waren, einordnen. Über ihre ursprüngliche Situation in den germanischen Gebieten, die viel geringer oder noch gar nicht von der römischen Kultur beeinflußt waren, ist nicht viel zu bemerken. Soweit in dem primitiven Stadium bereits von intellektueller Arbeit gesprochen werden konnte, war sicher nichts von einer besonderen Rechtsform zu erkennen, aus dem einfachen Grund, weil solche Dienste nicht beruflich geleistet wurden. Der Priester, der Zauberer, der Wahrsager besaßen einen Sonderstatus, aber dieser wurde nicht als professionell empfunden. Kräuterkundige und solche, die über geheime medizinische Kräfte verfügten, begannen nicht so leicht wie die heutigen paranormal begabten Bäuerchen mit einer offiziellen Praxisausübung. Oft waren es Schmiede, die wegen des geheimnisvollen Glanzes, der ihren Beruf umgab, sowieso schon ziemlich abseits von der normalen Gesellschaft standen; aber damit hörte die Sonderstellung denn auch schon auf. Krankenpflege und Hebammendienste sind in der primitiven Gesellschaft überhaupt noch keine spezialisierten Funktionen, sondern beruhen auf gegenseitiger Nachbarschaftshilfe. Die Volksrechtsprechung hat keinen Bedarf an berufsmäßig auftretenden juristischen Fachkräften. Erst als das Königtum eine ausgedehnte Hofhaltung zu entwickeln begann, wurde der intellektuelle Funktionär möglich. Aber er war denn auch deutlich ein Funktionär, seine Funktion wurde genauso wie die anderer Hofbeamter nach dem hierarchischen Prinzip im germanischen Sinne geregelt.

Am Königshof begegnete man also Juristen und möglicherweise auch anderen Intellektuellen im modernen Sinn des Wortes. Darüber hinaus Sängern und Künstlern, aber es fällt zunächst auch hier schwer, den spezialisierten Beruf immer zu unterscheiden. Wie im Spätmittelalter der Minnesang von Fürsten und adeligen Hofkreisen ausgeübt wurde, so ist auch das Heldenlied aus der Zeit der Wanderungen wahrscheinlich die Schöpfung von Kriegsleuten. Bei den West- und Südgermanen wurde der vornehme Amateur und Gelegenheitsdichter schon früh durch den spezialisierten Hofdichter, den *skop*, ersetzt, der zum festen Personal einer fürstlichen Hofhaltung gehörte und meist kein Kriegsmann mehr war. »Der Hofskalk der Nordgermanen ist allerdings neben seinem Dichterberuf Krieger geblieben und hat als Vertrauensmann und Berater des Fürsten charakteristische Züge des weisen und wissenden Sängers der Vorzeit bewahrt.«[6]

Vielleicht hängt es mit dem Umstand zusammen, daß der Dichter aus seinem Status als Krieger Prestige herleitete, daß bei den Norwegern ein strenger Unterschied zwischen schöpfendem und reproduzierendem Gesang gemacht wurde und die Namen von Lieddichtern bewahrt geblieben sind. Aber welche

[6] Hauser, S. 166.

Unterschiede auch bestanden haben mögen, die Dichter und Sänger am Hof gehörten ebenso zum Gefolge der Könige wie andere hohe Beamte und hielten wie diese die Hand zum Lohn auf. Das *officium nobile* des Intellektuellen ist praktisch zum *officium servile* geworden. Man darf dabei zwar nicht an ein *Do-ut-des-Verhältnis* denken; die Belohnung beruhte auf fürstlicher Gunst, und die Abhängigkeit des Gefolgsmanns stand also im proportionalen Verhältnis zur fürstlichen Willkür. In diesen Kreisen war Dienstbarkeit aber eine Tugend und eine Ehre, und der Gunstbeweis der Herren erniedrigte den Gefolgsmann nicht, sondern erhob ihn in sittlicher und materieller Hinsicht.

Wie wir wissen, pflegten die germanischen Fürsten ihre Gefolgschaft seit dem 7. Jahrhundert mit dem Nutzbrauch von Landgütern zu belohnen. Das galt also auch für Künstler, Dichter und Sänger, wenigstens »solange sie mit ihrem Werk ihren Herrn zu fesseln wußten: ›Das von mir selbst sagen will ich, daß ich einst der edle Sänger des fürstlichen Herrn genannt wurde. Da hieß ich Deor. Ich bin viele Winter Gefolgsmann des gutgünstigen Herrn gewesen. Bis Horund nun, der liedkräftige Mann, das Landgut bekam, das der edle Schirmherr einst mir überließ.‹ So die Klage des alten Sängers Deor im ›Beowulf‹, einem angelsächsischen Heldengedicht aus dem Anfang des 8. Jahrhunderts.«[7]

Der zur Gefolgschaft gehörende Hofpoet von Profession – den es bei den Ostgoten vielleicht schon zu Beginn des 6. Jahrhunderts gab – abzuleiten aus dem Umstand, daß Theoderich als Zeichen seiner Wohlgesonnenheit im Jahr 507 Chlodwig einen Harfenspieler und Sänger sandte –, ist im Lauf des 8. und 9. Jahrhunderts aber verschwunden. Das kann wegen einer gewissen feindseligen Haltung des Klerus und des Rückgangs der kleineren Fürstenhöfe geschehen sein, aber vielleicht doch hauptsächlich aus dem Grund, weil die epische Dichtung dem Geschmack des adeligen Publikums dieser Zeit weniger entsprach als die komische Vortragskunst fahrender Leute, die als Erben der klassischen Mimen gelten konnten. Der Hofsänger landete nun auf der Straße und reiste von Burg zu Burg. Zunächst versuchte er, seinen Stand zu behaupten, indem er sich nicht mit der »anspruchslosen, unwählerischen und unliterarischen« Kunst der Mimen gleichsetzen ließ. Aber

[7] Jan Romein, *De lage landen bij de zee*. Utrecht o. J., S. 224.

das schließt nicht aus, daß bei ihm, ebenso wie bei dem Mimen, das Professionelle, das »Fach«, stärker akzentuiert wurde[8], und die Belohnung konnte eine Mahlzeit, ein Kleidungsstück oder ein Geldstück sein, keinesfalls war es mehr ein Landgut, vielmehr ein hingeworfenes Trinkgeld.

In der karolingischen Renaissance verlor der fahrende Sänger allmählich sein vornehmes Publikum. Damit war die Zeit reif, daß er sich den Jahrmärkten und den Wallfahrten zuwandte. Er vermischte sich mit dem Kommödianten, und aus dieser Kreuzung wird der mittelalterliche Spielmann geboren. »Das, was an diesem am meisten auffällt, ist seine Vielseitigkeit. An die Stelle des vornehmen, hochspezialisierten Heldenlieddichters tritt jetzt der vulgäre Tausendkünstler, der durchaus nicht mehr nur Dichter und Sänger, sondern auch Musikant und Tänzer, Dramatiker und Schauspieler, Clown und Akrobat, Taschenspieler und Bärenführer, mit einem Wort der allgemeine Lustigmacher und maître de plaisir der Zeit ist. Aus ist es jetzt mit dem Spezialistentum, der Distinktion, der ernsten Würde; der Hofdichter ist zum Allerweltsnarren geworden, und seine gesellschaftliche Degradierung wirkt so umwälzend und so erschütternd auf ihn selber, daß er sich von dem Schock nie mehr vollkommen erholen wird. Er gehört von nun an zu den Deklassierten – den Landstreichern und Dirnen, den entlaufenen Klerikern und vertriebenen Studenten, den Scharlatanen und Bettlern. Man nannte ihn den ›Journalisten der Zeit‹, er kultiviert also eigentlich alle Gattungen: das Tanzlied und das Spottlied, das Märchen wie den Mimus, die Heiligenlegende wie das Heldenepos.«[9] Es ist letztlich egal, ob er in seinem deklassierten Zustand den Staub der Landstraßen mit sich trug, oder ob er zeitweilig Unterschlupf an einem frivol gesinnten Hof fand, und ebenso ob er die Narrenkappe aufsetzte oder sich auf Laute und Lied beschränkte, der *scalc* war nicht mehr in die Kategorie der Intellektuellen und Künstler einzuordnen.

Als sich im Hochmittelalter der Bürgerdichter seiner Berufung bewußt wurde, machte er aus seiner Verachtung für den, der von der Gunst hoher Herrn oder von einem niederen Publikum abhängt, kein Hehl. »In dem Dialog des 13. Jahrhunderts ›Van scalc ende clerc‹ finden wir sie einander scharf gegenübergestellt: Die scalken (minstrels) sind ihren Herrn

[8] Hauser, S. 167, 172.
[9] Hauser, S. 172f.

oder jedermann, der ihnen etwas geben will, anhängende Lobhudler und Windfahnen, die ihren Brotherren ›der ijdelre glorien cleet‹ aus Lügengeweben umhängen, während die clerken nichts anderes suchen als die Wahrheit und Gott, der ›selve die waerheit es‹.«[10] Aber wie muß das Verhältnis zwischen ihm und seinem adeligen Publikum gesehen werden, ehe es soweit war und während der herumziehende und sich eine Zeitlang irgendwo aufhaltende Sänger noch seinen Ernst und seine Würde zu wahren trachtete? Der Ausdruck »hingeworfenes Trinkgeld« ist bereits gefallen. Aber es machte einen ziemlichen Unterschied aus, wie das Trinkgeld ausfiel und wohin es fiel. Gold ist ein wesentlich edleres Metall als Silber. Und der Mann, der ein Geldstück mit leichter Hand aufzufangen wußte oder es achtlos liegen lassen konnte, weil er einen Knaben hatte, der es schon für ihn aufhob, verlor sein Gesicht nicht. Man könnte ihm gewisse Züge der Übereinstimmung mit dem antiken »freien« Literaten zuschreiben, der in der Freiheit seiner Belohnung gerne so etwas wie ein *honorarium* sah, und jedenfalls hat er solange wie möglich das Pathos der Selbständigkeit und des persönlichen Adels aufrechterhalten.

Doch darf man die Analogie nicht zu weit treiben. Die höherstehende eigentliche Literatur lebte nicht in der Sphäre von Helden- und Rittertum, sondern vegetierte auf antiken Resten in den Klöstern fort, wo man über eine kleine Bibliothek alter Handschriften verfügte. In der frühirischen Dichtung frappiert ein spätlateinisch anmutender Naturimpressionismus[11]. Aber diese Literatur wird wohl nur Mönchen zugeschrieben werden dürfen, und die Position dieser Intellektuellen bietet für diese Betrachtungen keinen Anhaltspunkt. Mönche waren

[10] Romein, S. 227.

[11] Hauser, S. 151–53: »›Kleines Getöse, liebliches Getöse, zarte Musik der Welten, ein Kuckuck mit süßer Stimme auf Wipfeln; Sonnenstäbchen spielen im Sonnenstrahl, die jungen Rinder haben ... des Berges liebgewonnen.‹

›Der kleine Vogel hat aus der Spitze des blanken gelben Schnabels einen Pfiff erschallen lassen; die Amsel sendet von dem gelbbuschigen Baum einen Ruf über Loch-Laig.‹

Die irische Dichtkunst sprach von solchen Dingen wie der ›Fußbekleidung der Schwäne‹ und den ›Winterröcken der Raben‹.

Die gleiche Unmittelbarkeit der Vision ... zeigt auch die folgende Stelle aus dem Leben eines Heiligen ... Die Stelle behandelt die Episode, wie ein Kind, am Meeresstrande spielend, ins Wasser fällt, durch den Heiligen jedoch gerettet wird, und beschreibt dann, wie es mitten in der See auf einer Sandbank sitzend mit den Wellen spielt: ›Denn die Wellen reichten bis zu ihm hinauf und lachten ringsumher, und es lachte die Wellen an, und berührte mit der Hand den Schaum der Wellenkämme, und leckte den Wellenschaum wie den Schaum frischgemolkener Milch.‹«

auch im Kunsthandwerk tätig, das vom künstlerischen Gesichtspunkt aus aber in der Merowingerzeit auf ein recht niederes Niveau abgesunken war. Nun ist zu sagen, daß auch die gesellschaftliche Einschätzung des Kunsthandwerks im allgemeinen niedriger gewesen ist als die der literarischen Arbeit, und zwar schon in klassischer Zeit. Der handwerkliche Künstler war per se kein literarisch gebildeter Mensch, er übte ein Handwerk aus, das – außer in Kunstzentren wie Rom und später Byzanz[12] – nicht besser oder schlechter war als irgendein anderes Handwerk. Bei den Germanenstämmen hat das Kunsthandwerk schmückende Funktion gehabt und wird wegen seines Luxuscharakters hauptsächlich in der Umgebung von Fürsten anzutreffen gewesen sein. Aber es ist doch nicht wahrscheinlich, daß auf diese Künstler die Figur des Gefolgsmanns in der höheren Bedeutung des Wortes anwendbar gewesen wäre; er wird dauernd oder zeitweise gegen Erstattung des Lebensunterhalts oder eines Lohns gedient haben.

In den gallisch-römischen Gebieten, aber auch anderswo fanden sich in der Merowingerzeit natürlich neben den einfachen Handwerkern auch Vertreter von Kunstberufen als Selbständige. Nur wird man sie sich nicht als fest etabliert vorstellen dürfen, sondern eher wie die Baumeister, von Ort zu Ort ziehend, auf der Suche nach Auftraggebern an den Höfen, in Klöstern und an Bischofssitzen. Die Art ihrer Arbeit machte einen Aufenthalt für gewisse Zeit erforderlich. So nimmt man an, daß diese Laienkünstler neben Mönchen gearbeitet haben, sowohl am berühmten Hofatelier Karls des Großen in Aachen, als auch in den Werkstätten und in den Schreibstuben der Klöster[13]. Sie ließen sich für die Zeitdauer ihres Auftrags bezahlen[14], so daß man also von Lohnarbeit auf Zeitlohnbasis sprechen kann. Wie wir im Kapitel über das Handwerk gesehen haben, war diese Form bei selbständigen Arbeitern üblich und wurde nicht als unselbständiger Lohndienst empfunden. Was das Rechtsverhältnis im Kunsthandwerk betrifft, läßt sich keinerlei neue Besonderheit berichten.

In mancher Beziehung mit den Handwerkskünstlern vergleichbar waren im Frühmittelalter die Ärzte und Chirurgen. An die wichtigen Fürstenhöfe wurden sie als Leibärzte herangezogen. Weniger häufig werden sie auf Dauer in größeren

[12] Volrad Deneke, *Die freien Berufe*. Stuttgart 1956, S. 34.
[13] Hauser, S. 159.
[14] Volrad Deneke, S. 36.

Bevölkerungszentren seßhaft gewesen sein, wenn sie von Stadt zu Stadt zogen und dabei karitatives Wirken mit der Suche nach Glück verbanden. Unter ihnen befanden sich zweifellos Kleriker. Wie heute noch haben auch die frühen Missionare die Heilkunst dazu benutzt, unter den heidnischen Stämmen Ansehen zu erwerben. Aber ein englischer Sozialhistoriker stellt warnend fest, daß »der Glaube, daß Mönche und geistliche Brüder die Ärzte des Mittelalters waren, eine Riesentäuschung ist«.[15] Die Anzahl von Laienärzten mag denn auch nicht so riesig gewesen sein wie die Täuschung, daß sie nicht existierten; die Zurückhaltung, die die Kirche gegenüber den Naturwissenschaften, ja gegenüber der ganzen Profanwissenschaft übte und die im 12. Jahrhundert noch aus dem Widerstand gegen den »neuen Aristoteles«, das heißt gegen die Physik und die Metaphysik[16] hervorgeht, kann darauf hinweisen, daß in den wissenschaftlichen Berufen für Laien zumindest ein gewisser Platz bestanden haben muß. Die überlieferte Physik der Antike war immerhin die Grundlage der mehr oder minder seriös ausgeübten Heilkunde geblieben[17], und die Theologen hatten dem wenig anderes hinzuzufügen als moralische Verhaltensregeln für den Praktiker.

Status und Berufscode des Mediziners haben sich im Frühmittelalter gewiß nicht in aufsteigender Linie bewegt. Die frühe, nämlich aus dem 5. Jahrhundert stammende ›Lex Visigothorum‹ enthält eine Reihe von Bestimmungen über Ärzte, die als Reminiszenzen an die klassischen Auffassungen gelten dürfen[18]. Die für ärztliche Dienste zu entrichtende Vergütung wird hier nicht mehr als *honorarium* bezeichnet, sondern zweimal als *beneficio* und einmal als *merces*. Der Mediziner war unter Umständen haftbar für falsche Behandlung des Patienten; zwar wird dies namentlich nur für Verunstaltung als Folge von Aderlaß erwähnt – ein Eingriff, der in der frühen Heilkunst eine große Rolle spielte –, aber es liegt nahe, daß man dasselbe für mögliche andere, klar nachweisbare Fälle mangelhafter Kenntnis festsetzte. Um Zahlung von Schadensersatz zu erhalten, durfte man den Arzt aber, es sei denn unter Mord-

[15] G. C. Coulton, *Medieval Panorama*. Zit. bei: Roylewis und Angus Maude, *Professional people*. London 1952, S. 15.

[16] J. J. Mak, *De geboorte der moderne Westerse beschaving*. Arnhem 1954, S. 11.

[17] Georg Grupp, *Kulturgeschichte des Mittelalters*. Paderborn 1925, VI, S. 175.

[18] *Lex Visigoth.*, XI, 1, 1 t/m 8, in: Karolus Zeumer, *Leges Visigothorum Antiquiores*. Hannover-Leipzig 1894, S. 291–93.

beschuldigung, nicht ohne vorausgegangenes Verhör festnehmen. Man hielt es offensichtlich nicht für wünschenswert, ihn ohne schwerwiegenden Grund in der Ausübung seines Berufs zu behindern.

Das Recht der Westgoten kannte offenbar auch schon eine Art Ehrengericht, vor dem der Arzt im Zusammenhang mit Forderungen infolge grober Berufsfehler erscheinen mußte. Eine sowohl klassische wie modern anmutende Erscheinung ist auch die Verpflichtung zu ärztlicher Dienstleistung. Sie ist im Gesetz zwar nicht ohne Klauseln verankert. Dort steht nur, daß der Arzt den Patienten sofort, ohne auf eigene Sicherheit zu achten, behandeln muß, wenn er die Wunde oder die Krankheit diagnostiziert hat. Starb der Patient während der Behandlung, dann durfte der Arzt keinen Lohn für seine Dienste fordern. Darüber hinaus werden noch einige besondere Normen für das Berufsverhalten gegeben. Der Arzt durfte nämlich eine freigeborene Frau nicht ohne Anwesenheit von Familienangehörigen zur Ader lassen, sonst riskierte er seinen guten Ruf. Gefangene durfte er nicht auf deren Wunsch hin töten, und er machte sich bereits schuldig, wenn er auch nur den Anschein erweckte, es tun zu wollen.

Daß ärztliche Hilfe im Prinzip auch für den einfachen Mann erhältlich war, geht aus dem Gesetz Alfreds des Großen (Einleitung, c. 16) hervor, wo es heißt: »Wenn jemand seinen Nächsten mit Stein oder Faust schlägt, und dieser dennoch am Stabe auszugehen vermag, so verschaffe er ihm einen Arzt (begite him laece) und tue jenes Arbeit, die Zeit über, da dieser selbst nicht kann.«[19] Dieses ziemlich späte Königsgesetz, das deutlich christliche Spuren aufweist, läßt weiter erkennen, daß die alte heilkundige Magie rigoros bekämpft wurde. »Die Weiber, welche Beschwörer und Magier und Zauberer (gealdorkraeftigan scinlaecan) hilfreich aufzunehmen pflegen: lasse du die nicht leben.« (Einleitung c. 30)[20]. Die offiziellen Autoritäten waren den Medizinern wohlgesonnen und boten ihnen Schutz, den sie sicher auch benötigten, denn gegen Fremdlinge, die sie ja meistens waren, nahm eine primitive Bevölkerung eine mißtrauische und nicht selten feindselige Haltung ein, was indessen Bewunderung und Anziehungskraft nicht ausschloß. Das Fremde ist für die primitive Erfahrung ein ambivalenter Wert, der Angst, aber auch Hoffnung wecken

[19] F. Liebermann, *Die Gesetze der Angelsachsen*. Halle 1903, I, S. 33.
[20] Liebermann, S. 39.

kann; jedenfalls ist das Verhalten des Fremden unvorhersehbar, und darum ist auch das Verhalten der primitiven Bevölkerung selbst gegenüber dem Fremden unsicher[21]. Einen deutlichen Hinweis auf das Mißtrauen gegen Fremde gibt das bereits erwähnte angelsächsische Gesetz (Aelfred c. 34), wo es von reisenden Kaufleuten spricht: »Kaufleute müssen die Leute, die sie auf der Handelsfahrt bei sich haben, dem Königsvogt in der Volksversammlung zeigen, wobei man feststellt, wie viele es sind.«[22] Dieses Mißtrauen haben die aus fremden Landen kommenden »italischen« Ärzte gewiß nicht wegen ihrer Zahl erfahren, sondern wegen ihrer ungewohnten Handlungsweise und geheimen Kunst.

Zweifellos wird es Scharlatane unter ihnen gegeben haben. Aber davon abgesehen lassen sich verschiedene Grade der Gelehrsamkeit in ihren Reihen unterscheiden, jedenfalls in etwas späterer Zeit. Am Ende des 10. Jahrhunderts kennt man den »Physikus« – wir würden sagen den Internisten – neben oder über dem Chirurgen. Die letzteren sind übrigens auch verschieden abgestuft bis hinunter zum Barbier[23]. Von ihrer Fähigkeit oder meistens von ihrem Erfolg wird die Bezahlung abhängig gewesen sein, die sie sich ausbedingen konnten. Wir haben keine Hinweise, daß in der merowingischen und karolingischen Zeit noch so etwas wie freiwilliges oder jedenfalls nicht einforderbares *honorarium* bestanden hätte. Praktisch können es die Rechtsverhältnisse dem Fremden wohl schwer gemacht haben, Bezahlung zu erzwingen. Dagegen gab es übrigens ein gutes Mittel: Vorauszahlung fordern. Wie dem auch sei, Recht auf Bezahlung, auf Lohn wurde für diese Art von Diensten fortan wohl auch vorausgesetzt. Gab es also keinerlei Unterschied zu anderen gelegentlichen oder kurzfristigen Arbeitsleistungen, die mehr auf der handwerklichen Ebene lagen? Gewiß doch. In der auf Tradition und Brauch basierenden gesellschaftlichen Ordnung, in der die Größenordnung der Belohnung bei handwerklichen Diensten von vornherein feststand, wird der spezielle medizinische Dienst auch in dieser Hinsicht ein fremdes Element dargestellt haben, so daß die Bezahlung durch den Dienstverleiher einseitig festgesetzt oder bei reichen Patienten der Großmut des Patienten überlassen wurde. Dazu kam noch, daß die Wirksamkeit dieses Dienstes

[21] A. Oldendorff, *De vreemdeling*. Utrecht-Antwerpen 1956, S. 6–10.
[22] Liebermann, S. 69.
[23] Volrad Deneke, S. 29.

für den Laien schwer zu überprüfen war. Wenn der Patient starb, dann hatte es so sein müssen. Man beruhigte sich deshalb leicht mit dem Gedanken, daß man sein Geld nicht nur für die Heilung, sondern schon für die bloße Hoffnung auf Heilung ausgab. Was für die handwerkliche Dienstverleihung oder sogar für den Lohndienst unvorstellbar war und in diesem historischen Stadium, in dem die Kunst noch ganz handwerklich gebunden war, für das Kunstgewerbe gleichfalls, geschah hier: Die Bezahlung wurde vom Arbeitsresultat losgelöst und für das »edle Bemühen« bezahlt. Das paßte ganz in die Situation, die die medizinische Praxisausübung hervorrief: »Die Fremdheit« des Geschehens, die mit der völligen Unkenntnis des Patienten Hand in Hand ging, aber auch dessen Projektion dieses Geschehens auf die Geheimnisse von Leben und Tod. Dies alles umgab das Verhältnis zwischen Arzt und Patient mit einer Aura des »Andersseins«, wodurch von der Emphase des klassischen »freien« Berufs noch etwas erhalten blieb. Möglicherweise war man sogar bereit, vom Arzt, der sowieso schon so viele gelehrte Worte benützte, auch noch zu akzeptieren, daß er seinen Lohn *honorarium* zu nennen beliebte.

Der Arzt ist gewiß nicht der Prototyp des Intellektuellen, weder heute noch damals. Eine eigene, freie Form der Berufsausübung hat ihn wohl immer stark angezogen. Während der hier behandelten Periode, in der verschiedene Berufsformen eine weniger prägnante Charakteristik zu entwickeln wußten als früher, war der Arzt eigentlich der ausgesprochenste Typ eines Selbständigen, der spezielle Dienste leistete. Seine Bedeutung im Zeitbild sollte aber nicht überschätzt werden. Außer seiner Seltenheit ist da die überwiegend hierarchische Gesellschaftsstruktur und die viel höhere Bewertung von Macht als von Intellektualität. In Begriffen von Selbständigkeit und Freiheit läßt sich die Position anderer Intellektueller kaum begreifen. Der wahre Intellektuelle hauste in den Klöstern. Draußen waren die juristisch Gebildeten vielleicht zahlreicher als die Ärzte, aber sie lieferten ihren gesellschaftlichen Beitrag in einem amtlichen Rahmen. Der Rechtsgelehrte fand seinen Platz im Dienst großer Herren, was mit dem System der Rechtsprechung zusammenhing. Auf den größeren Domänen kann mit der Zeit auch ein Rechtsgelehrter als Hofrichter aufgetreten sein, nachdem die Rechtsprechung zunächst in Händen des Herrn oder seines Stellvertreters, des Meiers, gelegen hatte. Aber es dauerte noch geraume Zeit, ehe der einfache Mann

Rechtsbeistand bei frei praktizierenden Juristen anrufen konnte.

Die intellektuelle Arbeit stellte also ebensowenig wie andere Tätigkeitsarten in der fränkischen und der darauf folgenden Periode das Bewußtsein eines lebendigen und differenzierten Gefühls für das Recht der Arbeitsverhältnisse zur Schau. Im Gegenteil! Auch auf diesem Gebiet ist eher von Statik, sogar von Rückschritt zu sprechen als von Schöpferkraft und einem Neubeginn. In dieser selbstgenügsamen agrarischen Gesellschaft war kein weites Feld für die Vertreter dessen, was wir unter freiem Beruf verstehen. »Solange Bezahlung hauptsächlich in natura geschah oder durch Belehnung mit Benefizien, war es schwierig, eine professionelle Praxis zu begründen; dazu bedurfte es der Entwicklung des Handels, der Lösung von feudalen Bindungen, eines weiteren Geldumlaufs. Die Festigung einer Mittelklasse von Kaufleuten, Industriellen, reichen Zunftmitgliedern und wohlhabenden Bauern schuf einen Markt für professionelle Dienste, so daß es für einen Vertreter eines intellektuellen Berufs nicht mehr notwendig war, ein Gefolgsmann oder Kleriker zu sein.«[24] Erst im 12. Jahrhundert wird sich diese Perspektive deutlich auftun.

Aber auch dann – während des ganzen Mittelalters und sogar noch später – blieb das Leben eng mit der agrarischen Tätigkeit verbunden und von ihr abhängig. Daher hatten auch die herrschenden Klassen ein Interesse für die Bedürfnisse der Landwirtschaft und förderten sie tatkräftig. Unter dieser herrschenden Klasse oder intellektuellen Elite findet man mit der Zeit, außer dem Adel und der Geistlichkeit, Verwalter und Politiker, auch Kaufleute und Gelehrte (aber weniger die Künstler, die Handwerker bleiben). Sie alle waren an der landwirtschaftlichen Existenzform beteiligt und hatten Interesse an ihr. Die menschliche Existenz war tatsächlich vorwiegend auf die Landwirtschaft orientiert. Grundbesitz bedeutete Reichtum und Existenzsicherheit. Aller mobiler und auch immobiler Besitz war unsicher, vergänglich, war dem Diebstahl, dem Raub, der Verwüstung und Vernichtung preisgegeben. Der Grund blieb. Er war der ewig neue Quell des Lebens, der Nahrung, der Gesundung und Geborgenheit. Nicht nur der Bauer, der Bearbeiter des Bodens, lebte von ihm, auch die höheren Stände, die führenden Personen im gesellschaftlichen, kirch-

[24] Roy Lewis und Angus Maude, *Professional People*. London 1952, S. 16.

lichen und politischen Gefüge. Der reich gewordene Kaufmann deckte sich damit ein. Wer den Grund besaß, adelte seine Nachfahren. Der Grund nährte nicht nur die nackte Existenz, er verhalf auch zu Samt und Purpur[25].

Diese Lobpreisung des Grundes fügt sich gut an das Ende unserer Betrachtungen über die Arbeitsverhältnisse in der Karolingerzeit. Fügt sie sich auch an das Ende des Kapitels über die intellektuelle Arbeit? Nur insofern, als hier am Schluß auf die Zukunft verwiesen werden darf. In dieser Periode selbst hatte die intellektuelle Arbeit als solche, jedenfalls die von Laien, eigentlich noch keinen festen Stand. Sobald das aber der Fall war, war die Stellung mit dem Grund verbunden. Aus dem Grundbesitz wuchsen Intellektuelle, und diese waren klug genug, den Grundbesitz und die Rechte daraus festzuhalten. Einkünfte aus intellektueller Berufsausübung waren zwar nicht zu verschmähen, aber sie erhielten für die meisten vor allem Bedeutung als Überschuß über jenen Teil, den der Grund erbrachte. Auf diese Weise wurde dem intellektuellen Beruf ein neuer (oder eigentlich alter, klassischer) Charakterzug zugefügt: die relative Gleichgültigkeit gegenüber regelmäßigen Berufseinkünften, was man, wie so viele andere Dinge auch, »Freiheit« nennt. Es konnte allerlei Gründe haben, warum manche verarmten. Mit der Zeit nahm die Bedeutung von Einkommen aus Besitz für Studierte vielleicht wieder ab, aber zunächst war es fast undenkbar, daß der Intellektuelle aus dem nichtbesitzenden Stand kam. Es gab noch keine Stipendien und bestimmt kein Studentengehalt. Fast ebenso undenkbar war es, daß der Intellektuelle aus seinen Berufseinkünften zu einem bedeutenden Grundbesitz gelangte. Dafür waren die intellektuellen Berufe im allgemeinen nicht lukrativ genug. Für eine solche Ehe mit dem Grund mußte man in der Welt der Kaufleute tätig sein.

[25] RAYMOND DELATOUCHE, *Elites intellectuelles et agriculture au Moyen-Age. Recueil d'études sociales à la mémoire de Frédéric Le Play*. Paris 1956, S. 147–57.